Kostolanys beste Geldgeschichten

André Kostolany

Kostolanys beste Geldgeschichten

Profitable Ideen für Geldanleger und Spekulanten

Ausgewählt und zusammengestellt von
Hubert Spegel

Mit einem Vorwort von
Karl Otto Pöhl

ECON Verlag
Düsseldorf · Wien · New York · Moskau

Fotos: Privat (2); Helmut Claus, Köln (9)

Die Deutsche Bibliothek – CIP-Einheitsaufnahme

Kostolany, André:
[Beste Geldgeschichten]
Kostolanys beste Geldgeschichten: Profitable Ideen für Geldanleger und Spekulanten / André Kostolany. Ausgew. und zsgest. von Hubert Spegel. Mit einem Vorw. von Karl Otto Pöhl. – Düsseldorf; Wien; New York; Moskau: ECON Verl., 1991
ISBN 3-430-15633-5
NE: Kostolany, André: [Sammlung <dt.>]

Gesetzt aus der Times, Linotype
Satz: ICS Communikations-Service GmbH, Bergisch Gladbach
Druck und Bindearbeiten: Franz Spiegel Buch GmbH, Ulm
Printed in Germany
ISBN 3-430-15633-5

Inhalt

Vorwort

»Die Phönizier haben das Geld erfunden, aber warum so wenig«, fragte Nestroy. André Kostolany wollte sich mit diesem Mangel schon in früher Jugend nicht zufriedengeben. Er wurde deshalb »Geldmacher«, Spekulant, wählte den »schönsten Beruf der Welt«. Ich habe mich gelegentlich gefragt, warum Kostolany nicht Notenbankier geworden ist, also Geldmacher im wahrsten Sinne des Wortes. Heute habe ich zwei Antworten auf diese Frage: Die Philosophie des Notenbankiers besteht darin, Geld knappzuhalten; diese Auffassung würde für Kostolany Selbstverleugnung bedeuten, schließlich hält er ein bißchen Inflation für ein angenehmes warmes Bad. Außerdem hätte der Beruf des Notenbankiers ihm wohl kaum ein so abwechslungsreiches Leben und seinen Lesern nicht die amüsanten und lehrreichen Geldgeschichten beschert.

Kostolanys Geldgeschichten erinnern an ein anderes großes Buch über einen, der auszog, um als Spekulant Geld zu machen, an den Menachem Mendel von Scholem Alejchem. Der in Odessa glücklose Menachem ist sozusagen das volkstümliche Gegenbild zum weltläufigen Finanzier André. Beide verbindet der Esprit und die Freude am Spekulieren. Ansonsten ist die Beschäftigung der Literatur mit dem Thema Geld in der Regel alles andere als humoristisch. Sophokles sieht im Geld die Verkörperung des Bösen, Ovid läßt seinen Midas um die Reinwaschung von seinem Gold-Touch flehen, Goethes Faust durchzieht der Zusammenhang von Geld, Gier und Geschlechtlichkeit wie ein roter Faden und fur Karl Marx ist das Reich des Geldes eine »vollkommen verhexte und verzauberte Welt voll metaphysischer Spitzfindigkeiten und theologischer Mucken«.

Auch Völkerkundler und Psychologen betonen eher die dunkle Seite des Geldes, das die Phönizier erstmals aus den Opferspießen gemünzt haben und das auf den heutigen Geldscheinen angeblich bemerkenswert häufig mit den Symbolen des Todes versehen ist.

Das Verhältnis zum Geld und zur Spekulation sollte von solchen Düsterkeiten und Verkrampfungen frei sein. »Warum sollte das Geld an allen Unsauberkeiten, die es verursacht, schuld sein?« fragt Emile Zola zu Recht am Ende seines Romans »Geld«. Die Geldwirtschaft ist ein wesentliches Element der Marktwirtschaft und damit letztlich einer Ordnung, die der Freiheit des Individuums hohen Rang einräumt. Für André Kostolany ist die Geldwirtschaft so wichtig wie die Luft zum Atmen. Wie er sie nutzt, das ist faszinierend bei ihm nachzulesen. Bedauerlich wäre es, wenn das Zeitalter des Spekulanten mit Nase à la Kostolany abgelöst würde von der Herrschaft der Computerprogramme mit stop-loss order. Welche Geldgeschichten hätten die uns schon zu erzählen?

Frankfurt, im August 1991 Karl Otto Pöhl

Der schönste Beruf der Welt: Spekulant

Zu den bürgerlichen Berufen zählt er nicht, und schon gar nicht verspricht er sicheren Erfolg. Aber ein gesunder Beruf ist er – der Beruf des Spekulanten. Denn jedermann weiß, daß für die physische Verfassung des Menschen die Kopfarbeit ein wesentliches Element ist. Deshalb lieben ältere Menschen auch Kreuzworträtsel oder Schach oder Kartenspiel. Denn die Beschäftigung damit verlangt permanente geistige Anstrengung. Spekulation ist ebenfalls solch eine geistige Gymnastik, ein Sport. Und ein Amüsement.

Dem richtigen Spekulanten kommt es zudem nicht nur einfach auf das Vergnügen am Geldmachen an, er möchte auch recht behalten. Der Beruf des Spekulanten steht außerdem dem Beruf des Journalisten nahe, einem ebenfalls sehr schönen Beruf. Beide analysieren Ereignisse und ziehen ihre Schlußfolgerungen daraus – der Journalist in seinem Kommentar, der Spekulant in seinem Engagement. Freilich existiert ein nicht ganz unwesentlicher Unterschied: Gibt der Journalist eine falsche Prognose ab, bleibt er dennoch Journalist. Liegt der Spekulant daneben, muß er sich bald eine neue Beschäftigung suchen.

Homo speculator, welch ein fürstlicher Beruf. Der Spekulant braucht keinen Kontakt zum Publikum. Er muß sich nicht in staubigen Hallen bei rauher Arbeit die Hände schmutzig machen. Und er pfeift auf die täglichen, langweiligen Debatten mit Kaufleuten und anderen Geschäftemachern. Der Spekulant lebt wie ein Philosoph, wenn er auch oft nur ein Philosoph im Westentaschenformat ist.

Eingehüllt in seinen Zigarrenrauch, überhört er den Lärm des Alltags. »Glücklich, wer weit von seinen Geschäften«, sagt Horaz. Sein Handwerkszeug hat der Spekulant neben sich, ein Telefon, ein Radio und womöglich noch eine Zeitung. Doch er hält sich nicht sklavisch an die Buchstaben, er versteht sich auf die Kunst, zwischen den Zeilen zu lesen. Es gibt keinen Chef und keinen Angestellten. Und anders als Bankiers oder Makler muß er keine nervösen Kunden ertragen. Ein Edelmann!

Der Edelmann kann über sich und seine Zeit verfügen. So wie er es will. Kein Wunder, daß viele ihm seine Beschäftigung neiden oder es ihm nachtun wollen. Wie oft höre ich die Frage, wie man erfolgreicher Spekulant werden kann!

Sein Geist kommt nie wirklich zur Ruhe, sogar im Schlaf debattiert er mit sich selbst: »Soll ich kaufen, soll ich verkaufen, oder soll ich nur zuschauen?« Wie ein Orgelspieler muß er alle Register ziehen können. Er muß Ereignisse erraten und die Reaktion der Masse darauf. Das ist nicht immer einfach, denn das große Publikum kann die Ereignisse und Konsequenzen für die Börse nur schwer einschätzen. Anders der Spekulant: Manchmal gleicht er dem Alkoholiker. Über gute Nachrichten weint er, über schlechte lacht er.

Was muß der Spekulant können? Ein großer Denker sagte einmal: »Kultur ist, was übrigbleibt, wenn man schon alles vergessen hat.« Genauso verhält es sich mit dem Börsenwissen. Es ist das, was übrigbleibt, wenn es Ihnen gelingt, all das zu vergessen, woran die Volkswirte ständig herumnagen: Bilanzen, Kurse, Statistiken und anderen Kram – kurz das ganze Rüstzeug, das in Computern oder verstaubten Bibliotheken steckt. Nichts wissen, aber alles verstehen, das Gras wachsen hören und Phantasie haben – das alles macht den idealen Spekulanten aus.

Verwechseln Sie nicht die Begriffe: Den Finanzier trennen Welten vom Spekulanten. Der Finanzier steckt ständig bis über beide Ohren in den von ihm konstruierten Geschäften. Weil er für seine Unternehmen und Unternehmungen permanent Kasse benötigt, wendet er sich an die Aktienbörse, um seine Liquiditätsengpässe zu beseitigen. Sein Ziel bleibt freilich immer eine bestimmte Transaktion, aber sein Handeln löst Überlegungen und Bewegungen aus, die sich ihrerseits wieder auf den Börsenkurs übertragen. Und jetzt der Spekulant: Er gefällt sich als Zuschauer, der von Entwicklungen profitiert, die er nicht auslöste.

Ja, ich wiederhole: Es ist ein schöner Beruf, Spekulant zu sein, reich an Phantasie, aber auch an Risiken. Man kann Geld machen (nicht verdienen), und man kann reich werden. Aber man kann auch verlieren, sogar viel verlieren und so mal eben über Nacht pleite gehen.

An einer Uni fragte mich vor langer Zeit einmal ein wißbegieriger Studiosus: »Hätten Sie gerne, daß Ihr Sohn Spekulant wäre?« Meine Antwort: »Hätte ich nur einen Sohn, würde der Musiker werden. Den zweiten würde ich zum Bildhauer oder Maler ausbilden, den dritten zum Schriftsteller oder Journalisten. Der vierte allerdings müßte Spekulant werden: Einer muß die drei anderen armen Brüder schließlich ernähren.«

Pech nur, wenn der vierte Filius auf meinen Onkel hören würde, einen eingefleischten Junggesellen und Spekulanten. Der nämlich liebäugelte mit folgender Theorie: »Man kann sein Vermögen auf drei verschiedene Arten verspielen: am schnellsten mit Roulette, am angenehmsten mit Frauen, am dümmsten an der Börse.«

Dieses Foto spiegelt treu meine Person wider:
Es sind Charts an der Wand – ein Börsianer kündigt sich an.
Vor der Schreibmaschine: Journalist. Große Zigarre im Mund:
ein Wohlleber. Alles zusammen: ich in meinen jungen Jahren.

Auch ich fing klein an

Ich habe gewiß ein sehr schlechtes Gedächtnis, besonders für Ziffern und Namen, aber an meine ersten Börsengeschäfte werde ich mich, wie ein Don Juan an sein erstes Abenteuer, immer erinnern.

Ende der zwanziger Jahre hatte ich in Paris mein erstes Börsenerlebnis. Der Tip kam vom Bürodiener unserer Firma. Die erste Riesenaktion: Barkauf von zwei Aktien der französischen Eisenerzgesellschaft Laurium zu rund 400 Franc und der Kreditkauf auf Termin von 25 Aktien der englisch-portugiesischen Minengesellschaft Moçambique zu 30 Franc das Stück.

Die Tendenz war ganz auf Hausse gerichtet. Es war eine Einbahnstraße, wie hätte es anders sein können im Rausch der Inflation. Man mußte nur heute kaufen und morgen verkaufen oder morgen kaufen und übermorgen verkaufen. Leicht konnte ich mit den beiden Aktien mein Stammkapital verdoppeln.

Nur Ideen muß man haben, dachte ich und war der festen Überzeugung, die Börse sei die größte Erfindung der Welt. Seitdem ist fast ein halbes Jahrhundert verflossen, und ich bin noch immer derselben Auffassung, um so mehr, weil ich seitdem ausschließlich von Börsenoperationen gelebt habe, gut gelebt sogar. Und gut zu leben heißt für einen Ungarn nicht dasselbe wie für einen Schotten. Natürlich bin ich der Ansicht, daß die Börse nicht nur die wichtigste, sondern auch die schönste Erfindung des kapitalistischen Systems ist.

Mit meinem verdoppelten Kapital kaufte ich wieder auf den

Rat des Dieners 25 Maltzoff- und 25 Lianosoff-Aktien, die trotz des Kommunismus in Rußland noch immer an der Börse in Paris notiert wurden. Sie waren eigentlich wertlos, aber in der Euphorie war es gleichgültig, ob eine Aktie wertlos war oder nicht, Hauptsache, man konnte darin spielen. Natürlich stiegen die Nonvaleurs wie auch alles übrige. Mein Geld verdoppelte sich wieder, und ich war plötzlich ein Minikapitalist mit einer Barschaft von sage und schreibe 200 Dollar, deren Kaufkraft heute 30 000 Mark entsprechen würde.

Da mein Erfolg moralisch und materiell vollkommen war, wollte ich auch den Ort des Geschehens aufsuchen. Einer meiner Kollegen übernahm die ehrenvolle Pflicht, mich mit meiner neuen Liebe, der Börse, in physischen Kontakt zu bringen. Es kam ihm ungefähr so vor, als führe er einen jüngeren Freund zum ersten Male ins »Maison de Joie«.

Doch meine damaligen Eindrücke waren nicht besonders gut. Alles kam mir spanisch vor. Es wurde ein unverständlicher Jargon gesprochen, komische Worte, mysteriöse Ziffern. Hunderte von Menschen, greise und junge, rasten von einer Telefonzelle in die andere, flüsterten vertrauliche Informationen in die Ohren der Männer, die am Telefon hingen.

Sie sprachen mit London, Amsterdam oder Mailand. In einer Stadt kauften sie eine Aktie, in der anderen verkauften sie sie wieder. Sie spekulierten nicht auf Kursverschiebungen in der Zeit, sondern auf Preisdifferenzen im Raum, zum Beispiel zwischen Paris und London. Ich verstand nichts von diesem Tohuwabohu, nur eines hörte ich klar heraus: daß jeder den besten Tip besaß, daß jeder ein Prophet war oder mindestens ein Genie.

In diesen Tagen war ich nur ein Wickelkind an der Börse, aber etwas gefiel mir nicht. Ich hatte den Eindruck, alles sei nur Bluff. Die zerfahrenen Erklärungen der Tips schienen mir kindisch, primitiv und ohne jede Logik und Überlegung. Mein Entschluß war gefaßt. Wenn alle à la hausse spekulieren, dann muß ich haargenau das Gegenteil machen. Von meinem Mentor hatte ich erfahren, daß man auch auf die Baisse spekulieren könne. Mein

Entschluß war gefaßt. Ich wollte nun meine Karte auf Baisse setzen, mit fallenden Kursen verdienen und zu gleicher Zeit die Genugtuung haben, daß alle diese Großmäuler verlieren würden. Gesagt, getan. Die Technik der Baissespekulation war schnell begriffen, ich mußte auf Termin Aktien verkaufen, die ich noch gar nicht besaß, und so ging ich mit einem Sortiment von kleinen Werten à la baisse, die mir besonders verdächtig erschienen.

Dieser erste Börsenentschluß entschied mein Schicksal für die nächsten Jahre. Ob es Spürsinn war oder einfach nur Glück, eine erfolgreiche Periode meines Lebens hatte begonnen. Die Jahre, die nun kamen, waren die finstersten Zeiten der Wirtschaftsgeschichte, und das ganze kapitalistische System hing an einem dünnen Faden. Börsenkrachs haben wir seitdem viele gehabt, aber sie wurden überstanden, und auch die Wunden der Wertpapierbesitzer heilten in kurzer Zeit.

Ich hielte es für wünschenswert, wenn junge Männer und Mädchen schon in ihren Schuljahren in die Börsenpraxis und, wenn möglich, in die Börsenphilosophie eingeführt würden. Der Umgang mit Wertpapieren wäre ihnen dann später vertraut wie unseren Müttern Kochen und Haushalt. Die beste Methode bleibt das persönliche Training.

Der Börsianer lebt von seinen Erfahrungen und Überlegungen und von seinem Spürsinn. Der Engländer sagt: »My home is my castle.« Des Börsianers Devise ist: »My nose is my castle.«

Geschichten aus dem Börsenkindergarten

Hafer und Fußball

Meine erste Konfrontation mit der Börse hatte ich jedoch schon 15 Jahre früher, und gerade diese blieb mir paradoxerweise in schlechter Erinnerung.

Es geschah im Budapest meiner Kindheit, und ich war gerade in dem Alter, wo man mit Murmeln spielt. Im täglichen Leben des damaligen Ungarn erstrahlte die Getreidebörse in einem ganz besonderen Glanz. Das Land war Großproduzent von Brotgetreide, Mais und Hafer. Es war der lebhafteste Markt von ganz Europa. Man machte hier gewaltige Umsätze; Telegramme aus Übersee, Verkaufs- und Einkaufsorders ergossen sich über die Stadt und gaben ihr einen ungewöhnlichen Auftrieb. Die Riesengeschäfte boten auch Gelegenheit zu Spekulationen kleineren Umfangs, an denen jedermann sich beteiligen konnte, und das war etwas, was der fröhlichen Mentalität der Ungarn sehr lag.

Das Getreide war also »in aller Munde« – und genauso alles, was seinen Kurs beeinflussen konnte. Das Hauptelement bei diesem Spiel, nun ja, das war das Wetter, die Farbe des Himmels, die zu starke Sonne, die die Ernte gefährdete, oder der Regen, der sie verbessern würde.

Der Kurs stieg oder fiel wie der Wetterfrosch auf den Sprossen seiner Leiter, je nach den Wetterberichten. Auf den in der Stadt so zahlreichen Kaffeehaus-Terrassen, an den Straßenecken hielt man, besonders in jenem überaus trockenen Sommer, eifrig nach Wolken Ausschau, denn wenn kein Regen kam, war die Hafernte in Gefahr. Sogar die hohen Militärs machten sich Sorgen, weil damals dem Hafer die Rolle zukam, die das Benzin in einer modernen Armee spielt. Zu den meteorologischen Kümmernissen des Augenblicks gesellte sich eine neue Sorge: das Fußballspiel, das die ungarische Elf gegen eine ausländische Mannschaft austragen sollte.

Es ging um die sportliche Ehre, die jedermann als ein schwerwiegendes persönliches Anliegen betrachtete. Dem so lang erwarteten sportlichen Ereignis gelang es sogar, die lähmende Schwüle dieses zu heißen Sommers zu überwinden.

Ich war doppelt erregt. Es war mein erstes wirkliches Fußballspiel, und darüber hinaus sollte ich zu diesem neuen Vergnügen von meinem Lieblingsonkel mitgenommen werden.

Am Morgen des Wettspiels sprang ich Hals über Kopf aus dem Bett, um den Himmel zu begutachten. Aber ach, der Horizont war ganz bezogen, eine Menge grauer Wolken kam herauf, getrieben von einem regenbringenden Wind, die Luft war schwer, man hörte schon fast den Donner grollen. Ich wurde von Unruhe ergriffen, und ebenso mein Vetter, der auch zum Sportfest mitkommen sollte.

Den ganzen Vormittag über verschlimmerte sich die Lage immer mehr, und im selben Maße wuchs unsere Enttäuschung.

Dennoch trafen wir zur festgesetzten Stunde bei unserem Onkel ein und waren überzeugt, daß er ebenso betrübt sein würde wie wir. Welche Überraschung! Seine Augen strahlten, er lächelte glücklich und zufrieden und rieb sich die Hände, als sei ihm gerade ein guter Coup gelungen. Gewöhnlich war er nie häßlich zu uns Kindern, nicht einmal im Scherz. »Meine lieben Jungen, welch ein Tag, seht nur, es regnet in Strömen, das Fußballspiel ist abgesagt.«

Meinem Vetter und mir verschlug es die Sprache. Kein Fußballspiel! Und er wagte es, von einem schönen Tag zu sprechen. Soviel Gemeinheit war uns unverständlich.

Und mit noch größerer Grausamkeit fuhr er fort: »Das ist wirklich fabelhaft, dieser Regen ist prächtig!«

Es war nicht zu glauben. Dann rief er: »Ihr versteht aber auch gar nichts. Der Regen ist ein Glück! Morgen wird der Hafer an der Börse fallen. Ich habe seit Wochen darauf gewartet.«

Der Onkel hatte recht, am nächsten Tag gab es einen Börsensturz beim Hafer, die Ernte war gerettet. Diejenigen, die auf Baisse spekuliert hatten, konnten den erwarteten Gewinn einstreichen, und die Militärs waren beruhigt – alles auf Kosten unseres Fußballspiels.

Dieses ins Wasser gefallene Vergnügen hatte die Börse auf dem Gewissen, aber am gleichen Tage schwor ich mir, zu gegebener Zeit Rache dafür zu nehmen.

Die Raffiaspekulation meines Bruders

Der erfolgreiche Spekulant muß ein scharfsinniger politischer Analytiker, aber auch ein geschulter Massenpsychologe sein. Denn er hat zur selben Zeit zwei Rätsel zu raten: die politischen Ereignisse und die Reaktion der Sparer auf diese. Bei jenen kann man noch eine gewisse logische Entwicklung ermessen, die Reaktion der Sparer aber folgt ganz eigenen, kapriziösen Gesetzen. Wie ich schon erwähnt habe: Wie oft erlebten wir, daß ein Kriegsausbruch die Kurse in die Höhe sausen ließ, aber auch das Gegenteil, wie Aktienpreise auf die gleichen Nachrichten hin in die Tiefe stürzten. Die alte Börsenweisheit »Kaufen beim Donner der Kanonen, verkaufen bei der sanften Musik der Violinen« gilt heute nicht mehr. Denn was alle wissen, ist keine Weisheit mehr an der Börse. Gewogen und geeicht muß der sein, der sich in dieses Gedränge einläßt.

Ich selbst habe schon vor sehr langer Zeit, noch als Kind, am eigenen Leib erfahren, daß man mit Spekulationen den Tagesnachrichten nicht hinterherlaufen darf.

Und zwar: Der Pulvergeruch in den ersten Sommertagen des Jahres 1914 hatte ein wahres Spekulationsfieber ausgelöst. Man stürzte sich vor allem auf die Waren, bei denen Gefahr bestand, daß sie nicht mehr nach Ungarn eingeführt werden könnten. Deshalb stiegen die Kurse für ausländische Erzeugnisse. Man spekulierte mit allem, mit den verschiedensten Waren – Vanille, Pfeffer, Gewürznelken und so weiter. Vor allem spekulierte man mit Raffia, denn Raffia war unentbehrlich im ungarischen Weinbau. (Winzer brauchen dessen Blätter für die Herstellung von Bast.)

Mein Bruder war damals Volontär in einer Großbank, die sich auf Rohstoff-Finanzierungen spezialisiert hatte. Er bekam einen Börsenwink über Raffia. Mit einigen Freunden kaufte er auf Pump bei der Bank einige Kontrakte des wertvollen Strohs auf den Namen eines weniger wertvollen Strohmannes. Der Preis war damals durch die Spekulation schon stark überhöht.

Das Glück schien zuerst der Raffiafaser hold zu sein. Der Krieg brach aus, und ihr Preis schnellte wie ein Pfeil in die Höhe. Doch die Kriegsnachrichten machten den jungen Spekulanten einen Strich durch die Rechnung. Und zwar einen dicken. Die österreichisch-ungarische Armee stieß blitzschnell tief nach Serbien vor, gleichzeitig gelangten die deutschen Truppen bis an die Marne. Der alte Feldmarschall Hindenburg schlug die Russen in Ostpreußen. Die Scheinsiege an drei Fronten ließen auf einen baldigen Frieden hoffen; alles würde bald wieder normal werden.

Die Raffiakurse begannen zu gleiten . . . und das Strohkonto war schon stark im Debet. Die Bank forderte neue Zahlungen, aber leider waren die Taschen alle leer . . .

Das Gesicht meines Bruders wurde vom Frühstück bis zum Abendbrot immer länger, und jeden Tag ein bißchen mehr. Ein Haussepunkt ließ ihn aufatmen, drei Baissepunkte stürzten ihn um so tiefer in Verzweiflung. Wir alle erlebten dieses ständige Auf und Ab intensiv mit. So wichtig uns die Nachrichten von den Fronten waren, genauso wichtig waren uns ihre Auswirkungen auf den Börsenkurs der Raffia. Mein Bruder wurde von Furcht geschüttelt, als er sich darüber klar wurde, daß mein Vater seinen Hilferufen kein sehr williges Ohr leihen wollte. Auch die mütterliche Vermittlung machte den Vater nicht freigebiger. Wir zitterten alle, als mein Bruder, durch die Forderungen der Bank in Panik versetzt, sogar von Selbstmord sprach. Das Schreckgespenst eines Dramas schwebte über dem ganzen Haus.

Schließlich wurde sich mein Vater der drohenden Tragödie bewußt; er erkannte, daß mein Bruder es als Ehrensache betrachten und Ernst machen würde. Er bewilligte ihm die notwendige große Summe.

Seitdem wurde das Wort Raffia in unserer Familie gemieden wie der Strick im Hause eines Gehenkten. Es gab keine Tragödie, die Familienehre blieb unangetastet. Aber ich, ich bekam das rote Fahrrad nicht, von dem ich geträumt hatte . . .

Kaum war dieser gefährliche Spekulantennotstand überwunden, da kam die Marneschlacht und mit ihr die Rückschläge an den anderen Fronten. Die Hoffnungen auf einen raschen Sieg waren dahingeschmolzen. Der Krieg zog sich hoffnungslos hin. Die Raffiakurse kletterten rasch den Berg wieder hinauf und gewannen alles wieder, was sie verloren hatten. Aber nun war es zu spät . . .

Und das Ende der Geschichte: Die handelnden Personen, meine Eltern, mein Bruder sind längst alle tot. Die Raffiaspekulation erscheint mir heute so winzig, so simpel im Vergleich zu den gigantischen Spekulationen auf den Weltmärkten (der damals erwartete Gewinn entspräche heute dem Gegenwert eines Abendessens in New York). Aber ich fühle heute noch den Schreck von damals in den Knochen: Er blieb mir ein Memento fürs Leben, ein Memento für meine Spekulationen.

Die Oceanic

Die verschiedenen Zweige der Familie Société Anonyme, Limited, Aktiengesellschaft, Corporation haben einen gemeinsamen Vorfahren: das Abenteuer.

In Rom predigte Cato, der viel über die Fragen des Geldes und des Zinses philosophierte, daß für den Betrieb von Handels- und Schiffahrtsunternehmungen Gruppen, d. h. Gesellschaften gegründet werden sollten.

»Man soll ein Schiffahrtsunternehmen nicht allein beginnen. Um ein Schiff auf See zu schicken, tut euch zusammen mit neunundvierzig eurer Freunde und macht alle fünfzig zusammen den Versuch.«

Der Ausdruck »Abenteuer« hinterläßt heute einen schlechten Nachgeschmack, aber im 17. Jahrhundert hatte er eine sehr genaue rechtliche Bedeutung: Das »Abenteuer« war ein kaufmännisches Unternehmen, öfter noch ein Kolonialunternehmen, das gegründet worden war, um ein gewagtes Geschäft oder eine Expedition auszuführen. Die Gründer der Gesellschaft, die Aktionäre, trugen offiziell den Namen Abenteurer. Diese Bezeichnung findet sich noch heute in den Urkunden der ältesten Aktiengesellschaft, der 1670 gegründeten anglokanadischen Gesellschaft Hudson-Bay. Traditionsgemäß beginnt der Präsident die Eröffnungsrede bei der jährlichen Generalversammlung mit der Anrede: »Meine Herren Abenteurer«, was unter der Mahagonidecke des großen Sitzungssaals ungewöhnlich gravitätisch klingt.

Abenteuer... Abenteurer – das sind Ausdrücke, die in unseren Ohren zugleich anrüchig und romantisch sind.

Und wer hat nicht seine Abenteuer, zum mindesten finanzielle?

Die meinen (jedenfalls das erste) datieren noch aus der Zeit der lateinischen Übersetzungen und der kurzen Hosen, als ich in Budapest aufs Gymnasium ging.

Der kleine Kreis von Kameraden, zu dem ich gehörte, hatte sich in löblichem Streben nach Kultur feierlich »Literarische und musikalische Gesellschaft« getauft.

Ich war zum Kassenwart ernannt worden, und da ich meine Funktion sehr ernst nahm, verfolgte ich die allgemeine Wirtschaftslage mit ebensoviel Leidenschaft wie berufsmäßiger Gewissenhaftigkeit.

Es war die Zeit, da ganz Mitteleuropa unter der Springflut der Inflation den Siedepunkt erreicht hatte. Bei Büroschluß stürzte man sich nicht auf die lustigen Karikaturen in den Zeitungen, sondern auf die Börsenkurse.

Ungarn lebte im Rhythmus der Kronen-Schwankungen in Zürich, und die Krone stürzte senkrecht ab.

Die Wirtschaft war völlig in Aufruhr, und es konnte passieren, daß sich die Kurse von heute auf morgen verdoppelten oder verdreifachten. In dieser Treibhausluft schossen die Gerüchte wie Pilze aus dem Boden – und manchmal wie Giftpilze.

Alle möglichen Informationen tuschelte man seinem Nachbarn ins Ohr. Natürlich büßten sie bei jeder Weitergabe an Wahrheit ein. Und wer hatte nicht einen Freund, dessen Friseur durch die Portierfrau des Bankdirektors (oder aus ähnlicher Quelle) ganz genau wußte, daß man dieses oder jenes Papier kaufen sollte!

Man mußte schon sehr standhaft sein, um nicht Lust zu verspüren, auf diesem großen Ball der Spekulation mitzutanzen, sich in diesen Wirbel zu stürzen, wo man reich werden konnte, ohne genau zu wissen, wie!

Natürlich waren auch wir Kinder von der Spekulationswut angesteckt. Hätten wir gestern diese oder jene Aktie gekauft, so hätten wir heute das Dreifache in der Kasse. Man müßte es einfach versuchen.

Diese Überlegung quälte mich unablässig. Ich wollte ja gar nicht den Teufel versuchen, nicht in einem Tage Millionär werden, sondern nur die neueste Ausgabe des Großen Brockhaus kaufen können, wenn allerdings auch zu einem sehr teuren Preis.

Eines Morgens hörte ich meinen Vater am Telefon sagen, die Regierung führe Verhandlungen, um die durch den Waffenstillstand von 1918 verlorenen Schiffe wiederzuerlangen, und ein Boom für die Schiffahrtsgesellschaften bahne sich an.

Soll man einen väterlichen Tip in Zweifel ziehen? Das war unmöglich. Diesmal hieß es handeln: großer Kriegsrat im Gymnasium über eine Liste der Schiffahrtsgesellschaften.

Die Mittel des Klubs waren beschränkt, wir konnten also nicht zu einem Großangriff übergehen. Die »Oceanic« lag preislich in unserem Rahmen; sie wurde gewählt. Wir setzten bereits unser ganzes Vertrauen in die Ladungen Getreide oder Kohlen, die uns das Glück bringen sollten. Zitternd ging ich zur Bank und gab den Auftrag. Die Würfel waren gefallen.

Ein paar Tage später gab es eine schöne Panik. Ein neuer Finanzminister begann einen Feldzug für eine Preis-Baisse. Der Angriff gegen die hohen Lebenshaltungskosten traf die Luxusindustrie ebenso wie die ambulanten Händler – und noch mehr die Aktien.

Die »Oceanic« trieb steuerlos dahin. Bald forderte die Bank eine Erhöhung der Deckung, und wo sollte ich die Mittel hernehmen?

Eine nette Kusine erwies sich zum Glück einsichtsvoll und ließ sich überreden, ihre Ersparnisse für die gute Sache zu opfern. Der zweite Vorstoß ins Land der Hoffnung war unternommen.

Tatsächlich dauerte die neue Baisse-Welle nur kurz. Der Minister verlor den Verstand bei diesem Abenteuer, trat von der politischen Bühne ab und kam ins Irrenhaus; er wurde zur Zielscheibe des allgemeinen Spottes. Die Hausse kam wieder.

Kaum hatte sich die »Oceanic« erholt, da verwandelte sie sich zur allgemeinen Erleichterung in zehn Bände des heißersehnten Brockhaus, und außerdem sprang bei diesem Geschäft noch die Britische Enzyklopädie heraus.

Alles ging gut. Es war uns nur ein kleiner Irrtum bei unserem schönen Geschäft unterlaufen: Einige Tage nachdem diese erste Begegnung mit der Welt der Finanzen abgeschlossen war, entdeckte ich, daß die »Oceanic« keineswegs eine Schiffahrtsgesellschaft war, sondern . . . Fischkonseren herstellte!

Und die Moral von der Geschichte: Ich habe ziemlich früh gelernt und konnte das später nutzbringend anwenden, daß es nicht immer notwendig ist, gut informiert zu sein, wenn man an der Börse verdienen will.

Erfahrungen mit Insiderspekulationen

Der Anruf aus Zürich

Vor mehreren Jahrzehnten rief mich mit aufgeregter Stimme ein alter guter Freund, Ernst Gall, aus Zürich an, damals der erste Prokurist und Börsenhändler des großen Bankhauses Julius Bär & Co. Man müßte Aktien von »Papier St. Moritz« kaufen. »Warum?« – »Egal, ganz egal« war die Antwort. »Sie werden steigen.« Die aufgeregte Stimme verriet mir, daß mein guter Freund zwar keine Erklärung geben konnte, aber fest überzeugt war. Hier hilft nur Glaube, dachte ich, Vox populi, Vox dei, und ich kaufte »Papier St. Moritz« zum Kurs von 162.

Als er den Hörer auflegte, fiel mir plötzlich ein, daß ja auch der Präsident der Papierfabrik La Chapelle (das einzige Aktivum der »Papier St. Moritz«) ein guter Bekannter von mir war: Monsieur George Hereil, ehemaliger Präsident der Sud Aviation, Schöpfer der Caravelle, später Präsident von SIMCA und Vizepräsident von Chrysler.

Die Antwort auf meine Frage, was er von diesem Papier halte, war niederschmetternd: »Der Preis an der Züricher Börse ist ein glatter Nonsens, der Buchwert ist kaum vierzig Franken, gar keine Aussicht auf Dividenden. Es ist ein Unfug der Spekulation, den Kurs so in die Höhe zu treiben. Die in Zürich sind verrückt geworden, die Aktie ist um den Preis glatt abzustoßen und bestimmt nicht zu kaufen.«

Die Heftigkeit, mit der er seine Auskunft unterstrich, veranlaßte mich, die Angelegenheit etwas näher anzuschauen. Ich stellte tatsächlich fest, daß der Preis unverhältnismäßig hoch lag und der Präsident recht hatte. Doch überzeugt davon, daß die

Börsentorheit keine Grenzen kennt, traf ich meine Dispositionen.

Ungeduldig wartete ich den nächsten Tag ab, um meinen Freund bei Bär zurückzurufen. »Sie sind ein Feigling, nicht mehr gekauft zu haben«, tönte es mir aus dem Telefon entgegen. »Heute steht ›Papier St. Moritz‹ schon auf 165.«

Es machte mir Spaß, einem Bankier eine Lektion zu erteilen, obwohl er mein guter Freund war. Ich wiederholte ihm wörtlich, was mir Präsident Hereil mitgeteilt hatte und was ich selbst feststellen konnte. Vom anderen Ende der Leitung war eine verängstigte Stimme zu hören: »Was sollen wir tun, Herr Kostolany, wollen Sie wieder verkaufen?«

»Was wir tun sollen? Kaufen Sie mir weitere ›St. Moritz‹ dazu.« Es folgte eine lange Pause, ich sah meinen Freund als stummes Fragezeichen vor mir. Ich setzte hinzu: »Ich wollte Ihnen nur zeigen, welche Bedeutung ich der Bilanzanalyse und einer Insiderinformation beimesse, selbst wenn diese von Präsidenten stammt.«

Am nächsten Tag erzählte ich am Stammtisch meinen Freunden von diesem extravaganten Entschluß, auch sie können als Zeugen auftreten. Dann vergaß ich die ganze Angelegenheit. Einige Monate später las ich in der »New York Times« über die Entwicklung der St.-Moritz-Aktien, die gerade von 1200 auf 1400 gesprungen waren. Ich rief meinen Freund in Zürich wieder an und verkaufte fröhlich alle meine »St. Moritz«.

Als er mir die Ausführung am Telefon meldete, fragte ich ihn – eigentlich im Scherz: »Nun, lieber Herr Gall, habe ich einen guten Tip gehabt?« Beleidigt antwortete mein Züricher Freund: »Wieso denn Sie? Ich habe doch den Tip gehabt!« (Er hatte ja nicht unrecht.)

Einige Zeit später stiegen die »St. Moritz« noch höher, und dann verschwanden sie von der Börse, da die Firma von der englischen Gesellschaft Bowater zu einem hohen Preis übernommen wurde. Erst kürzlich unterhielt ich mich mit Präsident Hereil über diese Geschichte, und wir lachten herzlich darüber.

Heute kennt auch er, was er damals nicht kennen konnte: die finsteren Fusionspläne von Bowater. Seine Bilanzanalyse war absolut richtig gewesen, doch *der Analytiker denkt, und die Börse lenkt*. Die Börse ist keine Wissenschaft, sondern eine Kunst. Genau wie in der Malerei muß man auch an der Börse für Surrealismus Verständnis haben. Auch wenn der Kopf manchmal unten und die Beine oben sind. Und werden nicht solche Bilder oft von Tausenden bewundert? Ich kaufte »Papier St. Moritz« nicht trotz der schlechten Informationen, sondern vielmehr gerade deshalb.

Oft denke ich an dieses amüsante Abenteuer, wenn ich sehe, mit welch wissenschaftlicher Exaktheit die Analysten arbeiten. Man macht Computeranalysen, zeichnet genaue Kurven, macht Berechnungen, man multipliziert, dividiert, subtrahiert, um die zukünftige Kursentwicklung der Aktien festzustellen.

Und dann kommt doch alles anders.

Das Palace-Hotel in St. Moritz

Wenn ich in einer Stadt ankomme, ist der Taxifahrer meine erste Informationsquelle. Während der Fahrt frage ich ihn, was er verdient, wieviel er zum Leben braucht, wie hoch die Preise sind, nach seinen innen- und außenpolitischen Einstellungen, nach seinen Reaktionen auf die internationalen Ereignisse usw. Und das geht so während des ganzen Tages, bei den verschiedensten Leuten, mit denen ich zusammentreffe.

Was die Tagesnachrichten betrifft, so beginne ich mit dem Rundfunk um sieben Uhr morgens, ich höre die Nachrichten aus verschiedenen, auch kommunistischen Ländern, da die Ereignisse je nach dem Land verschieden interpretiert werden. Die Zeitungen brauche ich nicht besonders zu erwähnen. Beim Zeitunglesen habe ich die Routine gewonnen, die für mich wichtigsten Nachrichten sofort zu bemerken. In den Zeitungen interessieren mich die Nachrichten viel mehr als die Kurse, denn die Kurse sind – wie schon gesagt – bereits Vergangenheit, die Nachrichten aber sind eventuell die Kurse von morgen.

Ohne Zweifel bedeutet an der Börse »informiert« sehr oft »ruiniert«. So ist es auch mir einmal anfangs der dreißiger Jahre ergangen, als ich einen Winter in St. Moritz verbrachte. St. Moritz war damals ein Symbol für Luxus und Reichtum. Das Palace-Hotel mit Halle, Bar und Grill spielte eine besondere Rolle. Es war der Treffpunkt der internationalen Hochfinanz, der Playboys und der Prominenz aus aller Welt.

Der Leser kann mich also mit Recht fragen, was ich in diesem exklusiven Kreis zu suchen hatte. Als Zuschauer absolvierte ich meine Lehrjahre im kosmopolitischen Lebensstil und gewann dadurch Lebenserfahrung, die mir bis heute nützlich ist. Diese kleine farbige Welt ist verschwunden wie der Schnee vom vergangenen Jahr. Wenn ich aber heute durch die Halle des Palace gehe, sind die Geister der Vergangenheit noch immer lebendig. In einer Ecke der Halle sehe ich den Autokönig *André Citroën* – es war noch vor seiner Pleite. An einem anderen Tisch sitzt *Sir Henry Deterding,* Herr des Royal-Dutch-Shell-Konzerns. In seiner Nähe diniert die Konkurrenz: *Mr. Walter C. Teagle,* Präsident der Standard Oil. Nach dem Dorfklatsch trafen die beiden Potentaten des Erdöls (die Vorfahren von *Scheich Jamani und Co.*) jedes Jahr hier zusammen, um ihre Probleme zu besprechen: Preise, Märkte, Öl. Genau wie heute die Öl-Scheichs in einer OPEC-Konferenz. Zwei Schritte von ihnen sehe ich *Kees van Dongen*, den weltberühmten Maler, und *Charlie Chaplin*. Nie fehlte hier mein Landsmann *Dr. Arpad Plesch*, der brillante Spekulant und größte Fachmann für Goldanleihen. Auf der anderen Seite saß im immer gleichen Fauteuil und in Gedanken versunken *Dr. Fritz Mannheimer*, der einflußreichste Bankier dieser Zeit, ein gebürtiger Stuttgarter, Chef des Bankhauses Mendelssohn & Co. in Amsterdam. Er hatte als Devisenhändler nach dem Ersten Weltkrieg in Amsterdam begonnen, wo er als Vertreter der Deutschen Reichsbank fungierte und die Aufgabe hatte, durch Interventionen den Kurs der deutschen Reichsmark zu stützen. Seine Tätigkeit war sehr erfolgreich, weniger für die Reichsbank als für ihn selber. Denn die Reichsmark fiel auf Null; Dr. Mannheimer aber schuf sich ein Vermögen. Mit den verdienten Millionen gründete er den holländischen Zweig der Berliner Firma Mendelssohn & Co. und wurde später unter anderem Bankier der französischen und belgischen Regierungen. Als ungekrönter König des damals so wichtigen Finanzplatzes Amsterdam imponierte er mir natürlich am meisten. Er war untersetzt, arrogant, sich seiner Macht und Bedeutung wohl bewußt.

Ich verfolgte diese Show im Palace mit den Augen eines

Privatdetektivs, analysierte die Gesten der auftretenden Figuren, ihre Physiognomien und hätte gern ihren Gesprächen gelauscht. Sicher sprachen sie nicht über das Wetter!

Und durch einen merkwürdigen Zufall wurde meine Neugier befriedigt. Eines Abends klopfte der Page an meine Tür und überreichte mir ein Telegramm, das ich ungeduldig aufriß. Der Text bestätigte die Ausführung eines gigantischen Kaufauftrags von vielen tausend Royal-Dutch-Aktien auf allen Märkten der Welt. (Im Gegenwert von mehreren Millionen Gulden.)

Ich verstand nicht, worum es sich handelte, wendete das Telegramm und sah erst jetzt, daß es an Dr. Mannheimer adressiert war. So ein Irrtum kann sogar im Palace vorkommen! Mein Zimmer lag auf der Schattenseite, genau gegenüber der auf der Sonnenseite liegenden Suite von Dr. Mannheimer. Heute, einige Jahrzehnte später, fühle ich noch immer den Schock, der mich damals durchfuhr. Ich war plötzlich in die Geheimnisse der Götter eingeweiht. Erst vor einigen Tagen hatte ich in einer Ecke Sir Henry mit Dr. Mannheimer in lebhaftem Gespräch entdeckt. Die haben, so dachte ich mir, gewiß etwas ganz Besonderes in Royal Dutch ausgekocht. Das war unmißverständlich.

Ich läutete dem Pagen, gab ihm das Telegramm verschlossen zurück und versuchte Ordnung in meine aufgescheuchten Gedanken zu bringen. Damals war ich Baissespekulant. (Das hatte mir schließlich erlaubt, Gast im Palace-Hotel zu sein.) Ich war aus wirtschaftlichen und politischen Gründen pessimistisch und für Haussetips nicht besonders empfänglich. Es war auch noch mitten in der großen Baisseperiode dieser Zeit. Aber eine solche Auskunft, die mir ein teuflischer Zufall zugespielt hatte, so etwas passiert kaum zweimal im Leben! So einem Tip muß man folgen. Und ich folgte ihm. Ich kaufte mir Royal Dutch, und von diesem Augenblick an begann der Kurs zu fallen – bis auf ein Drittel meines Kaufpreises. Ich verlor das ganze Geld, das ich in diesen Tip gesteckt hatte.

Ich habe nie erfahren, was die beiden in der Halle des Palace besprochen hatten. Ich weiß nur, daß die Firma Mendelssohn,

Amsterdam, im Herbst 1939 mit großem Skandal Bankrott machte, daß das Börsenspielkonto Dr. Mannheimers mit riesigen Schulden belastet war. Aus meiner Erfahrung konnte ich jedenfalls zwei Schlüsse ziehen: Ein großer Financier kann auch ein schlechter Spekulant sein, und beim Wintersport kann man auch lehrreiche Börsenerfahrungen sammeln.

Einer meiner intimen Freunde, *Adrien Perquel*, erzählte mir bei einem Mittagessen, daß er mit dem Vorstandsvorsitzenden der Compagnie Française de Petrole, einer der größten Erdölgesellschaften der Welt, eine lange Unterhaltung gehabt hatte und daß dieser ihm ausdrücklich bestätigte, daß die Aktien der Française Petrole bei einem Kurs von 10 000 (damaligen) Franc stark überbewertet seien. Ich hatte einen größeren Posten gehabt und war schon auf den kommenden Tag ungeduldig, um sie alle zu verkaufen. Es klingt fast wie ein Spaß, aber nachdem ich sie verkauft hatte, sind sie in den kommenden Monaten raketenhaft auf 60 000 Franc gestiegen. Und das war eine Insiderinformation.

Ich nehme an, der Präsident war in seiner Auskunft absolut bona fide, nur, wie ich es immer wiederholen muß, wissen Insider eben selber nicht, wie ihre Aktien an der Börse stehen werden.

Natürlich gibt es auch Fälle, wo Financiers absichtlich irreführende Informationen oder Meinungen ausbreiten. Folgende Geschichte soll als Schulbeispiel gelten:

Der Vorsitzende einer bekannten Finanzgruppe in Frankreich, namens L., die schon einige an der Pariser Börse notierte Unternehmen kontrolliert, sagte mir einmal vertraulich, er wäre auf lange Sicht sehr optimistisch für die Aktien Hutchinson. Die Gesellschaft werde ganz neu organisiert, mit frischem Kapital aufgerüstet usw. . . . Aber, fügte er hinzu, ich brauche noch nicht zu kaufen, er werde mir den gegebenen Augenblick signalisieren.

Ich erkundigte mich an der Pariser Börse bei meinem Makler, was bei dieser Aktie auf dem Markt vorgeht, und bekam folgende Information: Die Aktie war in der vergangenen Zeit von

250 auf 60 abgebröckelt, kein Mensch kümmerte sich um die Papiere, nur einen Käufer gab es auf dem Markt, die Gruppe L., die sie bei tiefen Kursen sammelte.

Komisch, dachte ich mir, es ist doch merkwürdig, daß der interessierte Financier mir den Ratschlag gibt, die Aktie vorläufig noch nicht zu kaufen. Gerade deswegen und aufgrund langer Erfahrungen kaufte ich die Aktie sofort. Einige Tage später fing die Hausse-Bewegung an und sprang bis 300, ja sogar 400, wo sie dann von einer anderen Gesellschaft übernommen wurde. Meine Insiderinformation war also: bis zum Signal nicht zu kaufen, denn es sei noch zu frühzeitig. Inzwischen hatte die Gruppe selber gekauft; das Signal kam erst bei 300. Über diese Insider kann sich jeder ein eigenes Urteil bilden.

Die Tannenbaum-Aktie

Welche Bedeutung aber präzisen Informationen bei Börsenspekulationen zukommen kann, lehrt die folgende amüsante Geschichte.

Es war während des Krieges in New York. Eines Tages rief mich eine gute Bekannte sehr aufgeregt aus einem Broker-Office an. Sie verbrachte Tage und Stunden in diesen Wertpapier-Banken in der Hoffnung, irgendeinen fetten Tip aufzuschnappen, der sich dann in einem neuen Nerzmantel oder in einem Armband materialisieren sollte. Seit Jahren wollte sie auch von mir Tips erfahren.

Zu meinem Erstaunen wollte sie diesmal nichts wissen. Im Gegenteil, sie hatte einen »hot tip« für mich. Ganz erregt erzählte sie mir, daß sie in den Besitz einer phantastischen Information geraten sei. In einem vornehmen Broker-Office in der Fifth Avenue hatte sie zufällig (ich glaube, eher absichtlich) ein Gespräch zweier bedeutender Finanzleute mitgehört. Es handelte sich um eine gewisse Tannenbaum-Aktie, und wie sie aus dem Gespräch zu entnehmen glaubte, war das Unternehmen über den Krisenpunkt hinweg und ging nach der Meinung des Experten Professor C. einer definitiven Gesundung entgegen. Die beiden Herren beurteilten die Entwicklung der nächsten Wochen mit größtem Optimismus.

Die Dame bat mich, für sie diese Aktien bei einem meiner Broker zu kaufen. Ihrem ständigen Makler (in dessen Büro sie das Gespräch belauscht hatte) wollte sie den Auftrag nicht geben, da es ihr natürlich peinlich gewesen wäre, wenn man sie bei einer Indiskretion ertappt hätte. Außerdem bestand sie darauf, auch ich sollte von dieser Insiderinformation profitieren. Ich war bereit, ihr den Wunsch zu erfüllen, aber ich suchte vergebens in der »New York Times« und im »Wall Street Journal« nach einer Aktie »Tannenbaum«. Endlich fand ich mit Hilfe meiner Broker-Freunde im Katalog der nichtnotierten Werte die Aktie einer Gesellschaft, die nicht Tannenbaum, sondern »Tannenberg Company« hieß. Sie fabrizierte irgendwelche kleine Bestandteilchen für die Rüstungsindustrie. Ihre Aktien standen auf ungefähr 5 Dollar, nachdem sie von 30 Dollar langsam abgerutscht waren. Das Unternehmen war wohl in Schwierigkeiten geraten und nun an dem Punkt angelangt, wo es sich langsam wieder von seiner Krise erholen würde.

Solche »Turn-around«-Situationen sind für die Spekulation immer die interessantesten, und gewiß war es dies, worüber die beiden belauschten Finanzexperten gesprochen hatten. Über all das informierte ich meine Bekannte, die jetzt fest davon überzeugt war, das Wort falsch verstanden zu haben, so daß es sich bestimmt um Tannenberg und nicht um Tannenbaum gehandelt haben mußte. Sie wiederholte daher ihren Wunsch, den Kaufauftrag für die Tannenberg-Aktien weiterzuleiten.

Ich führte den Auftrag aus, war aber skeptisch, zumal man ja, wie schon gesagt, mit den besten Insideinformationen unter Umständen am sichersten zugrunde gehen kann und ich eher dazu neige, das Gegenteil von dem zu machen, was mir die Broker empfehlen. Ich kaufte also für meine Rechnung keine einzige der famosen Aktien. Leider! In wenigen Wochen stieg das Papier auf 30 Dollar. Ich war geradezu krank vor Ärger, meine Bekannte aber triumphierte. Der neue Nerzmantel war gedeckt, und sie lud mich zu einem Festessen ein. Sie machte mir schwere Vorwürfe, daß ich ihren Informationen aus so guter Quelle nicht gefolgt war. Aber was sollte ich sagen? Entweder hat man Prinzipien, oder man hat keine.

Dennoch war ich neugierig, was sich eigentlich in dieser Tannenberg Company abgespielt hatte. Und was mußte ich nach langen Untersuchungen erfahren? Eine »wahre« Komödie. Meine Bekannte hatte das Gespräch ganz richtig gehört. Es handelte sich tatsächlich nicht um Tannenberg, sondern um Tannenbaum, allerdings um keine Aktie, sondern um Herrn Joseph L. Tannenbaum, der schon ein alter Herr war und schwer krank. Seit Wochen schwebte er zwischen Leben und Tod. Das Flüstergespräch bezog sich auf seinen Gesundheitszustand. Er war es, der die Krise überstanden hatte und für den der Professor C. eine Erholung voraussagte.

Der Herr Tannenbaum war noch einige Monate krank, und trotz des Optimismus des Professors ist er dann schließlich doch gestorben. Da ich diese gute falsche Information nicht ausgenützt hatte, war mein Ärger grenzenlos. Hätte ich nur geahnt, daß es sich um ein monumentales Mißverständnis handelte, so wäre ich bestimmt auf den falschen Tip eingestiegen. Da für mich jeder Tip a priori falsch ist, muß doch ein falscher »falscher« Tip richtig sein . . . Minus mal minus gibt plus.

Verlasset Euch auf Prinzen!

Ich wurde einmal gefragt, ob es zuverlässige Insiderspekulationen gebe. Dazu kann ich zwei Geschichten erzählen:

Als junger Mann war ich Mitarbeiter einer Firma, unter deren Kunden sich Senior Bingen befand, ein Exbankier aus Genua, der Schwiegervater von André Citroën, dem genialen französischen Autoindustriellen. Er kaufte bei uns Citroën-Aktien, noch und noch, und diese stiegen langsam, aber sicher in die Höhe. Wer hätte über die Citroën-Aktien besser informiert sein können als Senior Bingen, und so traute ich mich in eine kleine Spekulation mit Citroën-Aktien gemäß meinen Mitteln. Es war nicht zu glauben, aber sechs Monate später ging Citroën in Konkurs, obwohl das Unternehmen 6 Monate früher noch 50 Franc Dividende zahlte. Nach dem Konkurs konnte es nicht einmal seine fälligen Wechsel bezahlen.

Dies war zwar keine Insiderinformation, aber im großen und ganzen gleichwertig. Die Gesellschaft ging pleite, und Monsieur André Citroën ist als armer Mann gestorben. Wie man später erfuhr, war dies nicht die Folge mangelnder Qualität des Unternehmens und seiner Produkte, die auch heute noch zu den besten Wagen der Welt zählen, sondern stand im Zusammenhang mit dem Charakter von André Citroën. Er war einer der begabtesten Großindustriellen Frankreichs, phantasievoll und optimistisch, und arbeitete mit großen Krediten. Leider wählte er sich schlechte Gläubiger aus. (Oft glaube ich, daß es wichtiger ist für einen Schuldner, einen guten Kreditgeber zu finden, als für den Gläubiger, einen guten Schuldner.) Citroën war auch ein großer

Hasardspieler und hat an Wochenenden in Deauville groß Baccara gespielt. Als zwei große Privatbanken, die seine Kreditgeber waren, dies erfuhren, haben sie ihm plötzlich und radikal die Kredite gekündigt. Und so kam es zur Katastrophe für ein blühendes Unternehmen.

Das konnte auch Senior Bingen nicht voraussehen, der für seinen Schwiegersohn eine unbegrenzte Bewunderung hatte. Wie hätte ich es voraussehen sollen? Ich mußte einen ganz hübschen Verlust hinnehmen.

In meinen 70 Jahren Börsenleben profitierte ich zweimal, weil ich Insiderinformationen befolgt habe, und zweimal, weil ich genau das Gegenteil von dem machte, was ich nach der Information hätte tun sollen. Und unzählige Male hatte ich wegen Insiderinformationen Verluste.

Ich profitierte einmal von einer Insiderinformation, besser gesagt, ich konnte dank einer solchen Information, die ich mir selbst besorgte, einen großen Verlust vermeiden. Ich interessierte mich während des letzten Krieges in New York für europäische Regierungsanleihen, besonders solche, deren Schuldnerländer von der deutschen Armee besetzt waren.

Das war auch der Fall bei den Schuldnerscheinen des Königreichs Dänemark, die an der New Yorker Börse gehandelt wurden. Die Zinscoupons wurden bezahlt, aber die Frage blieb offen, ob eine sich gefährlich nähernde Rückzahlung möglich sei oder nicht. »Zahlen oder nicht zahlen« war hier die Frage für die dänische Regierung. Es handelte sich um sechsprozentige Gutscheine, die an der Börse 60 Prozent des Nominalwertes notierten und die in sechs Monaten zu hundert eingelöst werden sollten. So ein anomaler Abschlag war für eine Anleihe dieser Qualität nicht denkbar, um so weniger, als die Schuldnerin, die dänische Regierung, in US-Banken einen großen Betrag an Dollars besaß.

Ich hatte von diesen Papieren schon ein kleines Paket zu einem Kurs 30:40 gekauft. Warum sollte man sie schon zu dem damaligen Kurs von 60:70 verkaufen, wohin sie langsam kletterten, wenn man in einigen Monaten einfach zum Schalter würde gehen können, um sie zu hundert einzulösen. In der Welt der Finanzen ist alles möglich, und der Appetit eines Spekulanten ist unbegrenzt.

Ich hatte einen Nachbarn, René de Bourbon-Parma (Bruder der kürzlich verstorbenen Kaiserin Zita), der der Schwiegersohn des Königs von Dänemark war. Ich hatte ihm einen Vorschlag gemacht, natürlich mit einem schönen Honorar, den er auch mit Freude akzeptierte: Er sollte nach Washington fahren, dort den Botschafter von Dänemark, den er gut kannte, aufsuchen und sich bei ihm erkundigen, ob diese fraglichen Anleihen am 1. Dezember 1941 bezahlt werden sollten oder nicht. Zum festgesetzten Tag, zur festgesetzten Stunde rief mich der Prinz aus Washington an (Pünktlichkeit ist die Höflichkeit der Könige): »Die Anleihen werden nicht bezahlt!« Es war zwar nichts faul im Staate Dänemark, die Dänen hätten genügend Dollars in den USA, um ihre Schuldscheine einzulösen, aber sie hätten ihre Kassen leeren müssen und für andere Anleihen mit späterer Fälligkeit, die noch im Umlauf waren, keine Zinsen mehr zahlen können. Die Zinsen für die sechsprozentigen Anleihen sollten auch weiter bezahlt werden, aber nicht das Kapital.

Ich konnte nun meine dänischen Papiere sehr günstig verkaufen, weil sie nur einen Monat vor Fälligkeit weiter in die Höhe stiegen und sogar 90 erreichten, wo ich dann die Courage hatte, auch leer zu verkaufen. Der Kurs hielt sich zu meiner Überraschung, ich begann sogar, an meinem Prinzen zu zweifeln. Doch es dauerte nicht lange, da erschien eines Morgens in der »New York Times« eine große Annonce mit dem Text: »Die Regierung von Dänemark bedauert, es ihren Gläubigern schweren Herzens mitteilen zu müssen, daß . . .« Der Rest war all das, was ich schon von dem Prinzen erfahren hatte. Die Anleihen stürzten auf 40 Prozent, meine Insiderinformation war von Erfolg gekrönt.

Aber seither traue ich nicht mehr der dritten Strophe, Psalm 143, König David, der besagt: »Verlasset Euch nicht auf Prinzen.«

Das Spielen auf dem Samt

Die Weekend-Spekulation

Die, wenn man so will, »sicherste« Variante der Insiderspekulation ist das sogenannte Spielen auf dem Samt. Hiervon spricht man, wenn der Informierte auch gleichzeitig am richtigen Hebel sitzt und das (von ihm erhoffte) Ereignis entscheidend mit beeinflußt. Und hierfür fallen mir drei typische historische Beispiele ein.

Ein Jahr hat 52 Wochenenden. Und keines ähnelt dem anderen. Jeder findet einen anderen Reiz in ihnen: Der eine spielt Golf, der andere begeistert sich für Ski, wieder andere haben Freude am häuslichen Garten. Und dann gibt es welche, die am Wochenende ihr materielles Schäfchen ins trockene bringen wollen. Sie spekulieren auf große politische, besonders aber finanzielle Ereignisse, die nach den zwei freien Tagen eintreten können.

Wenn sich eine Regierung zu einer großen finanziellen Transaktion, sagen wir zu einem Währungsharakiri, entschließt, ist es fast sicher, daß sie die 48 Stunden dazu aussucht, während deren Handelsherren, Bankleute, Finanziers auf der faulen Haut liegen. Es gab eine Zeit, in der die Herren Weekend-Spekulanten besonders unternehmungslustig waren. Sie verkauften schon am Freitagabend irgendeine Währung (ohne sie zu besitzen) mit Lieferung am Dienstag, in der Hoffnung, sie montags nach der Entwertung billig einkaufen zu können.

Schlug ihre Spekulation nicht ein, hatten sie nur einige Pfennige, das heißt die Spesen, verloren. Das war nur eine

Bagatelle für sie, während sie insgeheim ihre Hoffnung auf das große Geschäft setzten: Eine Ab- oder Aufwertung von 30 bis 40 Prozent konnte enorm große Gewinne einbringen, da Riesenbeträge investiert wurden. Die Gewinne, die man erlangen konnte, waren also ungleich größer als die minimalen Verluste, wenn die erwartete Entwicklung nicht eintraf. Und sie wiederholten diese Weekend-Spekulationen häufig und so lange, bis ihnen der große Coup gelang. Manchmal reüssierten sie, aber manchmal schlug die Spekulation auch dramatisch fehl. Was alles an Wochenenden passieren kann, möchte ich an einem Beispiel, an dem auch ich mehr oder weniger glücklich beteiligt war, illustrieren.

Ein berühmtes Weekend war das vom 19. zum 21. September 1931, ein Meilenstein in der Finanzgeschichte. Dieses Wochenende fiel zufälligerweise auf Jom Kippur, den höchsten jüdischen Feiertag. Während dieses Wochenendes gab die Regierung Seiner Majestät bekannt, daß Großbritannien den Goldstandard aufgäbe. Das verursachte selbstverständlich auf den internationalen Finanzmärkten eine sofortige Entwertung des englischen Pfundes um 40 Prozent. Die großen Verlierer waren zahlreiche Devisenhändler, die wieder einmal falsch lagen.

Seit Monaten hatten sie auf den Sturz der spanischen Peseta spekuliert. In Spanien herrschte schon seit einiger Zeit ein großes Chaos, das fünf Jahre später sogar zum blutigen Bürgerkrieg zwischen den Linksparteien und General Franco führte. Der Untergang der Peseta schien aber schon damals unvermeidlich, so meinten wenigstens die Spekulanten und Währungsexperten.

Nun, wenn man auf den Sturz einer Währung spekulieren will, muß man sie auf Termin gegen eine andere Währung verkaufen. (Natürlich liegt man dann in der anderen Währung à la hausse. In unserem Falle hätte die andere Währung gegen die Peseta also steigen sollen.) Die Spekulanten waren vom kommenden Sturz der Peseta überzeugt. Sie kauften massenhaft Pfund gegen Peseten. Aber was tat der liebe Gott? Er drehte den Spieß um. Der Untergang der Peseta ließ noch einige Jahre auf sich warten, das

Pfund hingegen wurde am genannten Tag über Nacht entwertet. Abgesehen von der weltgeschichtlichen Bedeutung dieses britischen Entschlusses, war dies für die Spekulanten ein elementarer Schlag, ihre Verluste waren riesengroß. Mehrere Spekulationsbanken mußten ihre Schalter schließen.

Es gab aber einen Dritten, der sich ins Fäustchen lachte. Er legte bei dieser Katastrophe des englischen Pfundes den Grundstock seines Vermögens. Dies war Monsieur Pierre Laval, der berühmte französische Ministerpräsident (der dann 1940 mit der deutschen Besatzungsmacht zusammenarbeitete und nach dem Krieg als Vaterlandsverräter erschossen wurde). Wie kam es zu der Transaktion von Pierre Laval?

Während der Krise der dreißiger Jahre in Amerika floß der Dollarstrom nach Europa immer spärlicher und versickerte schließlich völlig. Die Dollars fehlten besonders den Ländern, deren Widerstandskraft sowieso schon geschwächt war. Der europäische Handel hatte seinen größten Kunden, Amerika, verloren. Die amerikanischen Banken waren nicht mehr liquide genug, um Europa zu finanzieren, und die Kaufkraft des amerikanischen Publikums war dramatisch gefallen.

Unter diesen Umständen litt Großbritannien natürlich besonders. Die Deviseneinnahmen der Bank of England stürzten senkrecht in die Tiefe, und der berühmte Spruch »solide wie die Bank of England« begann langsam zu verblassen. Die alte Dame aus der Threadneedle Street, wie die Engländer die Bank of England liebevoll nannten, hielt traditionsgemäß kleine Goldreserven. Als die Devisenvorräte dahinschmolzen, wandte sich Norman Montague, Gouverneur der Bank of England, persönlich an die Banque de France und die amerikanische Notenbank und bat um Unterstützung, das heißt einen größeren Devisenkredit. Aber die Kassen der Bank of England hatten mehr Löcher als die Fässer der Danaiden. Außerdem setzte die internationale Spekulation auch auf den Sturz des Pfundes, im Gegensatz zu den Pesetenspekulanten. Die Goldreserven waren schon unter das gesetzliche Minimum gesunken.

Die Bank of England wandte sich also wieder einmal an die Banque de France und bekam eine positive Antwort. Die Franzosen sicherten ihre Hilfe zu unter der Bedingung, daß die Amerikaner auch mitmachten. Die Banque de France wollte im Interesse der französischen Exporte eine Pfundentwertung unbedingt verhindern und war bereit, dafür alles zu tun. Doch reichte natürlich die Intervention Frankreichs allein nicht aus.

Laval erfuhr jedoch schon am Donnerstag abend, daß die Amerikaner ihre Zustimmung versagt hatten. Infolgedessen zog sich die französische Regierung auch zurück, und die Konsequenz lag auf der Hand: England konnte den Pfundkurs nicht weiter halten. Die Regierung löste das Pfund vom Gold, und der Sterling sackte auf den Weltmärkten um 40 Prozent in die Tiefe.

In den wenigen Stunden am Freitag vor dem Wochenende brachte es Laval fertig, auf den Börsen der ganzen Welt durch Strohmänner englische Pfund auf Termin leer zu verkaufen. Das schwarze Weekend, das Drama der englischen Währung, ging vorbei, und Monsieur Laval konnte sich am Montag Dollarmillionär nennen, denn sein Profit aus dieser Transaktion ging tatsächlich in die Millionen.

Auch die Engländer waren zufrieden. Sie waren überzeugt, vergänglich sei das Gold und nicht ihr Pfund. Premierminister MacDonald erklärte sogar mit Überzeugung: »Solange das Pfund 20 Schilling wert ist, hat sich in seiner Bewertung nichts geändert.« Viele Zeitungen begrüßten die Transaktion mit Schlagzeilen, daß alles gut werde, da England endlich von den Fesseln des Goldes befreit sei.

Es gab natürlich auch Volkswirte und andere Experten, speziell unter den französischen Goldnarren, die in diesen Jubel nicht einstimmten und ihn mit La Fontaines Fabel verglichen, in der der Fuchs die Trauben, die er nicht erreichen konnte, für sauer erklärte. Meine Antwort darauf ist aber, daß in diesem Fall der Fuchs die Trauben eines Tages doch erreichte und dann feststellen mußte, daß sie tatsächlich sauer waren. Daß Leo

Trotzki in seinem Buch »Europa und Amerika« die Entwertung des Pfund Sterling als den besten Beweis für die Dekadenz Englands bezeichnete, kann mich nur vom Gegenteil überzeugen.

Dies war tatsächlich der erste Schritt zur Trennung des Währungssystems vom Gold. Seitdem wurde das Gold daraus vollkommen ausgeschaltet, das gelbe Metall ist eine banale Ware geworden. Jeder Sparer, auch in Amerika – nachdem es dort jahrelang verboten war –, kann, wenn er Lust dazu hat, in seinem Tresor Gold sammeln.

Nach dem großen Goldfieber Anfang der achtziger Jahre kann man heute eine entgegengesetzte Tendenz beobachten, nämlich daß sich die Welt vom stupiden Mythos des Goldes langsam befreit. Schon Bismarck bemerkte über den Goldstandard, obwohl er kein Wirtschaftswissenschaftler war: »Die Golddekkung für Währungen ist eine Decke, unter der zwei Personen liegen und jeder versucht, die Decke auf sich zu ziehen.«

Ich kann noch eine Definition meinerseits hinzufügen, die zwar nicht so klug und weise ist, aber trotzdem den Goldstandard gut illustriert: Der Goldstandard ist ein Korsett, welches der Dame eine schöne Figur macht, ihr aber jegliche Bewegungsfreiheit raubt.

Kurz und gut: Ein Kurssturz um 40 Prozent bedeutete einen Riesenprofit für die Spekulanten, die richtig gelegen hatten, aber umgekehrt natürlich auch eine Katastrophe für diejenigen Devisenhändler, die mit dem Pfund Sterling à la hausse waren. Ich kannte mehrere große Spekulationsfirmen in Amsterdam, die deswegen Konkurs anmelden mußten, wie zum Beispiel die Firma Schönberger und Co. (eigentlich Deutsche, aber in Amsterdam ansässig).

Diesbezüglich hatte ich eine spezielle Information. Einer meiner guten Freunde, leidenschaftlicher Spekulant in allem, und so auch in Devisen, hatte ein Engagement von 700 000 Pfund à la hausse. Er hatte die Pfund auf Termin gegen Hollandgulden gekauft und alle drei Monate prolongiert, um die Zinsdifferenz, die zwischen Pfund und Gulden bestand, auszunützen (sie machte etwa vier Prozent pro anno aus). Das war eine ähnliche Transaktion wie die, die die »Karpaten« jahrelang in Amsterdam getätigt hatten zwischen Gulden und Reichsmark, wo ebenfalls eine beträchtliche Differenz bestand. Aber davon später.

Mein Freund, ein routinierter Spekulant mit viel Spürsinn, hatte schon einige Tage vor der Pfundentwertung ein schlechtes Gefühl. Binnen einer Minute, wie es einem guten Spekulanten geziemt, entschloß er sich, die 700 000 Pfund loszuwerden. Mit einem Telefonanruf von drei Minuten veräußerte er das ganze Quantum an Schönberger & Co., denen diese Transaktion den Hals brach. Meinen Freund aber rettete seine Riesenerfahrung und sein außerordentlicher Spürsinn. In diesem Falle hat sich wieder gezeigt, wie richtig der von mir geprägte Satz ist: My nose is my castle!

Obwohl ich der Meinung bin, daß sich Informationen in der Regel nicht für Spekulationen eignen, war Lavals Pfundspekulation eine besondere Angelegenheit. Es waren nicht nur eine bestimmte Konstellation und Entscheidungen auf höchster Ebene erforderlich, man mußte dazu auch der Chef einer der involvierten Regierungen sein. Und so etwas kommt eben nur alle Jubeljahre vor.

Auch offizielle Erklärungen von Regierungen oder Finanzministern können irreführend oder gar falsch sein. Am Wochenende vom 17. zum 19. September 1949 wurde das englische Pfund erneut abgewertet, obwohl der Schatzkanzler im englischen Parlament, Sir Stafford Cripps, einige Wochen vorher ein Gerücht über die eventuelle Abwertung feierlich und demonstrativ dementiert hatte. Daher kam die Entscheidung für die meisten Bankiers und Spekulanten vollkommen unerwartet. Wer hätte geglaubt, daß der Schatzkanzler im britischen Parlament eine so spektakuläre Erklärung machen würde, obwohl er von vornherein wußte, daß er sie nicht einhalten konnte. Aber gerade wegen dieses heftigen Dementis war ich unter den wenigen, denen die Operation einen Gewinn einbrachte. Zynismus zahlt auf der Börse häufig hohe Dividenden.

Zur großen Freude aller Spaßmacher fand diese Abwertung wiederum an einem Jom Kippur statt. »Man kann die Christen wirklich nicht einen Tag allein lassen«, kommentierten Juden an der Börse.

König Nikitas Baisse-Attacke

Wie man also sieht, gehen Politik und Börse häufig Hand in Hand. Es ist auch nicht erstaunlich, daß diejenigen, die politische Geheimnisse erfahren, versucht sind, sie auszunützen.

In Washington zum Beispiel sitzen heutzutage Hunderte von »Kontaktmännern«, die von ihren Firmen hoch dafür bezahlt werden, daß sie von irgendeinem Ministerium oder einer anderen staatlichen Stelle Informationen einholen. Auch in den Salons von Washington, bei den gesellschaftlichen Ereignissen, spitzen Hunderte von Börsenspielern ihre Ohren, um das kleinste Wort eines hohen Beamten aufzufangen. Am folgenden Morgen laufen sie zum nächsten Börsenbüro, um den Tip auszuspielen. Die Klatsch- und Tratschinformationen sind zahlreich, meistens jedoch irreführend oder falsch.

Wenn man Geld verdienen will, ist jeder Trick gut. Eine unwiderstehliche Macht treibt den Menschen zum Gewinn. Was gibt es Einfacheres als die Spekulation? Besonders wenn es nur eines leichten Daumendrucks bedarf, um den Lauf des Schicksals zu ändern.

Um das Ziel zu erreichen, ist dann jedes Mittel recht. Währungsmanipulationen, Handelsabkommen, Erlässe aller Art, nationale oder sogar internationale Beschlüsse, Salonspionage, Liebesromanzen, ja selbst bewaffnete Konflikte, wenn es nötig ist.

Es ist allgemein bekannt, daß die Spekulation oft an Kriegen profitiert. Aber wer stellt sich vor, daß ein Krieg die Folge einer Spekulation sein könnte?

Im Jahre 1912 hat sich auf dem Balkan folgende Geschichte abgespielt. Ein Kunterbunt von Nationalitäten, Königreichen und Religionen – und alle mußten miteinander koexistieren. Immerhin fanden sich vier Balkanstaaten, die sich gegen ihren gemeinsamen Feind, die Türkei, zusammenschlossen. Ein Militärabkommen vereinte die christlichen Länder Griechenland, Serbien, Montenegro und Bulgarien gegen das Ottomanische Reich.

Im Frühjahr 1912 roch es nach Pulver. Montenegro, ein kleines Königreich an der Adria von der Größe eines deutschen Regierungsbezirkes, wurde von einem Herrscher regiert, für den das Spekulieren eine Existenzfrage war. Seine Staatskassen waren ständig leer. Es war König Nikita.

Um sich ein Taschengeld für seine kleinen Ausgaben zu verschaffen, wandte er eine, wenn nicht elegante, so zumindest geniale Methode an. Von einem Land zum anderen gibt es ein Post-Clearing – die internationalen Anweisungen werden zwölf Monate lang verbucht und dann am Ende des Jahres en bloc verrechnet. König Nikita schickte an einige Strohmänner in der ganzen Welt montenegrinische Postanweisungen. Die Post zahlte die angegebenen Summen aus und verbuchte sie zu Lasten von Montenegro. Die Strohmänner Nikitas kassierten das Geld ein. Als dann die Rechnung bei der Post in Cetinje, der damaligen Hauptstadt von Montenegro, eintraf, ließ der König durch seinen Postminister erklären, er könne nicht zahlen, und bat um ein Moratorium. Die List war gelungen. Sogar der strenge Kaiser Franz Joseph mußte sich großzügig erweisen und die Schulden seines in Schwierigkeiten geratenen Kollegen an die k.u.k. Post streichen.

In meiner Jugend erzählte man sich über Nikita Dutzende Anekdoten. Eine davon hat meine Kinderphantasie besonders beschäftigt.

Ein bekannter amerikanischer Geschäftsmann und Multimillionär bereiste den Balkan und kam auch nach Montenegro. Er wurde von König Nikita zu einem großen Gastmahl eingeladen.

Nach dem Festmahl gingen der König und sein Gast auf den Balkon des königlichen Palais, um sich der Bevölkerung zu zeigen, die sich auf dem kleinen Platz vor dem Palast angesammelt hatte.

Beeindruckt von der Szene (mit einem König auf dem Balkon zu stehen und vom Volk gefeiert zu werden), griff der Amerikaner in die Tasche und streute Goldstücke unter das Volk. Er ergötzte sich an dem Schauspiel und wandte sich hierauf an den König, um ein anerkennendes Lächeln zu erhalten. Er drehte sich nach rechts, nach links, aber der König war vom Balkon verschwunden.

Nach einigem Suchen entdeckte er Nikita inmitten der Menge und sah, wie auch er eifrig dabei war, die Goldstücke aufzulesen.

Se non è vero, è ben trovato. Jedenfalls spiegelt diese kleine Geschichte die damalige Atmosphäre gut wider.

Für seine großen Ausgaben wandte der König andere Tricks an. Er spielte an der Börse. Er gab seinen Bankiers, »Gebrüder Reitzes« in Wien und O. A. Rosenberg, Paris – London (ich habe ihn als Börsenlehrling in den dreißiger Jahren noch persönlich gekannt), »Tips« über die Geheimpolitik auf dem Balkan, um gemeinsam mit ihnen von etwaigen Rückwirkungen auf die Börse zu profitieren.

Eines Morgens im September 1912 traf beim Bankhaus Reitzes in Wien ein Abgesandter König Nikitas ein, Prinz Danilo, sein eigener Sohn (das Vorbild für den Helden der Wiener Operette »Die lustige Witwe« von Franz Lehár). Er überbrachte eine sehr dringende Nachricht. Am selben Morgen übermittelte ein anderer Abgesandter dem Bankier O. A. Rosenberg in Paris die gleiche Nachricht.

»Verkaufen Sie alles, und verkaufen Sie auch leer«, schrieb der König, »der Krieg gegen die Türkei steht unmittelbar bevor.«

Rosenberg und Reitzes verkauften an allen Plätzen auf Rechnung des Königs, auf ihre eigene Rechnung und auf die einiger guter Freunde. Sie verkauften leer an den Börsen in Wien, Frankfurt, Paris und London serbische, türkische, bulgarische usw. Renten, eine ganze Speisekarte von Effekten. Auch mit russischen Werten, mit denen zwischen Paris und St. Petersburg ein sehr lebhaftes Geschäft im Gange war, spekulierten die beiden Bankiers in großem Maßstab auf Baisse.

Zunächst bestätigten die Ereignisse die Informationen König Nikitas. Die Türkei zog ihre Truppen an den Grenzen zusammen, und die vier alliierten Balkanstaaten antworteten am 1. Oktober mit einer allgemeinen Mobilmachung. Die Börse reagierte sehr heftig mit einer Baisse. Dann kam der französisch-russische Bündnisvertrag. Die beiden Partner einigten sich darauf, alle Risiken einer Verwicklung auf dem Balkan zu vermeiden. Die Lage war noch nicht reif für eine allgemeine Abrechnung, die dann 1914 kam.

Zar Nikolaus und der Präsident der französischen Republik, Poincaré, legten ihr Veto gegen jedwede Grenzveränderungen auf dem Balkan ein und damit auch gegen einen eventuellen Angriff auf die Türkei, den »kranken Mann am Bosporus«. Präsident Poincaré verbürgte sich persönlich für Reformen in Mazedonien. Man glaubte, der Krieg sei wirklich umgangen. Die Börse reagierte mit einer stürmischen Hausse. Die Bankiers König Nikitas fühlten sich wenig wohl in ihrer Haut. Sollte sich ihr königlicher Kunde getäuscht haben?

Die Intervention von Präsident Poincaré hatte tatsächlich den Markt wieder in die Höhe gebracht und den Baissesspekulanten erhebliche Verluste zugefügt. Bei Rosenberg und Reitzes traf diesmal ein Telegramm mit folgendem Text ein: »Keine Sorge stop Weiterverkaufen stop Nikita.« Und das taten die Bankiers auch. Sie verkauften auf der ganzen Linie, wobei sie trotz der Versicherung des Königs, der Balkankrieg werde stattfinden, weiterhin recht beunruhigt waren.

Am 18. Oktober wurde der erste montenegrinische Kanonenschuß auf Skutari, einen kleinen türkischen Hafen an der Adria, abgefeuert. Montenegro hatte sich über die kategorischen Entscheidungen der Großmächte einfach hinweggesetzt und der Türkei den Krieg erklärt. Die Bündnisverpflichtungen wurden wirksam, Serbien, Griechenland und Bulgarien wurden zwangsläufig in die Feindseligkeiten hineingezogen.

Die Börsenwerte begannen abzubröckeln, die russischen, türkischen, serbischen und bulgarischen aber stürzten in die Tiefe. Nikita, Rosenberg, Reitzes und ihre Teilhaber kassierten enorme Gewinne ein ...

Man darf sich die Frage stellen: Hätte der Balkankrieg vermieden werden können, wenn Nikita von Montenegro nicht Feuer ans Pulverfaß gelegt hätte, um seinen Börsenprofit zu sichern? Die Geschichte gibt einige Rätsel auf. Jedenfalls ist sie seit sechzig Jahren von Mund zu Mund überliefert worden.

In meiner Familie wurde über diese Geschichte besonders oft gesprochen. Wiederholt habe ich meine Mutter sagen hören: »Wäre der Balkankrieg einige Wochen früher ausgebrochen, wären Onkel Oskar und sein Sohn heute schwere Millionäre (Millionäre vor dem Ersten Weltkrieg!)«, obwohl gerade sie als die armen Verwandten der Familie galten.

Mein Onkel war damals ein internationaler Spekulant an allen Börsen. Er spekulierte auf Baisse in Erwartung des Balkankrieges – und sogar in großem Stil. In den fatalen Wochen, als es so aussah, als ob der Balkankrieg vermieden würde, und die Kurse rapide in die Höhe sausten, mußte er seine Baisse-Engagements mit immensen Verlusten lösen, wodurch er sich ruinierte.

Es ist immer das gleiche Verhängnis: Ein Spekulant, der nicht durchhalten kann, bekommt dann recht, wenn es zu spät ist.

Der Bankier Rosenberg meiner Geschichte stand zwei Jahre später wieder im Mittelpunkt des Börsentratsches.

Als der Erste Weltkrieg 1914 ausbrach, munkelte man, daß Rosenberg ganz groß auf die Baisse der französischen Renten spekuliert hätte. Es gab natürlich damals einen großen Börsenkrach, und speziell in französischen Renten. Rosenberg hätte also immense Profite eingestrichen.

Als er am ersten Tag nach Kriegsausbruch an die Börse kam, wurde er mit faulen Eiern beworfen und beschimpft, um so mehr, als er ja österreichischer k.u.k. Staatsbürger war. (Wie man in Frankreich damals sagte: L'Autrichien – l'autre chien, der andere Hund.) Er mußte die Börse sofort verlassen. Ob er aber mit den französischen Renten wirklich viel Geld verdient hat, konnte ich bis heute nicht feststellen.

Das Eigentor von J. Laniel

Aber selbst für Regierungschefs gilt, daß der Samt auch Löcher haben kann und die Spielchips, deren man sich schon so sicher war, darin verschwinden. Und genauso erging es einem französischen Regierungschef.

Es gibt wohl kein besseres Beispiel dafür, daß bei Spekulationen und besonders im Devisenhandel auch die intimsten Informationen wertlos, ja sogar gefährlich sein können, als die Geschichte des ehemaligen französischen Ministers und späteren Präsidentschaftskandidaten J. Laniel. Seitdem sind fast 40 Jahre vergangen, und ich nehme mir nun die Freiheit, selbst die Namen zu nennen.

Bis heute kennt niemand die Einzelheiten dieses Falles. Ich erhielt aber durch Zufall die Gelegenheit, diese Geschichte aus Informationsfragmenten verschiedener Quellen zusammenzustellen.

Ich hatte einen guten Bekannten, ein gebürtiger Franzose, der aber ein erfolgreicher Geschäftsmann in Mexiko geworden war. Er hatte zwischen der mexikanischen Regierung und französischen Industriellen große Geschäfte abgewickelt und stand in einer gewissen Partnerschaft mit den verschiedenen Firmen der Familie Laniel. Einige Tage vor den Osterfeiertagen 1952 traf ich ihn in der Halle des Carlton-Hotels in Cannes. Er setzte sich zu mir und stellte mir folgende merkwürdige Frage:

»Was halten Sie, André, vom französischen Franc? Glauben Sie nicht, daß er abgewertet wird?«

Erstaunt bemerkte ich: »Warum, ich sehe keinen Grund dafür.«

»Doch« war die Antwort, »es gibt verschiedene Argumente dafür, die zu kompliziert sind, um sie Ihnen hier zu erklären. Aber ich glaube, daß er abgewertet wird.«

»Ich verstehe wirklich nicht, warum«, meinte ich.

Er war aber hartnäckig und behauptete, der französische Franc werde noch vor dem Herbst devalviert. Viel später erst verstand ich den Grund für seine Sicherheit. Er war ja ein Eingeweihter, da er mit der Gruppe Laniel in enger Verbindung stand und wahrscheinlich sogar in den Transaktionen der Gruppe gewisse Interessen hatte.

Kurz und gut, einige Tage später, am Ostermontag abends, kam er im Kasino auf mich zu und meldete mit entsetzter Miene: »Soeben erfuhr ich, daß die mexikanische Regierung den Peso um 35 Prozent abgewertet hat.« Er war außer sich, die Nachricht hatte ihn ungeheuer schwer getroffen. Warum, das entdeckte ich dann erst später . . .

In dieser Zeit war Senator Joseph Laniel Regierungschef. Die finanziellen Schwierigkeiten, die in Frankreich herrschten, waren die Folge eines Mangels politischer Stabilität, den die ganze Welt beklagte, den aber nur wenige zu beheben überhaupt versuchten.

Senator Laniel war Anfang der fünfziger Jahre an die Macht gekommen. Er hatte mit seinen Vorgängern nicht viel Ähnlichkeit. Laniel stammte aus einer der größten Familien der Industrie und des Handels und war Herr über eine Vielzahl von blühenden Unternehmen, die ebenso erfolgreich wie solide waren. Vielleicht aus nationalen Gründen, aber wohl auch, weil sich seine persönlichen Geschäfte dadurch noch abrunden würden, wünschte er eine Abwertung des Franc und arbeitete insgeheim darauf hin. Trotz entsprechender Gerüchte, die sich auch hartnäckig hielten, erforderte die Situation jedoch keineswegs eine solch strenge Maßnahme. Jedenfalls glaubten gut informierte Leute wie zum Beispel mein Freund fest an die Abwertungspläne der Regierung, und sie täuschten sich diesmal nicht ganz.

Der Regierungschef wollte die Abwertung wohl deswegen, weil er schlicht und einfach gegen den Franc spekuliert hatte. Dabei bediente er sich einer wahrlich genialen Kombination, bei der alle Gesellschaften seiner Familie engagiert waren. Diese Firmen hatten in großem Stil Waren nach Mexiko verkauft. Die mexikanischen Importeure, unter ihnen auch der Staat, hatten mit auf Pesos lautenden Wechseln bezahlt, eine damals durchaus solide Währung. Die Laniel-Firmen brachten natürlich die Wechsel der französischen Notenbank zum Diskont. Sie waren also im Besitz eines Guthabens in mexikanischen Pesos und einer Schuld in Francs gegenüber der Notenbank. Das Interesse des Ministerpräsidenten und seiner Familie an einer Abwertung ist leicht zu verstehen, um so mehr, als es sich bei diesem Geschäft um riesige Summen handelte. Eine Schuld in Francs gegen ein Guthaben in mexikanischen Pesos ist genaugenommen eine Devisenspekulation auf den Sturz des französischen Franc.

Es war soweit alles »in Butter«, als ein Hindernis auftauchte, das das ganze schöne Gebäude zum Einsturz brachte. Aufgrund gebieterischen Vetos des Fachmanns auf diesem Gebiet, des Finanzministers Edgar Faure, fand die Abwertung nicht statt. Er erklärte mir viele Jahre später: »Ich habe überhaupt keine Notwendigkeit dafür gesehen.« (Von den mexikanischen Wechseln wußte er natürlich nichts, er kannte lediglich die scharfe Argumentation Laniels für die Abwertung.)

Was jedoch dann stattfand, war noch viel dramatischer. Ohne die geringste Vorankündigung, ohne Vorwarnung, gab die mexikanische Regierung am Samstag vor Ostern 1952 eine Blitzabwertung des Peso um 35 Prozent bekannt. Für den Ministerpräsidenten und seine Familie verringerte sich das Peso-Guthaben um 35 Prozent, aber die Schuld in Francs blieb leider gleich. Das zu stopfende Loch war so groß, daß die Familienreserven, die, wie es hieß, sehr bedeutend gewesen waren, darin verschwanden. Ein Regierungschef, der seine Familie zu Spekulationen gegen die Währung des eigenen Landes veranlaßt, das sollte doch eigentlich ein sicherer Tip sein!

Ich frage mich sogar, ob ich mich dieses eine Mal – und wenn ich rechtzeitig gewußt hätte, daß Laniel auf den Sturz des Franc spekulierte – nicht doch auch hätte verführen lassen, trotz meiner Überzeugung, daß alle Tips falsch sind. Aber so ein Tip!

Noch mal: Politik und Börse gehen häufig Hand in Hand. Es ist nicht erstaunlich, daß diejenigen, die politische Geheimnisse erfahren, versucht sind, sie auszunützen. Um Geld zu verdienen, ist jedes Mittel recht, bis hin zu bewaffneten Konflikten, wie im Falle König Nikitas.

Die »sicheren« Arbitragegeschäfte in Raum und Zeit

Der Speck-Mais-Straddle

Nichts kann überzeugender wirken als Marktberichte; Ernte- und Konsumziffern, Lagerbestände und so weiter reihen sich mit unwiderlegbarer Logik aneinander. Es mutet fast wie ein Kinderspiel an, die Kursentwicklung von Sojabohnen, gefrorenen Krebsen oder Schweinebäuchen vorauszuberechnen. Nur vergißt man dabei leicht die Imponderabilien, die bei Spekulationen viel ausschlaggebender sind als die genauesten Statistiken.

Dazu will ich eine meiner zahlreichen Erinnerungen erzählen. Bacon (Speck) ist in der angelsächsischen Welt ein unentbehrlicher Bestandteil des Frühstücks. Im Frühjahr 1933 war er Mittelpunkt eines leidenschaftlichen Börsenspiels. Eine Armee von Börsenmaklern aus Chicago überschwemmte die Vereinigten Staaten und Europa, und sie erzählten allen von ihrem wunderbaren Tip. Sie hatten die »Spekulation des Jahrhunderts« entdeckt und wollten die Masse ihrer Kunden daran profitieren lassen.

Seit die Welt besteht, gibt es eine konstante Preisrelation zwischen Mais und Schweinespeck, denn aus dem Mais wird in der wunderbaren »Fabrik Schwein« der Speck erzeugt. Wenn wir also annehmen, daß der Kurs für Mais auf 100 steht, dann muß der Speck natürlich auf 120 stehen. So war es seit eh und je.

Doch so unwahrscheinlich es auch scheinen möchte, der Mais stand damals auf 90 und der Speck auf 130. Jeder Spekulant, der diesen Namen verdient, war es sich schuldig, nach diesem Geschenk des Himmels zu greifen. Man mußte einfach auf der Warenbörse von Chicago Mais kaufen und damit à la hausse spekulieren, dann Speck auf Termin leer verkaufen und à la baisse spielen. Es lag auf der Hand, daß die Kursspanne viel zu groß war und sich schnell wieder verringern mußte. Wie viele meiner Freunde konnte auch ich der Versuchung nicht widerstehen. Doch gegen alle Erwartungen hielt das Schicksal nur schmerzliche Überraschungen für uns bereit. Der Mais-Kurs rutschte tiefer und tiefer, und der Speckpreis kletterte höher und höher. Die Niederlage war ebenso hart wie unverständlich.

Was war geschehen? Ein neuer Mann war in Washington ins Weiße Haus eingezogen, Franklin D. Roosevelt. Mit ihm begann eine neue Ära, auch für die Wirtschaft. Unter den zahllosen Verordnungen, die den New Deal einleiteten, war auch ein Erlaß, der die Abschlachtung von Millionen Ferkeln verlangte. Das Resultat war, daß nicht mehr genügend Schweine da waren, um den Mais zu fressen. So kam der Kurssturz in Mais. Es waren aber auch nicht mehr genug gemästete Schweine da, das Schweineschmalz fehlte ebenfalls, und sein Preis sauste in die Höhe.

Eine wahre Panik bemächtigte sich der fettverarbeitenden Industrie. Die fast vollkommene Spekulation war zusammengebrochen, weil wir vielleicht einen Augenblick lang vergessen hatten, daß man auch bei der scheinbar sichersten Kombination mit allem rechnen muß. Vor allem mit dem Unerwarteten.

Aber das erfährt der Spekulant immer nachher. Es sind ja gerade die Überraschungen, die aus gewissen Handelstransaktionen Spekulationen machen. Andernfalls würden sie unschuldige bürgerliche Geschäfte bleiben.

Der Hedge in französischen Staatsanleihen

Es gibt solche Hedgeoperationen aus der Ansicht, daß gewisse Kursdifferenzen zwischen zwei verschiedenen Artikeln gleichen Charakters zu groß oder zu klein sind. An Hedgegeschäften habe ich manchmal verdient und oft verloren. Bestimmt aber bin ich durch sie an Erfahrungen reich geworden.

Nun will ich von einer ähnlichen Transaktion in Wertpapieren berichten, die sich an der Pariser Börse vor dem Krieg abgespielt hat und an der viele meiner Kollegen beteiligt waren. Es gab in den dreißiger Jahren in Paris eine umfangreiche Spekulation mit französischen Staatsanleihen.

Große und kleine Börsianer spielten intensiv in Staatspapieren. Die Kurse stiegen und fielen wie bei Aktien. Es gab verschiedene Serien von Anleihen: dreiprozentige, vierprozentige, viereinhalbprozentige und auch andere.

Die Börsenspieler sprangen von einer Seite auf die andere, um kleine Gewinne einzustreichen. Die Kalkulation war einfach: Da es sich um die gleiche Anleihe handelte (derselbe Schuldner, die gleiche Währung, dieselben Garantien), mußte man nur ausrechnen, welche Serie im Vergleich zu den anderen zu tief oder zu hoch stand. Es war das Paradies der Hedgegeschäfte: Die billigen Serien mußte man kaufen und die zu hoch notierten leer verkaufen, das heißt »hedgen«.

Gegen Ende der dreißiger Jahre ergab sich eine besonders auffallende Konstellation. Die viereinhalbprozentige Anleihe stand auf 80, die dreiprozentige auf 70. Letztere notierte natürlich viel zu hoch im Verhältnis zur ersteren. Jeder Handelsschüler konnte sich ausrechnen, daß dies mathematischer Unsinn war. Eines war jedenfalls klar: Entweder stand die eine Serie zu hoch oder die andere zu tief.

Alles stürzte sich folglich auf die einmalige Gelegenheit. Man mußte die viereinhalbprozentige Anleihe kaufen und die dreiprozentige hedgen, das heißt leer verkaufen. Wie immer es auch kommen mochte, entweder würde die eine Serie steigen oder die andere fallen. Das war klar wie der lichte Tag. Und wie hat diese »sichere« Spekulation geendet? Mit der größten Katastrophe. Die viereinhalbprozentige fiel noch tiefer, auf 70, und die dreiprozentige stieg – es war kaum zu glauben – auf 90.

Diese Entwicklung war genauso logisch wie die Grundidee der mißlungenen Spekulation. Die viereinhalbprozentige Anleihe hatte eine besonders große Auflage. Sie stammte aus einer kurz zuvor durchgeführten Konversion, und deshalb kamen noch immer Angebote auf den Markt. Die dreiprozentige war die älteste französische Staatsanleihe aus dem Jahre 1825. Ihre Besitzer waren darauf fast eingeschlafen. Es kam keine Ware auf den Markt, und die Leerverkäufer konnten nur bei steigenden Preisen zurückkaufen.

Die Verluste waren ungeheuer, denn dieses Hedgegeschäft schien so gefahrlos, daß die Profis mit großen Posten eingestiegen waren. Das ist ein geradezu klassisches Beispiel dafür, wie der »sicherste« Hedge enden kann.

Auch die vollkommen aufgebaute Spekulation auf der Börse kann mißlingen, nicht weil sie einen logischen Fehler enthält, sondern weil die Logik der Börse auf der technischen Seite die der Fundamentalien zuweilen überspielt. Auch der beste Computer könnte eine solche Situation nicht vorausberechnen.

Es grünt so grün: Des Nachbars Rasen

Die Börsianer eines Platzes bilden sich immer ein, daß ihre Kollegen jenseits der Grenzen zwar nicht klüger, jedoch besser informiert seien als sie. Zur Illustration möchte ich eine Geschichte aus der Zeit nach dem Zweiten Weltkrieg erzählen.

Damals bestanden in Frankreich wegen der Devisenknappheit sehr strenge Vorschriften hinsichtlich ausländischer Währungen. Die Franzosen waren verpflichtet, unter staatlicher Aufsicht ihre Auslandswerte in Bankdepots unterzubringen. Auf der Liste der zu deponierenden Effekten waren nur unbedeutende Aktien und notleidende Obligationen nicht aufgeführt, die im Ausland unverkäuflich waren und von denen nicht erwartet werden konnte, daß sie Devisen einbrächten. Nur diese zweitrangigen und uninteressanten Werte waren von der Vorschrift ausgenommen.

Andererseits hatte die Devisenkontrolle ebenfalls zu sehr strenger Kontingentierung der Ein- und Ausfuhr ausländischer Werte geführt. Man konnte kein ausländisches Wertpapier nach Paris führen, wenn man nicht ein anderes Wertpapier im gleichen Betrage exportierte, um sich die entsprechenden Devisen zu verschaffen.

So wurde, fast automatisch, das notwendige Gleichgewicht hergestellt.

Zu jener Zeit hatten die Erdölwerte, und besonders die Royal Dutch, in Frankreich Liebhaberwert. Um aber Royal-Dutch-Aktien einzuführen, mußte man einen anderen Auslandswert in Höhe dieses Betrages ausführen.

Gewisse notleidende japanische Obligationen standen nicht auf der offiziellen Liste. Und die unfruchtbaren Verhandlungen zwischen der französischen und der japanischen Regierung hatten nicht den geringsten Erfolg gehabt. Wenig Leute an der Pariser Börse kannten diese vergessenen Titel, und noch weniger bekannt waren sie im Ausland.

Doch plötzlich tauchten diese japanischen Obligationen in der Schweiz auf, als kämen sie aus der Büchse der Pandora. Die erstaunten Beobachter sahen, wie sich der Markt immer mehr mit ihnen füllte. Niemand verstand das.

In Paris verdichtete sich inzwischen immer mehr das Gerücht, daß die Schweizer als Käufer auftreten würden. Tatsächlich kauften einige auf die internationale Arbitrage spezialisierte französische Banken unaufhörlich, und die gut informierten Leute wußten, daß dies geschah, um die Papiere in der Schweiz weiterzuverkaufen.

In der Schweiz lief wiederum das Gerücht um, daß Paris Käufer sei: Tatsächlich kauften die Schweizer Arbitrage-Banken unaufhörlich, und die gut informierten Leute wußten, daß dies geschah, um die Papiere in Paris weiterzuverkaufen.

Man tuschelte jetzt in Paris, die Schweizer wüßten Bescheid über eine wahrscheinliche Einigung mit Japan, und die Schweizer ihrerseits glaubten, die Franzosen hätten günstige Nachrichten über die Verhandlungen mit Tokio. Alle waren sich darüber einig, daß irgend etwas in der Luft lag. Viele Leute ließen sich vom Strom mitreißen, weil sie durch die großen Transaktionen beeindruckt waren, die eine ausgezeichnete Regelung anzudeuten schienen.

Die Außenseiter, die Kleingeschäftemacher, wurden unruhig, spionierten und verfolgten die Vorgänge. Die Kurse stiegen allmählich bis zu dem Tage, wo das Papier die Grenze der Vernunft überschritt.

Und im Fernen Osten gab es immer noch nichts Neues, war immer noch keine Regelung erreicht. Wo lag also die Wahrheit? Was war das Geheimnis? Hier ist die Erklärung: Da der französische Markt sich Royal-Dutch-Aktien verschaffen wollte, kauften die Arbitragisten das Papier an den Schweizer Börsen, um es in Paris zu verkaufen. Die Operation war völlig legal, unter der ausdrücklichen Voraussetzung, daß man mit Devisen bezahlen konnte, die man durch den Verkauf eines anderen ausländischen Wertes, der von Paris in die Schweiz exportiert wurde, erhielt.

Man mußte also einen in ausreichender Menge in Paris käuflichen und in der Schweiz ohne Verlust verkäuflichen ausländischen Wert finden. Die »Japaner« paßten dafür großartig. Man konnte in Frankreich jede beliebige Menge kaufen und in der Schweiz offenbar auch jede beliebige Menge verkaufen.

Warum? Ganz einfach, weil andere Arbitragisten in der Schweiz die japanischen Obligationen kauften, sie auf mehr oder weniger legale Weise nach Frankreich schickten und sie an der Pariser Börse verkauften. Mit dem Gegenwert in französischen Francs besorgten sie sich auf dem schwarzen Markt die ausländischen Devisen, um ihre Käufer in der Schweiz zu bezahlen. So kam es, daß die gleichen Papiere ständig zwischen Frankreich und der Schweiz hin und her reisten. Die großen Arbitrage-Banken schickten die »Japaner« von Paris nach Zürich, und die Schwarzmarkt-Arbitragisten sandten genau die gleichen Papiere wieder nach Paris zurück. Wenn die Spazierfahrt Paris–Schweiz auch ohne Verletzung der gesetzlichen Bestimmungen unternommen wurde, so erfolgte die Rückreise Schweiz–Paris zweifellos nicht auf dem Pfad der Tugend . . . Logischerweise hätte sich der Kurs gar nicht ändern dürfen, weil genau die gleiche Anzahl Papiere auf den beiden Wiegeschalen der Waage zum Kauf und Verkauf zur Verfügung standen.

Aber diejenigen, denen der Bratenduft verlockend in die Nase stieg und die in den großen Transaktionen ein Anzeichen für eine günstige Regelung erblickten, diese Leute störten das Gleichgewicht. Ein kleines Pfund mehr, ein paar Gramm auf einer der Waagschalen, und schon steigt das Papier ohne Ende.

Das ging so weiter, bis eines Tages eine für die Inhaber der Obligationen und für die Spekulanten sehr ungünstige Regelung mit Japan getroffen wurde, die die Kurse um ungefähr 50 Prozent fallen ließ, und zwar bis auf das im Abkommen festgesetzte Niveau.

Das war eine gute Lehre für diejenigen, die stets glauben, daß ihre Kollegen an anderen Märkten mehr wüßten als sie selbst! Man bildet sich immer ein, der Rasen des Nachbarn sei grüner als der eigene.

Der perfekte Arbitrageur

Unter gewissen Umständen und zu gewissen Zeiten würde ich Arbitragegeschäfte doch als Wissenschaft bezeichnen. Dann nämlich, wenn dazu mehr nötig ist, als nur ein Blitztelefonat zu führen, und wenn der Arbitrageur vielseitige und genaue technische Kenntnisse besitzen muß. Aufgrund zunehmender Beschränkungen für solche Transaktionen, aufgrund von Währungskontrollen, Steuerbestimmungen und anderen Maßnahmen sind Arbitragen im Laufe dieses Jahrhunderts komplizierter geworden. Unter solchen Voraussetzungen müssen die verschiedenen raffinierten Operationen geschickt verknüpft werden.

Die Arbitragegeschäfte – obwohl sie immer schon Devisenarbitragen waren, da sie auf Währungsdiskrepanzen beruhen – haben mittlerweile ein Netz über die ganze Erde geworfen und den Rahmen normaler Devisenarbitragen gesprengt. Der Arbitrageur springt, je nachdem, wie es seine Transaktionen erfordern, von einem Platz zum anderen, tauscht Wertpapiere gegen Rohstoffe, Aktien gegen Staatsanleihen, Anleihen gegen Edelmetalle oder gegen die verschiedensten freien oder gesperrten Währungen. Diesem wirbelnden Reigen vermag ein Laie unter keinen Umständen zu folgen.

Im Zuge dieser Zauberkunststücke machen die Transaktionen fast eine Reise um die Welt durch 80 Börsen – allerdings in noch nicht mal acht Tagen – und bringen denjenigen, die sie erdacht, aufgebaut und schließlich ausgeführt haben, einen nicht unbeträchtlichen Gewinn ein.

Da war zum Beispiel jene Rundreise, die mit wahrer Meisterschaft in den Nachkriegsjahren aufgezogen wurde.

Als der Zweite Weltkrieg Frankreich aus seinen Klauen gelassen hatte, begann das Land wieder im Rhythmus seiner zurückgewonnenen Freiheit zu leben. In der Zeit der Feindseligkeiten war der Kreislauf des Kapitals sowohl aus praktischen als auch aus psychologischen Gründen unterbrochen gewesen. Zu der Schwierigkeit, Zinsen für die Coupons ausländischer Wertpapiere ausgezahlt zu bekommen, kam das Mißtrauen, der Schutzinstinkt, der dem einzelnen eingibt, bei drohender Gefahr zuerst sich selbst und gleich danach sein Hab und Gut zu verbergen. Vergraben unter Bäumen, versteckt auf dem Grund irgendwelcher trockengelegter Brunnenschächte oder auch verborgen in den Erdhöhlen eines uralten Waldes, so warteten die Wertpapiere, bis sie in weniger schwierigen Zeiten wieder ans Tageslicht kommen konnten.

Statt gleich zu ihren Verstecken zu laufen, hatten die Eigentümer dieser Wertpapiere (hauptsächlich südafrikanische Goldminen-Aktien) Verstand genug, erst einmal zu überlegen, ob das plötzliche Wiederauftauchen so vieler Wertpapiere die Regierung nicht in Versuchung führen könnte, diese einfach zu beschlagnahmen. Für Monsieur Martin wie für Madame Dupont gab es nur einen einzigen Zufluchtsort, nur einen einzigen sicheren Hafen – so glaubten sie jedenfalls naiverweise seit Jahr und Tag –, wo ihr Vermögen vielleicht den nächsten Sturm überstehen könnte: im Gold. Nicht in Franken, nicht in Dollar, nur in purem Gold, in Barren oder Napoelon-Münzen (diese Münze war in Frankreich so verbreitet wie heute in der Bundesrepublik die Krüger-Rand-Münze).

Man mußte sich also dieser Wertpapiere, die im Dornröschenschlaf lagen, entledigen und diese vielen Tonnen Papier in wirkliches, gelbes Metall verwandeln. Wieder einmal wirkte das Fluidum des Goldes, von dem jedermann, angefangen bei Volpone und Mercadet, glaubt, daß es den Menschen vor allen Mißlichkeiten beschütze. In den tiefsten Tiefen der Geldschranke sollten die guten Goldbarren oder Münzen die Goldminen-Aktien ersetzen, die ihrerseits dann eine überstürzte Reise in alle Himmelsrichtungen antraten. Spezialisten des Grenzverkehrs wußten ihnen den Weg aus Frankreich nach Genf zu bahnen, wo die Goldminen-Aktien einem amerikanischen Arbitrageur zur Verfügung gestellt wurden. Er bezahlte dafür in Dollar.

Der Arbitrageur, mein Freund Lacy Kux, stammte nicht aus Boston und nicht aus Texas. Er war in der Slowakei geboren, hatte in Wien die Schule besucht, in London und Leipzig Nationalökonomie studiert und an der Sorbonne klassische Kultur in sich aufgenommen. Schießlich kam er nach Amsterdam, wo er an der Börse volontierte, bevor er in London seine Ausbildung als Bankier bei der Firma Singer und Friedländer begann. Während des Zweiten Weltkrieges ging er nach New York, wo er bei der Firma Sutro Brothers das Arbitragegeschäft leitete.

Kurz, er war der perfekte Arbitrageur . . . Außerdem hatte er einen Bruder in Johannesburg, einen Vetter in Sydney, einen Schwager in London und viele Freunde, Kollegen und Berufsgenossen überall in der Welt, unter ihnen auch mich.

Er hörte das Gras da wachsen, wo es sproß, und wußte seine Entscheidungen innerhalb einer Sekunde zu treffen. Er kannte auch die Verordnungen und Regeln aller Länder und alle Tricks, wie man Schwierigkeiten umgehen kann. Die Arbitragemöglichkeiten, die einen großen Profit abwerfen, sind nicht jedermann bekannt, und sie werden auch nicht kolportiert. Im Gegenteil, sie werden wie das Herstellungsverfahren eines wertvollen Produktes streng geheimgehalten. Arbitragemöglichkeiten muß der Fachmann selber finden oder *erfinden*. Mein Freund Lacy Kux war der genialste Virtuose dieser komplizierten Geschäfte, aber dies war ja schließlich auch sein Beruf.

Dank seiner Dollars konnten die Barren, die Napoleon-Münzen und die Sovereigns, dieses ganze so heiß ersehnte Gold, den Weg nach Frankreich einschlagen, wo das französische Publikum wegen der großen Nachfrage nach den Goldmünzen sogar eine Prämie von 100 Prozent Aufschlag auf den eigentlichen Goldwert zahlte. Dazu kam dann noch ein Profit von 10 Prozent für die Schieber, die die Münzen aus Genf oder manchmal auch aus Tanger schmuggelten.

Im 32. Stock eines Wolkenkratzers in Wall Street, im traurigen Mosaik dieser Glaskäfige mit ihren luxuriös-unpersönlichen Büros, überlegte Lacy Kux, ob ihm hier wohl der schönste Coup seiner Laufbahn als Arbitrageur gelingen werde. Mit einem Telefongespräch würde er die Papiere aus Genf in ein Land dirigieren, wo der Staat, speziell in Steuerangelegenheiten, eine weniger schwere Hand hatte: nach Havanna in Kuba.

Denn während der Kriegsjahre hatten die in Frankreich begrabenen Aktien einen »langen Bart« bekommen, das heißt, sie waren mit einem langen Streifen von rückständigen Coupons, deren Inkasso unterblieben war, versehen. Im Nothafen Kuba wurde der Bart der Coupons abrasiert und nach London geschickt, wo die Zahlung in steuerfreien Dollars erfolgte, da er für kubanisches Konto abgerechnet wurde.

Von ihren Coupons befreit, gingen auch die Wertpapiere auf die Reise, und zwar nach New York. Von seinem Hauptquartier aus bereitete Lacy Kux die nächste Etappe vor: Die zweite Überquerung des Atlantiks führte die Minenaktien zur Stock Exchange in London, wo sie verkauft werden sollten. Die britischen Käufer bezahlten den Gegenwert der Papiere in »gesperrten Pfund Sterling« (»switch sterling« genannt). »Switch sterling« waren nur für den Kauf anderer Wertpapiere verwendbar; das heißt, sobald sie auf dem Konto der amerikanischen Firma lagen, waren sie »gesperrt«.

Lacy Kux kaufte an der Londoner Börse mit den Sperr-Pfund brasilianische Staatsanleihen sowie argentinische Aktien jeglicher Art (Brauereien, Mühlen, Eisenbahnen etc.), denn er hätte bei einer direkten Konversion der gesperrten Pfund Sterling in Dollar einen Abschlag von 40 Prozent hinnehmen müssen.

Daraufhin lancierte er die Papiere von seinem Wolkenkratzer in Manhattan aus nach Buenos Aires und Rio de Janeiro, in ihre Ursprungsländer, die begierig waren, ihnen wieder Heimatrecht zu geben. In Argentinien und Brasilien wurden die Aktien mit gesperrten Cruzeiros und Pesos bezahlt – gesperrt, weil in beiden Ländern das Geld nur verwendet werden durfte für den Einkauf von Erzeugnissen, deren Export gefördert werden sollte: Kaffee, Kakao, brasilianische Baumwolle oder auch argentinisches Gefrierfleisch.

Lacy Kux besaß nun Sperr-Cruzeiros und Sperr-Pesos, hatte aber nicht die Dollars zurückbekommen, die er in Genf ausgegeben hatte.

Was sollte er mit den Cruzeiros und Pesos machen? Er kam hier mit einer eisernen Regel in Konflikt, die Brasilien und Argentinien aufgestellt hatten: Für sie war Amerika gleich Dollar, wie auch heute noch. »Wenn die Yankees unseren Kakao, unseren Kaffee trinken, unser Fleisch essen wollen, dann sollen sie gefälligst auch in harten klingenden Dollars bezahlen – oder wir verkaufen ihnen gar nichts«, sagten sie. Doch die armen Verwandten der Nachkriegszeit, die Japaner, die Finnen und die Russen zum Beispiel, die durften ihre Einkäufe in Brasilien und Argentinien mit gesperrtem Geld bezahlen.

Sofort verkaufte unser Lacy Kux seine Sperrguthaben in Helsinki, Tokio oder Moskau, wo sie sich in Kakao, Baumwolle, Kaffee oder Gefrierfleisch – importiert aus Brasilien oder Argentinien – verwandeln durften. Der Reigen ging manchmal noch weiter, denn es kam vor, daß Finnland einen Teil der eingekauften Waren nach Rußland leitete, um damit alte Schulden zu bezahlen. Obwohl Finnland ein armes und vom Krieg geschlagenes Land war, hatte es dennoch die Dollars zur Verfügung, um Lacy Kux in New York zu bezahlen. Finnland exportierte Papierbrei aus seinen Wäldern im hohen Norden in alle Länder der Welt.

Man könnte hier nach dem Sinn dieses Geldtanzes fragen. Warum haben Helsinki oder Tokio gesperrtes Geld gekauft, um damit Waren zu kaufen, die sie sich leicht mit ihren eigenen Dollars hätten beschaffen können? Der Grund dafür war einfach: Die gesperrten Devisen erhielten sie ja mit großem Abschlag.

Der Mechanismus dieser Reise war also folgender: Das französische Publikum wollte sich seiner Goldminen-Aktien entledigen und war auf das Metall Gold versessen. Also wurden die Aktien zu Spottpreisen verschleudert, und für Gold in Münzen und Barren wurden überhöhte Preise gezahlt. Lacy Kux konnte sich dadurch seine Cruzeiros und Pesos so billig beschaffen und sie so günstig weiterverkaufen, daß die Finnen und Japaner ihre Warenimporte aus Südamerika mit diesen Geldsorten vorteilhafter finanzieren konnten, als wenn sie die Waren gleich in Dollar bezahlt hätten. Für Lacy Kux jedenfalls war das eine schöne runde Sache; der Kreis war geschlossen, er hatte seine Dollars zurück.

Aber es gab noch viele andere Variationen des gleichen Themas. Eine auf den Metallhandel spezialisierte Firma in Beirut – die Stadt galt damals als die Schweiz des Nahen Ostens – hatte zum Beispiel entdeckt, daß die Gesetze eine Lücke aufwiesen. Wenn unter bestimmten Umständen englische Pfund zugunsten einer dänischen Bank transferiert wurden, dann konnte man sie gemäß dem anglodänischen Abkommen von 1917 zum Einkauf von Rohstoffen aus dem britischen Imperium verwenden. Die Entdeckung wurde bald in klingende Münze verwandelt. Unter dänischer Flagge segelten Zinn aus Singapur und Kautschuk aus Malaya nach Rotterdam. Singapur und Malaya gehörten damals ja noch zum britischen Empire. Dann bezahlten die Amerikaner in Dollar, und der Kreis war wiederum geschlossen.

Eine weitere Lücke dieser Art war die Basis für eine dritte Variante. Absprachen mit der Bank von England ermöglichten den Ankauf von Silber im Fernen Osten, in Indien und China gegen die erwähnten Sperr-Pfund. Das weiße Metall ging in die Münze nach Wien, wo es zu Maria-Theresia-Talern geprägt wurde. Diese wurden nach Dschibuti geschifft und dort von denen gekauft, die sie für Einkäufe in Abessinien brauchten.

So merkwürdig es erscheinen mag, diese Münzen mit dem Profil der habsburgischen Kaiserin waren gültiges Zahlungsmittel im Reiche des Negus, und da die Käufer der Taler in Dollar zahlten, war der Kreis erneut geschlossen!

Was war bei diesem Reigen des Geldes und der Waren aus den in London verkauften Goldminen-Aktien geworden? Ein Teil der Papiere war auch nach Johannesburg gelangt, um gegen englische Staatspapiere eingetauscht zu werden, die nach Großbritannien zurückkehrten. Die Nachkriegszeit hatte überall eine umfangreiche Heimkehr-Bewegung für nationale Wertpapiere hervorgerufen. Die Argentinier kauften ihre Brauereien und ihre Eisenbahnen zurück, die Brasilianer ihre Staatsanleihen, die Südafrikaner ihre Goldminen und die Engländer alle möglichen Wertpapiere, die sich außerhalb ihrer Grenzen befunden hatten. Diese Repatriierungswelle ergriff unversehens alle Märkte der Welt. Dies war keine neue Sache, denn schon nach 1930 waren solche Reaktionen zwischen zentraleuropäischen Staaten mit Devisenbeschränkungen und Amerika vorgekommen, als Schuldnerländer ihre einheimischen Papiere zurückkauften.

Der andere Teil der Goldminen-Aktien verwandelte sich aus Inhaberpapieren in Namenspapiere und kehrte in dieser Form auf den Kontinent nach Paris zurück. Andere Martins und Dupons kauften sie, doch diesmal ohne alle Heimlichkeit, mit Geldern, die dem Fiskus nicht verhehlt wurden.

Meine Erfahrungen mit Rohstoffen, Gold und Silber

Wie Roosevelt mich ruinierte

Wenn die Aktien fallen, träumen viele Leute von einer anderen Spekulation – dem Warentermingeschäft. Das ist die Spekulation mit Produkten: Kakao, Weizen oder Schweinespeck.

Ich habe von Warenterminspekulationen schon als Baby gehört, sie waren sozusagen in meiner Familientradition verankert. Das Ungarn meiner Kindheit war Großproduzent von Getreide und die Budapester Produktenbörse der lebhafteste Terminmarkt auf dem Kontinent. Man spielte mit Leidenschaft in Weizen, Hafer oder Pflaumenmarmelade, und wenn einer besonders spitzfindig war, so operierte er in Chicago oder Liverpool. Ernteaussichten, Konsumstatistik und Wetterprognosen gehörten zum Stadtgespräch. Ein besonders heißer Sommer oder ein lang erwarteter Regenschauer konnten für den Spekulanten Vermögen oder Bankrott bedeuten.

Viele Jahre später, während meiner Pariser Lehrjahre, sah ich mit Erstaunen, wie die seriösen Herren der Pariser Warenbörse alle zehn Minuten aus dem inneren Saal auf die Straße liefen, um den Himmel zu beobachten. Das größte Spielobjekt war damals Zucker. Und Zuckerrüben benötigten sehr viel Regen, damit sie gehörig gedeihen. Wenn der Himmel blau war, dann stieg der Zuckerpreis um einige Punkte. Zogen hingegen dunkle Wölkchen auf, fiel er zurück. Das war die Börsenlogik – auf kurze Sicht. Denn selbst jemand, der ein unfehlbares Barometer in der Tasche trug, war nicht sicher, damit reich zu werden.

Natürlich hatte es Josef von Ägypten leichter, der zweifellos der erste Spekulant der Geschichte war. Pharaos Traum von den sieben fetten und den sieben mageren Kühen war ein unfehlbarer Tip für seine gigantische Getreidespekulation. Er kaufte das Korn während der sieben fetten Jahre auf und verkaufte es sicherlich mit immensem Gewinn während der sieben mageren Jahre. Doch heute, 7000 Jahre später, verfügen wir Spekulanten nicht über so präzise Insideinformationen. Die Börsenspieler des 20. Jahrhunderts sind auf Statistiken oder Computer angewiesen. Und die sind lange nicht so unfehlbar. Und wie ich es schon anhand des Speck-Mais-Straddles verdeutlichte, vergißt man dabei die Imponderabilien, die leider bei Spekulationen noch viel ausschlaggebender sind als die genauesten Statistiken.

Dazu will ich nur eine meiner zahlreichen Erinnerungen heraufbeschwören: Es war im Jahre 1940/41. Europa befand sich bereits im Krieg, während Amerika, wo ich damals lebte, noch neutral blieb. Da ich zur Zeit sehr viel Geld flüssig hatte, wollte ich etwas unternehmen. Auch in Amerika roch es bereits nach Pulver. Wertpapiere wollte ich nicht kaufen, also begann ich die Warenmärkte zu studieren. Nicht nur klug wolltc ich seiii, sondern sogar raffiniert. Ich kaufte darum nicht Weizen, Mais oder Baumwolle: Erzeugnisse, die auf amerikanischem Boden gediehen und bei denen eine Knappheit kaum anzunehmen war. Dagegen erwartete ich, daß die Einfuhr von Gütern aus den Tropen und fernen Ländern immer beschränkter würde. Wegen der Gefahr des U-Boot-Kriegs und den damit verbundenen steigenden Frachtsätzen und Versicherungsprämien mußten sogar im neutralen Amerika die Preise unweigerlich in die Höhe klettern. Dazu kam, daß man den Eintritt Amerikas in den Krieg erwartete.

Das war die Situation. Ich stellte also eine Liste der auf Termin zu kaufenden Waren auf. An der Spitze stand der Kautschuk, das strategische Produkt Nummer 1; ferner Seide in Anbetracht der feindseligen Beziehungen zu Japan; Pfeffer und Zinn, deren Einfuhr von Java gefährdet schien; schließlich Wolle aus dem fernen Australien für die vielen Uniformen, wenn Krieg kommen sollte.

Dic Theorie war wundervoll, die Praxis sah leider anders aus.

Kautschuk hatte so eine strategische Bedeutung, daß er sogar schon vor dem Eintritt Amerikas in den Krieg von der Regierung zu einem tiefen Preis requiriert wurde, eine Maßnahme, die es in Friedenszeiten noch nie gegeben hatte. Seide blieb stabil, weil Du Pont de Nemours das Nylon auf den Markt brachte und die Nachfrage für Naturseide folglich stark zurückging. Als dann der Krieg mit Japan ausbrach und die Kurse wirklich hinaufschnellen sollten, wurden der Handel in Seide an der Börse eingestellt und die Kontrakte zu einem Zwangskurs glattgestellt. Und dieser Zwangskurs war natürlich tiefer. Die Kurse für Wolle nahmen eine ebenso unerwartete Entwicklung. Die großen Frachtdampfer, die Munition nach Australien brachten, luden auf dem Rückweg ganze Schiffsladungen von Wolle, um nicht leer zu fahren. Diese forcierte Einfuhr ließ die Vorräte ansteigen, und dadurch wurde jede Kurssteigerung gestoppt. Mit Pfeffer und Zinn ging es aus ähnlichen Gründen nicht besser.

Dagegen erwiesen sich die rein amerikanischen Produkte als die richtigen Spekulationsobjekte – obwohl dies gegen jede Logik schien. Präsident Roosevelt war gezwungen, trotz seiner großen Autorität, ein gewisses Maß von Demagogie anzuwenden. Er brauchte für seine proenglische Politik auch die Stimmen aus dem Süden und dem Mittelwesten. So gewährte er den Baumwollplantagen-Besitzern und Landwirten Preis- oder Kreditgarantien für ihre Produkte. Er mußte die Preise nicht nur stützen, sondern ihre Steigerung sogar begünstigen. So hat Roosevelt mich um ein Vermögen gebracht.

Die Imponderabilien hatten wieder einmal die scheinbar sichersten Berechnungen über den Haufen geworfen. Und so ist es mir in Dutzenden anderer Fälle gegangen. Krieg, Kriegsgefahr oder Frieden, Revolution oder soziale Ruhe, Außen- oder Innenpolitik und eine Unzahl anderer Elemente gehören ebenso zum Datenmaterial eines Spekulanten wie die sachlichen Informationen. Vielleicht sogar noch mehr. Hier hört die Wissenschaft auf, und es beginnt die Intuition. Und Intuition ist das Produkt der Erfahrung von Jahrzehnten.

Gold: Runter vom Podest

Die Geschichte des Goldes geht mehrere Jahrtausende zurück. Aber die Epoche, die vor 40 Jahren begann, ähnelt einem Abenteuerroman. Interessanterweise wurden die ersten Kapitel dieses Romans erst nach dem Ende des Zweiten Weltkrieges geschrieben, denn unmittelbar vor dem Jahre 1939 und auch während der Feindseligkeiten waren die Worte »Gold« oder »Goldpreis« noch keineswegs Tagesgespräch.

Während der letzten Wochen vor Kriegsausbruch, in einer Zeit, in der alle Welt schon sicher war, daß es zum Krieg kommt, wurde Gold in Frankreich – in diesem goldsüchtigen Land par excellence – breit angeboten. Man konnte Gold in Barren, Bruch oder in schön geschmiedeten Objekten (Dosen, Etuis etc.) unter dem Goldpreis erwerben. Ich besitze noch heute eine Sammlung von Golddosen, die ich damals günstig einkaufte, nicht aus Goldleidenschaft, sondern weil es besonders attraktive Stücke waren. Das Publikum, die Sparer, zogen in ihrer Kriegsangst hingegen Bargeld dem gelben Metall vor. Und auch in den Kriegsjahren wurde Gold in ganz Europa – besser gesagt: in Lissabon, wo die Lieferungen in die USA verschifft wurden – einige Prozent unter 35 Dollar pro Unze, dem offiziellen amerikanischen Kaufpreis, gehandelt.

Die europäischen Regierungen, insbesondere das Deutsche Reich, aber auch Italien, benötigten Dollars und nicht Gold. Denn für Dollars bekam man all das, was man zum Kriegführen brauchte. Gold kauften in Frankreich nur die älteren Menschen, die ihre Erfahrungen im Ersten Weltkrieg gemacht hatten. Aber diese Beträge waren sehr klein im Verhältnis zum immensen Dollarbedarf der kriegführenden Regierungen.

So war Gold in Lissabon natürlich unter dem amerikanischen Einkaufspreis zu bekommen, da man die Transportkosten und die hohen Versicherungskosten (wegen des Krieges) einkalkulieren mußte, außerdem den Zinsverlust für die sieben- bis zehntägige Reise über den Atlantik sowie die Marge für den Arbitrageur, der die Transaktion durchführte. Als Verkäufer traten die europäischen Banken auf, und das amerikanische Schatzamt kaufte alles. Wie richtig sagte doch mein Bruder, als ich ihm 1914 die Frage stellte, warum die k.u.k. Regierung Gold brauche: um damit Dollars zu kaufen.

Nach dem Krieg aber, nach den Vereinbarungen von Bretton Woods, setzte das Goldfieber langsam ein und stieg dann in den folgenden Jahren immer höher.

Die großen Umschlagplätze für den Goldhandel, ob Barren oder Münzen, waren Tanger – damals noch eine neutrale Steueroase, wo alles erlaubt war – und Zürich, ebenfalls ein neutraler Platz ohne jegliche Einschränkungen oder Devisenverordnungen. Aus Tanger, Zürich und auch aus Genf schmuggelten die Profis das Edelmetall in Form von Münzen in alle Länder Europas, insbesondere auch nach Paris, wo Goldhandel sowie dessen Ein- und Ausfuhr strengstens verboten waren. Das französische Publikum bezahlte das Gold 50 bis 100 Prozent über dem Tanger- und Zürichpreis, wo der Handelspreis auch schon bedeutend höher war als der offizielle Preis. Denn zum offiziellen Preis konnten nur die Notenbanken Gold erwerben. So kam es öfter vor, daß das französische Publikum beim Kauf der Napoleonmünze, für die es eine besondere Schwäche hatte, 100 Prozent Aufgeld auf den Wert des in der Münze enthaltenen Goldanteils zahlte.

Es ist zwar eine Tatsache, daß Gold seit uralten Zeiten eine fast magnetische Anziehung auf die Menschen ausübt, wie die Literatur und die Mythologie (insbesondere die germanische) beweisen, als Anlage sollte man es jedoch unter die marginalen

Werte einreihen. In unserem kapitalistischen System können wir den Wert einer Anlage nur aufgrund ihrer Rendite oder ihrer möglichen zukünftigen Rendite einschätzen. Gold, wie auch Diamanten, können nur im Rahmen des jeweiligen Marktes bewertet werden. Und dieser ist oft das Objekt großer Manipulation. Daß Angebot und Nachfrage oft von psychologischen Motiven bestimmt werden, macht Manipulation noch einfacher. Kriegsanst, Revolution, Bürgerkriege, Geldentwertung: Dies alles sind Argumente, mit denen man ein Publikum, das um sein Hab und Gut zittert, leicht bange machen kann. Und besonders effektvoll können Spekulanten den Preis in die Höhe treiben und das Gold dadurch fürs Publikum attraktiver machen, indem sie es selber kaufen.

Da das Gold aus den Minen der größte Devisenbringer Südafrikas ist und der Goldpreis für das Land eine Existenzfrage bedeutet, setzt seit jeher die Regierung in Pretoria alles daran, den Preis so hoch wie möglich zu treiben. Weil aber die geförderte Menge größer ist als der industrielle Bedarf, stapelten sich zu manchen Zeiten in den Tresoren der südafrikanischen Regierung die Goldbarren zu Bergen. Ein hoher Preis ist dann nur dadurch zu erzielen, daß man das Publikum goldsüchtig macht. Gelingt es, die Kauflust des Publikums anzuheizen, treten auch gewisse Notenbanken als Käufer auf. Die beste Waffe in diesem Kampf ist immer eine internationale Währungspanik. Anfang der achtziger Jahre hat diese Praxis sogar die Dresdner Bank geübt, als sie die führende Rolle im Goldsyndikat spielte.

Die Preistreiberei der Burenherrscher wurde mir einmal von kompetentester Seite hundertprozentig bestätigt. Im Oktober 1972 stellte ich auf einer Goldkonferenz in London Walter Frey, dem Direktor des Schweizerischen Bankvereins (der Hausbank der südafrikanischen Regierung), die Frage, ob Südafrika als der größte Produzent noch Gold kaufe. Die Antwort war kurz, aber aufschlußreich: »Die südafrikanische Regierung kauft selber kein Gold, aber wir, die Bank, kaufen für ihre Rechnung.« Dann wurde er noch deutlicher. »Wir müssen auf dem Goldmarkt intervenieren und den Preis stützen, wenn zum Beispiel störende Elemente (er meinte Frieden, Preisstabilität, sozialer Frieden und so weiter) oder russische Verkäufe auf die Preise drücken. Dann kommen auch günstigere Zeiten für uns (er meinte Krieg, Revolution, soziale Unruhe, Inflation, Sintflut oder Feuersbrunst), und dann können wir wieder verkaufen.«

Was könnte dieses Vorgehen besser illustrieren als ein bekannter alter Witz: Der junge Grün zieht aus der Provinzstadt nach Budapest, um dort Geschäfte zu machen. Nach einigen Wochen ruft er seinen Vater an und berichtet:

»Papa, ich mach' gute Geschäfte und hab' einen großen Posten Ziegenhäute gekauft zu 100. Sie stehen schon 110.«

»Bravo, mein Sohn, du bist sehr tüchtig.«

Nach einer Woche ruft er wieder an und berichtet mit Freude: »Papa, die Ziegenhäute sind schon 120.«

»Bravo, mein Sohn, du bist ein Genie.«

Zwei Wochen später ruft er wieder an und jubiliert.

»Papa, Ziegenhäute sind 150.«

»Phantastisch«, sagt der Vater. »Aber jetzt verkaufen und Nutzen nehmen.«

»Verkaufen, aber wem? *Ich* kauf' sie ja.«

Meine geheime Gold-Spekulation

Ich bin ein Spekulant von Geburt. Meine Arena ist die Börse. Doch ich bin auch Idealist und habe oft meine Energie für Dinge verschleudert, die unnütz erscheinen. Ich möchte jene bekämpfen, deren Leben ausschließlich am Golde hängt, jene also, die aus theoretischer Überzeugung oder einfach aus Spekulationsgründen den Goldpreis erhöhen möchten. Ich habe es immer wieder geschrieben und gepredigt, im Fernsehen ebenso wie in der Presse und am Kaffeehausstammtisch, daß jene Unsinn verlangen.

Verständlich, daß vor allem die Russen und die Südafrikaner für den einzigen Artikel, den sie unlimitiert exportieren können, gern den doppelten Preis erreichen möchten. Es ist bekannt, daß die Russen in der letzten Zeit Schulden machten, statt Gold abzugeben, weil sie überzeugt waren, daß der Goldpreis erhöht werden müßte.

Nun, diese Kampagne hatte um die Jahreswende 1967/68 immense Dimensionen angenommen. Ja ich muß gestehen, dieser weltweite Wirbelsturm hat sogar mich engagierten Verteidiger des stabilen Goldpreises erschüttert. Denn ich habe zwar eine feste Überzeugung, aber auch Demut. Und wie einst ein griechischer Philosoph von sich behauptet hat, daß er nur wisse, daß er nichts wisse, so muß ein echter Spekulant trotz seiner festen Überzeugung auch wissen, daß er irren kann. Angesichts dieses weltweiten Wahnsinns der Goldspekulation fragte ich mich eines Morgens doch, ob ich nicht vielleicht irrte. Und an jenem Morgen, an dem Mr. Martin, der damalige US-Notenbankchef, aus

Basel wieder nach Washington zurückflog, zog ich mich in meinen Elfenbeinturm zurück und begann zu grübeln:

Wenn man gegen jede Logik den Goldpreis doch erhöhen würde, konnte ich es dann überhaupt noch wagen, auf die Straße zu gehen, in mein Stammcafé, dorthin, wo ich alle meine Bekannten wiederfinden würde, denen ich stets meine »goldenen Theorien« gepredigt hatte?

Also griff ich zum Telefon! Ich rief in der Schweiz an und kaufte Gold. Ach, wie tief war ich gesunken: Gold zu kaufen wie die dummen Spekulanten, folgend den falschen Propheten und Theoretikern, die ihre Mitmenschen ängstigen, um daraus Profit zu schlagen.

Ich kaufte zehntausend Unzen Gold, kreditiert von der Crédit Suisse in Genf. Ganz geheim natürlich. Doch durch die Indiskretion eines Freundes wurde mein Hochverrat in einer großen Pariser Tageszeitung zur besonderen Schadenfreude meiner Bekannten verkündet. Aber ich war ja gar kein Renegat geworden! Ich hatte keineswegs Gold gekauft, sondern nur eine Freiprämie akzeptiert. Gold konnte nur steigen, nicht aber sinken. Und welcher Spekulant könnte darauf verzichten, wenn ihm eine Freiprämie angeboten wird? Ich würde, ohne zu zögern, auch eine Freiprämie auf den Kölner Dom annehmen. Außerdem wurde ich von einer Überlegung geleitet: Ich hatte ja nie daran gezweifelt, daß ein eventuelles Embargo gewisse Preisverschiebungen auf dem privaten Sektor möglich machen könnte. Wenn ich aber eine Blamage erleben mußte, so wollte ich für die Demütigung wenigstens ein kleines Trostpflästerchen haben, einen Trostpreis in finanzieller Form kassieren. Würde der Preis wirklich erhöht, konnte ich auch zur Kasse marschieren.

Was nachher geschah, ist bereits Geschichte. Das Goldembargo wurde vier Tage nach diesem Schritt erklärt, der Preis auf dem privaten Markt stieg – sehr bescheiden – an, doch war von einer offiziellen Erhöhung bis zu jenen Phantasiepreisen, von denen die Spekulanten geträumt hatten, keine Rede mehr, und auch für die Zukunft bestehen in dieser Hinsicht keine Hoffnungen.

Ich sehe mit Genugtuung, daß meine Analyse richtig war, doch sitze ich jetzt zwischen zwei Sesseln: Steigt der Goldpreis, kränkt sich der Theoretiker, fällt er, so ärgert sich der Praktiker. Aber so passiert es eben, wenn ein Spekulant theoretisiert und mit seinen Ideen hausieren geht.

Silber: Das weiße Metall

Nun werde ich einen Sprung machen, obwohl ich dabei im Bereich des Edelmetalls bleibe. Ich möchte einige Worte über Silber sagen und von den Abenteuern der Silberspekulanten berichten, die ich während der letzten 55 Jahre persönlich verfolgen konnte und bei denen ich selbst mitgemischt habe.

Die Geschichte dieses weißen Metalls ist ein ruhmreiches Heldenepos. Zwar haben schon die alten Griechen Silbermünzen geprägt, die heroischen Zeiten beginnen aber mit der spanischen Kolonisation, als die Konquistadoren, geblendet durch das von ihnen entdeckte märchenhafte Amerika, dem spanischen König unglaubliche Berichte schickten. Von Potosi im geheimnisvollen Peru bis Madrid hätte man eine Silberbrücke spannen können mit den phantastischen Silberadern, die sie gefunden hatten.

400 Jahre später übte das weiße Metall wieder einmal seine Faszination aus, und dieses Mal auf Henry Morgenthau jr., der ein intimer Freund des Präsidenten Roosevelt war. Er verstand es, eine seiner Lieblingsideen praktisch zu verwirklichen.

Die große Krise, die mit dem schwarzen Börsentag des Jahres 1929 begonnen hatte, war im Jahre 1933 zum Höhepunkt gelangt. Die Gelddeflation, der tragische Geldmangel, erstickte buchstäblich das durch eine Vertrauenskrise erschütterte Land. Henry Morgenthau jr. glaubte, daß eine Aufwertung des Silberpreises die Situation entspannen könnte. Außerdem übten die silbererzeugenden Staaten der USA aus egoistischen Gründen einen gewissen politischen Druck aus. Auch wollte die Regierung die Kaufkraft der silberherstellenden Länder, zum Beispiel

Mexikos, heben und ebenfalls die Kaufkraft der Länder, die einen bedeutenden Silbervorrat besaßen. Der Geheimschatz der Chinesen, der Sparstrumpf der Inder, das war Silber: Es genoß die gleiche Wertschätzung wie das Gold im Westen (die Rupie, das indische Zahlungsmittel, und der chinesische Dollar waren Silberwährungen).

Ohne ein Programm für eine ausgesprochene Doppelwährung zu haben, wollte Morgenthau der Federal Reserve Bank und dem amerikanischen Tresor zu einem großen Silberbestand verhelfen, der im gleichen Verhältnis zum Gold-Stock stand. Ein Gesetz legte den Preis fest, zu dem die Regierung das ausschließlich aus amerikanischer Produktion stammende Silber aufkaufen mußte, und verbot überdies die Einfuhr ausländischen Silbers. Ein neuer, beträchtlich höherer Kurs wurde festgesetzt, der ungefähr mit 70 Schilling pro Unze an der Londoner Börse notiert war. Zuvor notierte Silber in London 15 Schilling (in den USA wurde Silber damals auf dem freien Markt nicht gehandelt).

Eine Riesendiskrepanz, die natürlich die Spekulanten der ganzen Welt aufs äußerste reizte. Sie stürzten sich in London auf Silber (ich natürlich auch!) und kauften enorme Mengen zu einem Kurs, der so unglaublich viel niedriger war als Morgenthaus Einkaufspreis. Man nahm an, daß diese Diskrepanz sich mit der Zeit ausgleichen, zumindest verringern würde.

Langsam stieg der Kurs, doch blieb die Sache immer noch interessant aufgrund des gewaltigen Preisunterschiedes, und viele Spekulanten kauften bei steigenden Preisen mit ihrem Papierprofit weitere Silberkontrakte auf dem Londoner Terminmarkt.

Aber! Und da kommt das große, unvorhergesehene Aber. Das Silber, das sich nach und nach aus seinen Verstecken in Indien und China wagte, gelangte in Mengen in die Vereinigten Staaten.

Die Chinesen waren immer die geschicktesten und erfolgreichsten Schmuggler der Welt gewesen, und so war es ein Kinderspiel für sie, den Silberstrom von Hongkong nach Amerika zu leiten.

Das Silber strömte also diesmal nicht aus Peru nach Madrid, sondern aus dem Fernen Osten nach Amerika. Man konnte keinen Unterschied zwischen Silber und Silber feststellen. Das aus China importierte Silber hatte die gleiche Farbe wie das aus Montana, und das aus Montana ähnelte merkwürdigerweise den Schiffsladungen, die aus Bombay geschmuggelt wurden. Das Schatzamt bezahlte alles. Es war ja seine Absicht gewesen, die Geldmenge drastisch zu erhöhen und diesmal nicht gegen Gold, sondern Silber zu decken.

Aber eine kleine beiläufige Geschichte hat die ganze Transaktion noch spannender gemacht: Die Chinesen ihrerseits kauften mit dem Erlös ihrer Silberverkäufe Waffen und Munition in Deutschland, da der Bürgerkrieg bei ihnen schon in der Luft lag. Sie erzielten für ihr Silber einen so hohen Preis, daß sie das Kriegsmaterial bezahlen konnten, das die deutschen Fabriken heimlich herstellten. Die Hitler-Regierung preßte die Arbeiter in der Rüstungsindustrie des Dritten Reiches immer mehr aus, um den Waffenexport zu forcieren – zu einem Preis, den die Chinesen ohne den Silberschmuggel nicht hätten akzeptieren können.

Und so kam es, daß die unüberlegte Geldpolitik eines Finanzmannes durch den geheimnisvollen Kreislauf des Geldes zu einer Stärkung der Nazis führte . . .

Nach einer Nacht, die Morgenthau mit Überlegungen verbracht hatte, weil der Silberstrom nicht versiegte und er immer mehr Dollars in Silber investieren mußte, wurde das Gesetz vom Kongreß aufgehoben. Die Einkäufe wurden gestoppt. Sofort stürzten in Hongkong, Bombay und natürlich in London die Kurse.

Auf dem Papier war ich, wie auch viele andere meiner Kollegen, mit dieser Spekulation Millionär geworden, da der Kurs in London bis 50 geklettert war und mir einen astronomischen Gewinn gebracht hatte. In 24 Stunden war die Fata Morgana meiner Millionen verschwunden. Zum Schluß konnte ich nur noch meine Haut retten, und das nur deshalb, weil ich mich bei den gleitenden Kursen schnell gedreht hatte und durch Zufall ein kleineres Quantum leer verkaufen konnte.

Eine sehr kleine Revanche gab mir das weiße Metall fast 30 Jahre später. Ich hatte wieder Silber gekauft, zu einem Plafondpreis von 90 Cent, der von der US-Regierung künstlich gehalten wurde, um die Preise nicht in die Höhe gehen zu lassen.

Gewisse Symptome und Umstände veranlaßten mich damals, in Silber einzusteigen. Die chemische Industrie kaufte große Mengen, und der Vorrat war nicht zu hoch. Außerdem bekam ich von einem meiner Freunde (bei der Firma Merrill-Lynch) einen Anruf mit dem Hinweis, die Broker der Federal Reserve hätten die Instruktion bekommen, daß sie für amerikanische Bürger und Residenten keine Silberkontrakte mehr kaufen dürften. Was tut in so einem Fall der Spekulant? Ich rief die Banque de l'Indochine in Lausanne an, mit der ich in freundschaftlicher Verbindung stand, ob sie bereit sei, für meine Rechnung ein größeres Quantum Silber (disponible Ware, also kassa) zu kaufen und zu finanzieren. Die Antwort war sofort positiv, und sie führten meinen Auftrag aus. 14 Tage später hatte die amerikanische Regierung den Plafondpreis um 33 Prozent, also auf 120 hinaufgesetzt. Der Coup war gelungen, wenn er auch nur einen bescheidenen Gewinn erbrachte.

Kaum 40 Jahre nach meinem ersten Silberabenteuer war das Edelmetall wieder Tagesgespräch, als die gesamte Weltpresse über die sensationellen Silbertransaktionen der Hunt-Brüder berichtete. Die berühmten Texas-Millionäre hatten schon durch andere große Coups (Öl, Sojabohnen und so weiter) von sich reden gemacht. Anfang der achtziger Jahre faßten sie den Plan, die Silberbestände in der Welt aufzukaufen, den Preis in die Höhe zu treiben und dann bei einem astronomisch hohen Preis das Silber den Konsumenten zur Verfügung zu stellen. Eine Transaktion dieser Art heißt im Jargon »Corner«.

Das entsprechende deutsche Wort für »Corner« (eigentlich »Ecke«) ist »Ring«, und es bedeutet, daß eine Gruppe von Spekulanten die Produktion und die verfügbaren Lagerbestände einer Ware aufkauft und dann durch aggressive Propaganda das Publikum zur Spekulation verführt, das heißt, diese Ware auf Termin, also auf Kredit, zu kaufen.

Die Grundidee der Hunts war, daß die Diskrepanz zwischen Produktion und Verbrauch immer größer wird, zum Beispiel durch die in der Welt ununterbrochen wachsende Fotomanie und die Nachfrage nach anderen Produkten der chemischen Industrie. Die Hunt-Brüder rissen die Kontrolle mehrerer Silberminen an sich und hielten die Produktion zurück. Durch eine geschickte Propaganda gelang es ihnen, das Publikum in die Spekulation zu locken. Eine todsichere Sache, dachten die Haussiers. Die Makler riefen alle ihre Kunden an und überzeugten sie, unbedingt in Silber einzusteigen: Die Hunts kaufen, und wenn sie kaufen, dann wissen sie, warum sie es tun.

Zur gleichen Zeit stiegen andere Spekulanten in ein Baisse-Engagement ein, das heißt, sie verkauften Silber, welches sie noch nicht besaßen, in der Hoffnung, es später viel billiger zurückzukaufen. Solche Spekulanten gab es Tausende in Amerika, aber auch in Bombay, Hongkong, Mexico City, überall, wo Silber ein Heimprodukt ist. Sie alle waren der Ansicht, daß der Preis schon übertrieben hoch sei.

Aber der Preis stieg weiter, das Syndikat verknappte die Ware immer mehr, bis sie fast völlig vom Markt verschwand. Die Preise kletterten noch weiter, die Baissiers wurden auch immer wilder und verkauften immer mehr Baisse-Terminkontrakte. Auch die Broker riefen weiter ihre Kunden an und empfahlen ihnen, weitere Silberkontrakte zu kaufen, mit der Begründung, daß die Baissiers vom Hunt-Syndikat erwürgt werden würden . . . Das alte Lied.

So strömten die Kaufaufträge herein, die Kurse stiegen, mit dem Papiergewinn erwarb man weitere Kontrakte, denn das Spiel war leicht, man mußte ja nur 10 Prozent Garantie zahlen. Auf diese Weise geschah es dann, daß der Kurs von 5 auf 50 Dollar pro Unze stieg. Alle Börsenspieler der Welt beobachteten mit Spannung, wie die gigantische Pokerpartie enden würde. Einer meiner Freunde, ein Finanzjournalist, bot mir eine Wette an, daß der Kurs auf 500 Dollar pro Unze steigen würde. Vergebens warnte ich ihn, daß die Behörden eingreifen könnten, denn gewisse Kreise riefen schon »Skandal!« über den Silberwucher. Auch das spielt keine Rolle, erwiderte er, das Syndikat pfeift auf die Behörden. Vor den Silberscheiden standen die Menschen Schlange, weil sie ihr Haushaltssilber zu nie erhofften Preisen verkaufen konnten.

Niemand rechnete damit, daß der Silberboom jemals enden könnte – etwa dadurch, daß die Regierung oder die Börsenkammer eingreift. Und doch geschah es so. Dank verschiedener Maßnahmen, wie neuer Kreditbestimmungen, brach der Ring wie ein Kartenhaus zusammen.

Vor allem aber hatten die Hunts vergessen, daß man über unbegrenzte Mittel verfügen und die absolute Kontrolle über die Weltbestände haben muß, um einen »Corner« erfolgreich abzuschließen. Nur dann kann man die Baissiers abwürgen, indem man sie zwingt, die Ware bei turmhohen Preisen abzunehmen. Der Silberring eines viel mächtigeren Finanziers, nämlich der amerikanischen Regierung, von dem ich bereits berichtet habe, ist dafür das beste Beispiel. Ihr standen tatsächlich unbegrenzte Mittel zur Verfügung – die Dollars der Federal Reserve Bank.

Sicher kannten die Hunt-Brüder den Spruch nicht, den die Spaßmacher der Budapester Börse geprägt haben: »Der Ring der Nie-gelungen.«

Der Ring der »Nie-gelungen«

Die Budapester Getreidebörse war speziell für Termingeschäfte vor dem Ersten Weltkrieg die bedeutendste in Europa, denn Ungarn war ja die Kornkammer Mitteleuropas. Und wo eine Terminbörse existiert, gibt es auch zahlreiche Gelegenheiten für Manipulationen. Unter Manipulation verstehe ich künstliche Preistreiberei (nach oben und nach unten), insbesondere wenn dies von Interessengruppen organisiert wird. Hafer war oft das Objekt solcher Manipulationen. Er war ja das Öl jener Zeit, der Brennstoff der Verkehrsmittel, der Pferde also, besonders in der Armee.

Eine kleine Gruppe von Spekulanten rechnete sich (wieder einmal) um die Jahrhundertwende aus, daß aufgrund der Erntestatistik, der Wetterprognosen und des in etwa kalkulierten Verbrauchs der k.u.k. Armee der Haferpreis à la hausse orientiert sein müßte. Es lag also auf der Hand, sich darin à la hausse zu engagieren und möglicherweise die Preissteigerung künstlich zu unterstützen.

Einige Spekulanten gründeten daher ein Syndikat mit einem gut ausgearbeiteten Plan (was man nun Corner oder Ring nannte). Sie ließen durch Strohmänner im ganzen Land Hafer aufkaufen, um die effektive Ware zu blockieren, und erwarben gleichzeitig immer mehr Terminkontrakte an der Börse. Der Kurs stieg langsam an zur größten Überraschung der Baissiers, die davon überzeugt waren, die k.u.k. Armee habe sich mit Hafer schon eingedeckt. Außerdem erhielten sie von ihren Chicagokorrespondenten eher pessimistische Preisvoraussagen, da man im Middle West eine gute Ernte erwartete.

Während die Preise langsam weiter stiegen, entdeckten sie plötzlich, daß hinter dieser Bewegung ein Manöver steckte, in dessen Erfolg sie jedoch kein Vertrauen hatten, weshalb sie noch mehr Hafer-Terminkontrakte leer verkauften. Dadurch entstand wieder einmal die typische Situation für einen Ring, wie zum Beispiel in dem beschriebenen Hunt-Silber-Corner. In beiden Fällen hatte das Syndikat mehr Terminkontrakte aufgekauft, als überhaupt Ware vorhanden war. Dies hier also war der berühmte Haferring, von dem man an der Budapester Börse noch jahrzehntelang sprach.

Da die Wettervoraussagen in Ungarn nicht günstig waren, hätte man schon aus diesen Gründen eine für die Baissiers fatale Preissteigerung erwarten können. Diese waren nicht müßig und zerbrachen sich den Kopf darüber, wie man dem Corner Einhalt bieten könne. Einer hatte dann eine glänzende Idee: Man solle gegen die gemeinen Preistreiber in der ungarischen Presse eine Kampagne starten, unter dem Motto »Die Aushungerer der Armee«, und dann eine Delegation zu Baron Auffenberg ins Kriegsministerium entsenden, um ihn gegen die Ausbeuter der Armee aufzuhetzen. Die Information der Baissiers, die Armee sei mit Hafer schon eingedeckt, war nämlich falsch gewesen.

Die Haussepartei frühstückte jeden Morgen in einem kleinen Kaffeehaus neben der Börse, wo die Herren ihre Pläne auskochten. Eines Morgens erschienen in der gesamten ungarischen Presse unisono Anklageartikel gegen die Bösewichte der Börse, die die nationale Armee schändlich ausnützen wollten. Ein äußerst antipatriotisches Benehmen, gegen das man an höherer Stelle eingreifen müsse. Das Hauptziel der Angriffe war natürlich der Chef des Syndikats, Armin Sandor, ein besonders kluger, gerissener Börsenhase, der alle Kniffe der Branche beherrschte. Man beschimpfte ihn ganz persönlich mit den schlimmsten und derbsten Ausdrücken.

Die Syndikatskollegen saßen also im Kaffeehaus und warteten auf die Reaktion des Chefs. Endlich kam er in dem verrauchten Lokal an, setzte sich an den Tisch seiner Kollegen und bestellte einen Kaffee mit Haut* und Butterkipferl, als sei überhaupt nichts passiert. Als endlich ein Kollege es nicht mehr aushält und ihn fragt, was er denn zur Tagespresse sage, meint er: »Ich lese nur die Taims« (dazu muß man wissen, daß Sandor nicht ein Wort Englisch konnte).

Damit war für ihn die Angelegenheit erledigt, nicht aber für den Corner. Die Delegation der Baissiers erreichte eine Audienz bei Baron Auffenberg (den die Ring-Teilnehmer seitdem den »Esel auf dem Berg« nannten). Er intervenierte bei der ungarischen Regierung, die daraufhin von den Budapester Banken erreichte, daß die für den Kauf der effektiven Ware gegebenen Kredite sofort gekündigt wurden. Damit platzte der Corner mit großen Verlusten, und die Baissiers strichen wieder kräftig ein. Ich betone »wieder«, denn in Hafer waren schon häufig Corners gebildet worden, die jedoch aus irgendwelchen Gründen immer platzten, und die Baissiers konnten dann immer »einstreichen«. Deshalb nannte man den Hafercorner den »Ring der Nie-gelungen«.

Interessanterweise habe ich aus dieser Geschichte 80 Jahre später selbst Nutzen gezogen. Ich machte die Bekanntschaft des Chefredakteurs der Londoner »Times«, eines besonders reizenden und sympathischen Herrn, dem ich die Geschichte erzählte. Er amüsierte sich so darüber, daß er mir ein Gratis-Jahresabonnement anbot. Für dieses Angebot wollte ich mich revanchieren und erzählte ihm eine zweite Anekdote über die »Times«:

Ich hatte in Paris einen Börsenkollegen, einen gebürtigen Frankfurter namens Löwengard, der jedoch »British Subject« war. Als der Weltkrieg 1914 begann, hatte er als gebürtiger Deutscher Angst, in Frankreich oder England zu bleiben, und zog in die Schweiz, wo er die ganze Kriegszeit verbrachte. Als er 1918 nach dem Krieg seinen abgelaufenen britischen Paß bei dem Züricher Konsul verlängern wollte, schaute dieser ihn eisig an,

---

* Im früheren Mitteleuropa servierte man den Kaffee nicht mit Schlagsahne, sondern mit der Haut, die sich beim Kochen auf der Milch gebildet hatte.

prüfte seinen Paß und fragte streng: »Was haben Sie im Krieg für England getan?«

Löwengard antwortete mit größter Selbstsicherheit: »Ich las jeden Morgen die ›Times‹.«

Mein neuer Freund, der Chefredakteur, brach in Lachen aus und erhöhte das Gratisbonnement auf zwei Jahre.

Um ihm meine Dankbarkeit auszudrücken, zitierte ich ihm dann den Titel der meistgelesenen Rubrik in einer Budapester Wochenzeitung: »Was ist Intimes in Times?« In dieser Rubrik waren alle Klatsch- und Bettgeschichten der Stadt beschrieben.

Ich möchte hier auch erwähnen, daß über ungarische Journalisten und die ungarische Presse Dutzende von Anekdoten und Witze zirkulieren. Meiner Ansicht nach ist die folgende Anekdote wohl die beste:

In einer kleinen Gemeinde – 3000 Einwohner – kommt abends der Chefredakteur des Lokalanzeigers zum Stammtisch.

Er erklärt mit Pathos: »Der Zar aller Reußen wird zerspringen, ich sage euch, zerspringen wird er.«

»Was ist denn geschehen?« war die Frage im Chorus.

»Ich habe einen strengen Leitartikel gegen ihn geschrieben.«

Keine Währung währet ewig . . .

Der Devisenhandel nach dem Ersten Weltkrieg

Als Folge der Niederlage der Mittelmächte Deutschland, Österreich-Ungarn, Bulgarien, Türkei war im Herbst 1918 die Donaumonarchie zusammengebrochen. Zu dieser Zeit war die Frage »Was macht der Dollar?« nicht nur aus Neugierde in ganz Europa Gesprächsthema Nummer eins. Sie war die wichtigste Frage überhaupt, nicht allein für Geschäftsleute und Spekulanten, nein, auch für jeden Normalverbraucher. Denn der Dollarkurs bestimmte nicht nur den Wert der Reichsmark oder der k.u.k. Krone, sondern war auch das beste Anzeichen dafür, wie die Zukunft dieser Länder international beurteilt wurde.

Die großen Umschlagplätze für Währungen stellten Zürich und Amsterdam dar, und die Kurse, die dort notiert wurden, waren nicht nur zugleich Thermometer und Barometer für die Gesundheit der betreffenden Länder, sondern auch Spielobjekte der Spekulation. Das große Spiel mit diesen Währungen war nicht nur für die Kurse entscheidend, sondern manchmal auch für das Schicksal der Völker.

Der europäische Devisenhandel wurde immer komplizierter – um so mehr, als nach dem Zerfall der k.u.k. Monarchie die neuen Staaten, denen vorher ausschließlich oder teilweise die österreichisch-ungarische Krone als Währung gedient hatte (im neuen Polen zum Beispiel kursierten neben der k.u.k. Krone früher auch Reichsmark und Rubel), nun eigene Währungen einführen wollten.

Diese neuen Währungen entstanden physisch zunächst dadurch, daß man die geerbten Banknoten ununterbrochen ab- und nachstempelte, und auch diese Stempel änderten sich von Tag zu Tag. Schließlich wurden die neuen Banknoten eingeführt, in den verschiedensten Farben und mit den Porträts der neuen Staatsoberhäupter von Deutsch-Österreich, der Tschechoslowakei, von Polen, Jugoslawien und so weiter verziert.

Das Ganze war ein Chaos. Darin mußte man schwimmen können; und für jeden, der das miterlebt und sogar überlebt hat, war es die beste Schule. Man konnte lernen, was alles auf dem Devisenmarkt möglich ist – und daß auch jederzeit das Gegenteil einer erwarteten Entwicklung eintreten kann.

Denn mitunter gab es auch Gegenströmungen auf dieser Devisen-Einbahnstraße, die für die zentral- und osteuropäischen Währungen praktisch bei Null endete. Manchmal waren diese Gegenströmungen die Folgen einer Überspekulation, manchmal waren bestimmte wirtschaftliche oder politische Ereignisse schuld daran. (Genau wie wir es in den vergangenen 20 Jahren wieder erleben konnten.)

Ich kannte zum Beispiel in den zwanziger Jahren an der Pariser Börse einen kleinen, mittellosen Makler, der, bevor er zugrunde ging, ein großer Spekulant gewesen war. Er hatte sich nach der russischen Oktoberrevolution in einer großen Baisse-Spekulation auf den Sturz des russischen Romanow-Rubel übernommen. Zwar hatte er die Lage richtig beurteilt, nämlich daß die alte zaristische Währung auf Null fallen würde, und einen Riesenbetrag leer verkauft. Zum Stichtag aber konnte er nicht liefern, weil die Rubel aus irgendwelchen technischen Gründen plötzlich vom Markt verschwunden waren. Er wurde »zwangsexekutiert« und war pleite. Einige Monate später fiel der Rubel tatsächlich auf Null, aber zu spät für ihn. Als ich ihn kennenlernte, war er schon ein armer Mann.

Dieser Fall ist ein klassisches Beispiel dafür, wie man auch mit dem größten Scharfsinn alles verliert, wenn man sich in einer Spekulation zu hoch engagiert und sogar einen *kurzen* Gegenstrom nicht überleben kann. Derartige Unglücksfälle, über die ich auf den folgenden Seiten noch einige Male berichten werde, kommen häufig vor. Wie es der große deutsche Dichter Heinrich Heine so schön besungen hat, wenn auch aus Liebeskummer und nicht für Börsenverluste:

»Es ist eine alte Geschichte,
Doch bleibt sie immer neu;
Und wem sie just passieret,
Dem bricht das Herz entzwei.«

Auch auf Regierungsebene kann es solche Pleiten geben. In Ungarn etwa, als das Land Anfang der zwanziger Jahre unter einer permanenten Geldentwertung stöhnte, machte als neuer Finanzminister Professor Roland Hegedüs Schlagzeilen, der als Genie gehandelt wurde. Er wollte die Krone retten; aber sein Experiment (radikale Geldknappheit) endete nach einer kurzen Phase des Erfolgs mit einer totalen Niederlage. Die Inflationsrate stieg in neue Höhen – noch immer als Folge des verlorenen Krieges und des Verlustes von zwei Dritteln des ungarischen Territoriums –, und der arme Minister beendete seine Tage, unter dem Spott der Bevölkerung, in einer Irrenanstalt. (Was aber nicht heißen soll, daß es allen so geht, die die Inflation bekämpfen wollen. Ob so ein Kampf gelingt oder nicht, hängt schließlich weniger vom Finanzminister ab als von den Tugenden und Untugenden des betreffenden Volkes.)

Es gab natürlich auch Spekulanten mit glücklicherer Hand, wie John Maynard Keynes etwa, der größte Nationalökonom der vergangenen 70 Jahre, der in den Jahren nach dem Ersten Weltkrieg mit der Spekulation auf den wirtschaftlichen Niedergang Mitteleuropas und den Sturzflug der Währungen ein Vermögen verdiente.

Aber mit Dollars handeln ist doch verboten?

Wie immer, wenn es im Reich von Wirtschaft und Finanzen drunter und drüber ging, florierte nach dem Ersten Weltkrieg der Schwarzmarkt. Man handelte mit Millionen, egal, ob in Budapest, Berlin, Wien oder Paris. In Budapest kannte ich einen besonders zuverlässigen Devisenhändler namens Boschkowitz. (Diese Schwarzhändler sind sehr zuverlässig, häufig sogar zuverlässiger als die anderen Börsianer; man kann ihnen Millionen anvertrauen, es fehlt am Schluß kein Pfennig.)

Eines Tages wurde mein Freund von der Wirtschaftspolizei gefaßt und zur Wache gebracht. Der Hauptmann schaute ihn schräg an und sagte drohend: »Boschkowitz, Sie haben mit Dollars gehandelt!« Boschkowitz machte eine erstaunte Miene und sagte todernst: »Wieso denn, Herr Hauptmann, mit Dollars handeln ist doch verboten?« Der Hauptmann war wie vor den Kopf geschlagen, überlegte eine Sekunde und sagte: »Es handelt sich um ein Mißverständnis, Herr Boschkowitz, vielleicht. Bitte, Sie können jetzt gehen.«

Ein weiteres Beispiel, um zu illustrieren, wie ehrlich der Devisenhandel auf dem Schwarzmarkt abgewickelt wurde. Ein gewisser Nikolaus Hofbauer, der nach dem Zweiten Weltkrieg große Schwarzmarktgeschäfte tätigte, hatte bei sich hohe Geldbeträge von Kunden deponiert, die dafür ausländische Devisen haben wollten. Eines Abends bekam er den Wink, die Devisenpolizei habe Beweise gegen ihn und wolle ihn verhaften. Sofort sprang er in ein Taxi und fuhr zu all diesen Kunden, gab ihnen ihr Geld zurück und floh erst anschließend ins Ausland.

Die verlorene Franc-Schlacht

Glücksritter der Inflation gab es zu Hunderten – wenn ihr Erfolg manchmal auch nur von kurzer Dauer war. Einigen bin ich noch persönlich begegnet.

Einer der erfolgreichsten war ein junger Deutscher aus Stuttgart, der schon erwähnte Dr. Fritz Mannheimer. Auf dem Amsterdamer Markt war er einer der geschicktesten Devisenhändler. Als Sohn eines bescheidenen Stuttgarter Kaufmanns hatte er noch vor 1914 in Paris das Bankgeschäft bei einer Firma für den Exporthandel nach Rußland gelernt. Bei Kriegsausbruch ging er nach Deutschland zurück und kam mit der Reichsbank in Verbindung. Gleich nach dem Krieg schickte ihn das Institut nach Amsterdam, zum damals wichtigsten Finanzmarkt der neutralen Länder, um dort als Kenner des internationalen Bankgeschäftes auf dem Devisenmarkt für die Reichsbank tätig zu sein.

Sein Auftrag in den geschilderten Jahren der Markenwertung lautete, mit geschickten Devisentransaktionen für die Verteidigung der Reichsmark zu sorgen. Er arbeitete sich zum größten Händler in Amsterdam hoch und war so erfolgreich, daß er für sich ein Vermögen schaffen konnte, während die Reichsmark – wie ich bereits beschrieben habe – bis fast auf Null fiel. (Das erinnert mich an Dany Dattel, der vor einigen Jahren bei der Herstatt-Bank für sich selber Millionen erwirtschaftete, während die Bank Pleite machte!) Es war natürlich nicht die Schuld von Dr. Mannheimer, daß die Reichsmark zusammenbrach; dafür gab es Dutzende andere Gründe – aber er profitierte davon.

Mir wurden manche Anekdoten über ihn erzählt, die meisten

von dem äußerst eleganten Chefportier des Hotels Doelen in Amsterdam (der so distinguiert war, daß er wie ein preußischer Offizier Monokel trug). Mannheimer sei anfangs so arm gewesen, »daß er neben den Schuhen ging, bevor er bei uns Quartier nahm«.

Ein paar Jahre später gründete Mannheimer mit den verdienten Millionen die holländische Filiale der Berliner Firma Mendelssohn und Co. (Nachkommen des Philosophen und Lessing-Freundes Moses Mendelssohn) und wurde unter anderem Bankier der Regierungen von Frankreich und Belgien.

Als ungekrönter König des damals so wichtigen Finanzmarktes Amsterdam imponierte er mir jungem Anfänger ganz besonders. Zu der Zeit konnte ich ja sein trauriges Ende noch nicht voraussehen: Er starb einige Wochen vor Ausbruch des Zweiten Weltkrieges, und zwei Tage später mußte seine Bank Konkurs anmelden – es war die größte Pleite jener Zeit. Eine seiner interessantesten Transaktionen – und zugleich eine der bemerkenswertesten der Devisengeschichte – betraf aber nicht die Mark.

In Österreich war der bekannteste Nutznießer des Monsters Inflation ein gewisser Camillo Castiglioni, Sohn eines Rabbiners aus Triest. Viele Wiener meiner Generation können sich seiner noch erinnern. Er fing vor 1914 als Vertreter und Handelsreisender der Semperit-Reifenfabrik an. Nach dem Krieg erkannte er die großen Möglichkeiten der Geldentwertung und verstand es, sie voll auszunützen. Wie Stinnes in Deutschland – man nannte ihn später auch den »österreichischen Stinnes« – kaufte er in Österreich Sachwerte auf Kredit, egal, zu welchem Preis, und egal, aus welcher Branche, und zahlte seine Schulden später mit wertlosem Geld zurück.

Eine Zeitlang war er die Legende in Wien. Jeder kannte ihn. Ich erinnere mich noch genau, es muß so um 1922 gewesen sein, als wir wie so oft zur Sommerfrische am Semmering bei Wien weilten. Damals steckten die Leute jedesmal die Köpfe zusammen und raunten ehrfürchtig: »Das ist doch der Castiglioni!«, wenn dieser die Halle oder den Speisesaal des Südbahn-Hotels betrat. Er genoß das Leben und lebte geradezu wie ein Fürst in seinem Stadtpalais in der eleganten Prinz-Eugen-Straße, gleich um die Ecke vom Palais der Rothschilds; außerdem war er ein Kunstmäzen. Er hatte eine prachtvolle Bildersammlung und finanzierte unter anderem den Beginn der Salzburger Festspiele. Als Max Reinhardt das alte Josefstädter Theater, noch heute eines der vornehmsten deutschsprachigen Theater, wiedereröffnete und auf die Bühne trat, um die Begrüßungsrede zu halten, verbeugte er sich damals nicht nur vor dem Publikum, sondern auch in Richtung Castiglioni-Loge – so wie man es in alten Zeiten vor regierenden Fürsten getan hatte.

Trotz aller Erfolge endete die Karriere Castiglionis, wie so oft bei Spekulanten, mit einer dramatisch unglücklichen Spekulation, die viele Hunderte »Co-Spekulanten« und Devisenspieler in den Abgrund zog. Den Anstoß zu seinem Untergang gab die gemeinsam mit seinem Freund Dr. Mannheimer unternommene und mißglückte Spekulation auf den Sturz des französischen Franc.

Diese verlorene Franc-Schlacht bleibt eine ganz besonders interessante Geschichte der Devisenspekulation. In Frankreich wird sie als »Marne-Schlacht« oder als »Marne-Wunder« bezeichnet. (Die berühmte, echte »Marne-Schlacht« hat gleich am Anfang des Ersten Weltkrieges 1914 stattgefunden. Dabei hatte der Generalstab alle Pariser Taxen mobilisiert, um die Soldaten an die Front am Marnefluß zu transportieren. Der erfolgreiche Ausgang dieser Schlacht war vielleicht für den Ablauf des Krieges entscheidend gewesen.)

Ein Mitarbeiter Castiglionis, Dr. Nelken, erzählte mir vor vielen Jahren, wie der Plan zu dieser Spekulation entstand. Im Februar 1924 war Dr. Mannheimer zu Gast bei Castiglioni in Wien. Zwischen zwei Gängen wandte sich Castiglioni mit folgenden Worten an Mannheimer: »Machen wir ein Geschäft mit dem französischen Franc! Es ist eine todsichere Sache. Was der deutschen Mark und der Krone passiert ist, wird sich bestimmt in Frankreich wiederholen. Frankreich hat zwar gesiegt, aber den

Krieg verloren, es ist ausgeblutet. Das Land besitzt zwar Gold, aber die Wirtschaft liegt am Boden. Der Franc wird sich nicht halten können. Fangen wir an, auf gemeinsame Rechnung 100 Millionen Franc leer zu verkaufen! Ich kann noch weitere 100 Millionen Franc pumpen und die Rückzahlungsfälligkeit auf Jahre hinausschieben.«

Dr. Mannheimer hatte zwar zunächst Bedenken, akzeptierte aber schließlich mit Handschlag. An das Duo Castiglioni/Mannheimer schlossen sich noch weitere Bankiers und Spekulanten aus Amsterdam, der Schweiz, aus Wien und von vielen anderen Finanzplätzen an. Es wurde ein Syndikat gebildet, das auf den Sturz des französischen Franc spekulierte und ihn herausforderte.

Man verkaufte aggressiv auf drei oder sechs Monate Lieferung Millionen von Francs in Basel, Amsterdam, Genua, Madrid, New York und London, pumpte so viele Francs wie möglich und kaufte damit Dollars und Pfund sowie ausländische Aktien (Goldminen, internationale Ölwerte usw.) an der Pariser Börse auf Termin.

Gleichzeitig ließ man durch die Weltpresse Alarmnachrichten über Frankreichs Finanzen verbreiten. Darauf erwarb auch das französische Publikum aus Angst um seine Ersparnisse ausländische Wertpapiere und förderte damit den Kapitalexport aus Frankreich – was wiederum den Franc-Kurs drückte.

All das wirkte wie eine Kettenreaktion. Der Franc fiel, das verbreitete Pessimismus, und der Pessimismus wiederum bewirkte weitere Franc-Verkäufe. Von 30 Schweizer Rappen für einen französischen Franc sank der Kurs in Basel innerhalb weniger Monate bis unter 20 Rappen.

Die Alarmnachrichten über den Franc verbreiteten sich schnell. Besonders in Wien merkte man auf, da die Wiener Bankiers – große Institute wie kleine »Spielbuden« – persönlich und in Zirkularen zum Franc-Spiel animierten. (Ganz ähnlich wurde in den letzten Jahren – und wird noch heute – in Chicago, Frankfurt oder Zürich gegen den Dollar gespielt.) Das ganze Wiener Publikum hängte sich ins Schlepptau des bewunderten Castiglioni. Geschäftsleute, Industrielle, jeder, der nur ein wenig von der Spekulationslust angehaucht war, wollte mitmischen. Es war ja auch sonst nichts zum Spielen vorhanden. Die Aktienbörse in Wien war schon seit Monaten auf Talfahrt; für den »Homo ludens« blieb nur die Franc-Baisse als heißer Tip, und jeder wollte daran teilhaben. Es war die reinste Spekulationsorgie. Sogar Frankfurt, Prag und Budapest wurden angesteckt. Wirtschaftskrise hin, Wirtschaftskrise her, für so ein todsicheres Spiel hatte jeder noch ein paar Pfennige im Sparstrumpf. In diesen Städten hatten die Spieler alle den früheren Sturz ihrer eigenen Währungen vor Augen.

Die Vehikel für dieses Spiel waren von verschiedener Art. Wie gesagt, es ging darum, Francs auf Terminlieferung zu verkaufen. An der Wiener Börse entwickelte sich sogar – obwohl auf dem Papier verboten – ein regelrechter Devisenterminhandel für französische Francs; man handelte mit Hunderten von Millionen. Man kaufte auch Waren aus Frankreich auf Kredit, ganz egal, welche: Wein, Champagner in rauhen Mengen, die für Jahre reichten, Spitzen, Luxusautos, für die man noch gar keine Kunden hatte . . . Freunde von mir kauften eine ganze Porzellanfabrik, obwohl sie von Porzellan soviel verstanden wie ich von der chinesischen Schrift. Das war alles egal. Hauptsache, man bekam es auf Pump.

Ganz groß war auch die Spekulation an der Pariser Warenterminbörse. Rohgummi, Raps, Weizen, vor allem aber Zucker waren die Lieblingsartikel. Mit einem minimalen Garantieeinsatz kauften die Leute Millionen Zentner Zucker auf lange Termine. Es war ja sicher, daß mit dem Franc-Sturz alle diese Waren steigen würden. (Auch mein Vater ließ sich zu einem Zuckerengagement verführen . . .)

Im Grunde waren diese Käufe keine Warengeschäfte, das war reine Devisenspekulation. Die Zinsen waren zwar hoch und kletterten noch höher, aber das war den Leuten bei der Aussicht auf üppige Kursgewinne egal.

Die Banque de France sowie die französischen Politiker und Experten verfolgten mit Entsetzen diesen Unfug um ihre nationale Währung. Der Dollar stieg in Paris immer höher, von 5 Franc pro Dollar, dem Vorkriegskurs, auf 15 und 20, und erreichte im März 1924 schließlich die Wahnsinnshöhe von 28 Franc. Da beschloß die französische Regierung endlich, das Bankhaus Lazard Frères (noch heute die größte Privatbank in Paris) zu beauftragen, auf dem Devisenmarkt zur Stützung des Franc einzugreifen. Die Firma nahm den Auftrag an und kaufte auf allen Märkten die angebotenen Francs auf.

Als dann noch die Nachricht durchsickerte, daß die New Yorker Bank J.P. Morgan & Co. der Banque de France einen Kredit von 100 Millionen Dollar (heute wären dies rund zwei Milliarden Dollar) für Interventionen zur Verfügung gestellt hatte, platzte der Ballon. Unter den Franc-Spekulanten brach Panik aus. Und nachdem Lazard Frères Paris von der New Yorker Filiale noch kurz zuvor die Depesche erhalten hatte: »Französische Francs sind unverkäuflich!«, drehte sich der Markt binnen einer halben Stunde, und die ganze Welt wollte auf einmal nur Francs kaufen. Aus Basel, Amsterdam, Genua, Wien und so weiter kamen die Kaufaufträge, es ging um Millionenbeträge; bei den Firmen gab es nicht genügend Telefone und Angestellte, um alle Orders anzunehmen. Es war ein Sturm in die entgegengesetzte Richtung. Der Dollar fiel in Paris von ca. 28 Franc in wenigen Tagen bis zum 8. März 1924 auf 15 Franc zurück. Die französische Währung war gerettet. Das war also das berühmte »Marne-Wunder«, die siegreiche Schlacht Frankreichs auf den Finanzmärkten.

Für die anderen, die Wiener etwa, war es der sogenannte »Frankenkrach« – obwohl ja nicht der Franc »krachte«, sondern sie selbst . . . Ganz Wien und Prag waren pleite, und sogar die besser gepolsterten Amsterdamer Bankiers erlitten entsetzliche Verluste; einige von ihnen kamen in ernsthafte Schwierigkeiten. Denn die Franc-Schulden – egal, ob in Devisengeschäften, ob für Wein, Spitzen, Luxusautos oder Porzellanfabriken – mußten nun bei einem verdoppelten Preis gedeckt werden. Hunderte von Firmen, unter ihnen viele Importeure, Bankiers, Makler, mußten ihre Bilanz deponieren, da auch ihre Kunden zu Tausenden ihre Spargelder verloren hatten und die Spekulationsdifferenzen nicht bezahlen konnten. (Mein Vater hatte mit seinem Zuckerengagement ebenfalls Federn lassen müssen; doch das hatte auch seine gute Seite. Dank seiner Verbindung zu einer Pariser Maklerfirma schickte er mich nach Paris »in die Lehre«, weshalb ich heute Racine zitieren kann: »Ich wurde im Serail genährt, und so kenne ich alle Tricks.«)

Der größte Verlierer unter allen war natürlich Camillo Castiglioni. Mit dieser Niederlage begann die Talfahrt seiner Karriere. Sein Ruhm geriet langsam in Vergessenheit; in Wien war er bald kein Gesprächsthema mehr. Nach dem Zweiten Weltkrieg tauchte er in Italien auf, ohne je wieder eine wichtige Rolle zu spielen.

Das zweite »Marne-Wunder« des Franc

Frankreichs Miseren um seinen Franc aber gingen weiter. Nur waren es diesmal nicht die aggressiven Spekulanten, die bösen Börsenspieler, die die französische Währung umbringen wollten; vielmehr waren wie so oft die Politiker, oder besser gesagt der Leichtsinn und der Partisanenkampf der Parteien, für den neuerlichen Verfall des Franc verantwortlich. Denn die Castiglioni-Operation war zwar eine gigantische Pokerpartie gewesen – und Castiglioni hatte sie verloren –, aber im Grunde kann eine Währung nur im eigenen Bette sterben oder genesen.

Private Spieler können eine Währung in einer Pokerpartie auf ausländischen Devisenmärkten nicht kaputtmachen. (Deshalb ist es auch unmöglich, mit der Spekulation den Dollar zu zerstören.) Die meisten Miseren entstehen aus dem Mißtrauen der Sparer. Dieses Mißtrauen wird natürlich durch fundamentale wirtschaftliche Tatsachen und politische Ereignisse hervorgerufen. (Eine Regierung kann jedoch, wenn es ihren wirtschaftspolitischen Interessen entspricht, ihre Währung auch künstlich heruntersetzen. Dies war in den letzten Jahren, seit 1985, der Fall, als der amerikanische Finanzminister Baker den Dollar immer weiter herunterredete.)

Im Mai 1924 war im französischen Parlament nach Neuwahlen das sogenannte Linkskartell an die Macht gekommen, das auch den Präsidenten Alexandre Millerand zur Abdankung zwang, der in den Augen der neuen Abgeordneten zu stark rechts eingestellt war. Die beiden politischen Führer der bürgerlichen Radikalen und der Sozialisten waren Édouard Herriot und der berühmte Leon Blum. Der erste war Bürgermeister von Lyon, Philosoph, Musikologe, Beethoven-Forscher und ein ehrlicher Freund Deutschlands, der zweite ein eher maßvoller Sozialist und Deutschland ebenfalls sehr freundlich gesinnt. Leider genossen beide nicht das Vertrauen der kleinen und großen Sparer, und sie begingen den gleichen Fehler: Verschwendung der Staatsgelder. – Schon zu dieser Zeit kam ich zu der Überzeugung, zu der ich auch heute noch stehe: *Die Sozis kommen, machen Pleite, werden gegangen, aber die Pleite bleibt!*

Keiner der Politiker hatte die Stärke, eine permanente, feste Mehrheit zusammenhalten zu können. So folgte nun eine Periode, in der die Regierungen nur so purzelten; Finanzminister kamen und gingen. Damals lernte ich auch, daß es keine guten Finanzminister gibt. Finanzminister können nur schlecht oder noch schlechter sein.

Was auch immer eine Regierung dem Parlament zur Sanierung der Staatsfinanzen vorschlug, wurde von einer Gruppe der Abgeordneten abgelehnt. (Das Land hatte ja damals nicht den Spielraum, über den heutzutage Amerika verfügt, um sein Haushaltsdefizit über Nacht etwa durch die Einführung einer kleinen Umsatzsteuer auszugleichen.) Eine Krise folgte der anderen. Die Staatsausgaben stiegen, die Inflation machte weitere Fortschritte, und auf dem Schreibtisch jedes Geschäftsmannes notierte die Sekretärin jeden Morgen den Dollarkurs.

Wie gesagt, ein Minister folgte dem anderen; aber interessanterweise waren immer dieselben Namen im Spiel, nur mit einem kleinen Unterschied: Wer heute Finanzminister war, wurde morgen Justizminister, und wer heute Justizminister war, bekam morgen den Posten des Handelsministers – und der Franc fiel immer tiefer und tiefer.

Im Juli 1926, als der Dollar einen historischen Höchstpreis von 50 Franc und damit das Zehnfache seiner Vorkriegsparität erreicht hatte, verbreitete sich Panikatmosphäre im Land, besonders in Paris. Und wie immer zu solchen Zeiten setzte sich das Pariser Volk in Bewegung. Ich erinnere mich als Augenzeuge an die Demonstrationen auf den Champs-Élysées und vor dem Parlament. »Le peuple de Paris« war in Rage. Man bewarf die Busse der Touristen mit Steinen und schrie: »Die Ausländer kommen und essen unser Brot auf!«, und den Kinos, die amerikanische Filme spielten, wurden die Scheiben eingeworfen. Bei allen Krisen galten in Frankreich zunächst immer die Fremden als Sündenböcke, erst später wurden die Politiker verantwortlich gemacht.

Nach dem Sturz verschiedener Regierungen wurde wieder Herriot Ministerpräsident, mit Anatole de Monzie als Finanzminister, einem besonders brillanten Mann, den ich viel später persönlich gut kennenlernte – er war sogar mein Anwalt. De Monzie hatte Sinn für Humor und fing seine erste Rede vor dem Parlament mit den Worten an: »Messieurs, die Kassen sind leer!« Es blieb seine letzte Rede, zumindest als Finanzminister dieser Regierung, denn die Regierung überlebte den Abend nicht. . .

Die Aufregung ging weiter und schlug sogar noch stürmischere Wellen, da geschah wieder ein Wunder, das zweite »Marne-Wunder« in zwei Jahren. Es wurde ausgelöst durch die Nachricht, die am 23. Juli 1926 aus dem Élysée-Palast kam, daß nämlich Raymond Poincaré akzeptiert habe, eine neue Regierung zu bilden und gleichzeitig Finanzminister zu werden.

Es geschah das gleiche wie im März 1924. Quasi über Nacht drehte sich der Devisenmarkt. Der Franc stieg in den darauffolgenden dreißig Tagen um 50 Prozent und bis Ende Dezember – also innerhalb von fünf Monaten – um insgesamt 100 Prozent; das heißt, nach anfänglich 50 Franc stürzte der Dollarkurs bis Ende Dezember auf 25 Franc. (Die heutige Generation der Devisenfritzen hätte sich solche Kursverschiebungen binnen zweier Jahre sicher nicht vorstellen können, bis sie dann in den achtziger Jahren die Steigerung des Dollars von DM 1,70 auf DM 3,40 erleben mußten. Seitdem ist zwar wieder eine dramatische Talfahrt eingetreten, aber Achtung! Auch mit dem Franc hat sich das Spiel zweimal wiederholt.)

Zurück zum Jahr 1924. Was war geschehen? Die finanzielle

Lage konnte sich nicht über Nacht geändert haben. Nein, das hatte sie auch nicht. Aber ein neuer Mann war da. Und eigentlich war es nicht einmal ein neuer Mann, denn Poincaré war ja schon während der Kriegsjahre Staatspräsident gewesen, ein glühender Patriot, ein Deutschenhasser – was damals mit Patriotismus identisch war –, ein Symbol der Integrität. Er war bestimmt kein Genie, im Gegenteil, nach der Meinung seiner Zeitgenossen eher beschränkt, ein trockener Jurist, der von Wirtschaft und Finanzen überhaupt nichts verstand (sicherlich weniger als später Präsident Reagan!) – aber der Name genügte. Nicht »wer« er war, sondern »was« er war – ein Aushängeschild –, zählte. Die massenpsychologische Reaktion der Franzosen und auch der ausländischen Spekulanten war stark genug, um eine atmosphärische Änderung und eine rasante Tendenzwende zu bewirken.

Und wieder waren Tausende von Franc-Schuldnern pleite, aus kommerziellen wie aus spekulativen Gründen. Ich war zu der Zeit schon an der Pariser Börse tätig, als Anfänger – damals hätte man »Laufbursche« gesagt –, und erlebte diese Paniktage und die heftigen Kursbewegungen nach beiden Seiten selbst sehr intensiv mit.

Die ausländischen Werte und Devisen waren unverkäuflich, die französischen Renten und Aktien dagegen konnte man nicht notieren. Es gab überhaupt kein Angebot; wie immer standen alle Spieler auf ein und derselben Seite; sie kauften französische Werte und verkauften die ausländischen. Die größten Verlierer waren diesmal die Devisenhändler bei den Banken, die alle gegen den Franc spekuliert hatten. Und dies alles geschah innerhalb kürzester Zeit dank einer Nachricht aus dem Élysée-Palast, daß ein neuer Mann die Regierung übernommen hat. (War es nicht derselbe Fall, als Reagan ins Weiße Haus einzog und ebenfalls eine Wende einleitete?)

Nach dieser erneuten »Marne-Schlacht« des Franc stieg dieser unaufhaltsam weiter. Man erzählte sich sogar an der Börse, daß Dr. Mannheimer diesmal ganz groß in eine Hausse-Spekulation auf den Franc eingestiegen sei – was ich durchaus für möglich halte. Er war sicherlich ein elastischer Spekulant: gestern noch zu Tode betrübt, heute himmelhoch jauchzend!

In der Folgezeit entstand eine Kontroverse zwischen der Banque de France und der Poincaré-Regierung. Poincaré schaute dem raketenartigen Aufstieg des Franc – der Dollarkurs stand mittlerweile bei 20 Franc – mit unverhohlenem Vergnügen zu, denn er hatte keine sachliche, sondern eine rein emotionale Einstellung in dieser Frage. Seine fixe Idee war: »Le franc, c'est la France.« Er sah im Franc-Kurs das Prestige Frankreichs (ähnlich sah es Ronald Reagan in der Zeit des Dollar-Höhenfluges): Der Franc sollte nach seinem Wunsch auf die Parität von 1914 steigen – fünf Franc für den Dollar –, zur Ehre der Trikolore und zugunsten der alten Rentner. Die Banque de France dagegen, unterstützt von Wirtschaftsführern und -experten, war anderer Meinung. Sie wollte die spekulative Aufwärtsbewegung des Franc bremsen, wenn nicht sogar stoppen, aus wirtschaftlichen Gründen und mit einem Blick auf die Zukunft (genau wie sich die US-Regierung am 22. September 1985 entschloß, den Dollar in die Tiefe zu drücken).

Nach zwei Jahren voller Debatten, während deren der Kurs zwar de jure floatend, aber de facto stabil war, wurde der Franc 1928 auch de jure stabilisiert und an Gold gebunden. Diese neue Währung bekam den Namen »Franc Poincaré« und stand zum Dollar 25 zu 1.

Die Parallelen zwischen der Franc-Schlacht und den Ereignissen auf dem Dollarmarkt der vergangenen Jahre drängen sich geradezu auf. Nur selten ähneln sich zwei Situationen so sehr, auch wenn sie 60 Jahre auseinanderliegen und verschiedene Währungen betreffen.

Sperrmark-Spekulationen

Einige Jahre nach dem Ende des Zweiten Weltkriegs hatte ich mir eine fixe Idee in den Kopf gesetzt: den großen Erfolg eines wirtschaftlichen Wiederaufbaus Deutschlands beziehungsweise der Bundesrepublik.

Ich war in einer eher deutschfeindlichen Atmosphäre aufgewachsen. Zwar hatte ich als Kind in Ungarn eine deutsche Gouvernante, die aber von allen Nachbarn und Dienstboten gehaßt wurde, weil sie Deutsche war. »Ungar, glaub dem Deutschen nicht« war ein Sprüchlein der ungarischen Folklore. Auch später als Student in Budapest und Paris machte ich keine besseren Erfahrungen. Und dann kam noch die fürchterliche Hitlerei dazu. Es war kaum möglich, sich einer Germanophobie zu entziehen.

Aber all das änderte sich wie ein Wunder nach dem Kriege, und bei einer Selbstanalyse kann ich leicht feststellen, daß diese Metamorphose indirekt von der Person Adenauers bewirkt wurde; jedenfalls von all dem, wofür er kämpfte und was er erreicht hat. Selten war in der Geschichte eine solche Chance geboten worden, sich ein Vermögen zu erspekulieren, wie in der Zeit kurz nach dem Kriege: Man mußte nur wagen, die deutsche Karte zu spielen. Ich weiß, daß im Ohr vieler solider Geschäftsmänner Worte wie »Spekulieren« oder »Spielen« einen schrillen Klang haben. Trotzdem scheue ich mich nicht, deutschen Lesern zu gestehen, daß ich auf Deutschlands Prosperität und sein internationales Ansehen setzte, recht bekommen habe und davon auch profitierte.

Um den wirtschaftlichen Wiederaufbau der Bundesrepublik mit einer Finanzspekulation vorwegzunehmen, gab es mehrere Möglichkeiten: deutsche Anleihen in ausländischer Währung oder Industrieaktien zu kaufen. Auf die sicherste und leichteste Weise aber ließ sich mit der deutschen Währung selbst, das heißt mit der »Sperrmark«, spekulieren.

Nach der Währungsreform von 1948 waren alle auf Mark lautenden Ausländerguthaben bei den Banken gesperrt worden. Eine sehr strikte Vorschrift begrenzte die Fälle, in denen über diese gesperrten Mark-Beträge verfügt werden durfte: Die ausländischen Kontoinhaber konnten sie nur zu Investitionen in deutschen Effekten, Immobilien oder Neugründungen verwenden. Die in Rede stehenden Markbestände beliefen sich auf beträchtliche Summen, und zu den bereits bestehenden Guthaben kamen die Zinsen, die während des Krieges angesammelten Coupons und neue Guthaben, die aus deutschen Wiedergutmachungen nach dem Kriege stammten.

Die Sperrmark war also beschränkt verwendbar, um so mehr, als man sie von einem Konto nicht auf ein anderes übertragen konnte. Nichtsdestoweniger konnten die Spekulanten die Sperrmark von jenen ausländischen Großbanken erwerben, die sie schon besaßen. Der Kauf konnte also unter der Voraussetzung stattfinden, daß die Sperrmark nicht auf das Konto des Käufers bei der Deutschen Bank übertragen wurden, sondern vorläufig auf dem Konto der ausländischen Großbank blieben. Nur in den Büchern der ausländischen Bank wurde die Sperrmark auf das Konto von X oder Y verbucht.

Der Handel in dieser Form war jedoch sehr beschränkt bis zu dem Tag, an dem die Bundesbank die Übertragung von Sperrmark von einem Konto auf ein anderes erlaubte. Da fing nun ein großer Handel mit Sperrmark im Ausland an, und zwar zu einem Preis von 12½ Cent für die Mark, obwohl der offizielle Kurs bei ca. 25 Cent lag.

Zu diesem Kurs wurden in Amerika und in der Schweiz große Umsätze getätigt. Man konnte damit deutsche Effekten, Immobilien und verschiedene andere langfristige Anlagen kaufen. Es bot sich hier einem Spekulanten, der genügend Phantasie und Mut hatte, ein sehr großes Betätigungsfeld. Zusammen mit einigen Freunden kaufte ich größere Beträge dieser Sperrmark zu 12½ Cent. Und da viele andere ebenfalls kauften, stieg der Kurs langsam auf 14, ja sogar 15 Cent. Die Sache schien sich wirklich gut anzulassen.

Deutschlands wirtschaftlicher Wiederaufstieg setzte sich von Tag zu Tag fort, die Städte wurden neu aufgebaut, die Fabriken modernisiert, und gleichzeitig nahmen die ausländischen Investitionen zu. Die großen Gesellschaften, heute Multis genannt, errichteten Niederlassungen, ausländische Firmen jeder Branche eröffneten Zweigstellen in der Bundesrepublik. Sie kauften natürlich Sperrmark zu 14 und 15 Cent für ihre Neugründungen und den Ausbau der alten Niederlassungen.

Nach einer langsamen Aufwärtsbewegung machte die Sperrmark von einem Tag auf den anderen einen großen Sprung und stieg von 15 auf 18 Cent, was für eine Währung ein erstaunlicher Anstieg ist: 20 Prozent in wenigen Tagen. Aber sogar zu diesem Kurs war die Spekulation in Sperrmark noch äußerst interessant, da ja noch immer ein Kursunterschied zwischen der Sperrmark und der freien D-Mark bestand.

Ein paar Tage nach dieser plötzlichen Hausse rief mich einer meiner Freunde an – er war ein getreuer Gefährte meiner Börsenabenteuer.

»Was hältst du von der Erklärung der Bundesbank über die Sperrmark?« Seine Stimme verriet eine große Unruhe.

»Welche Erklärung?«

»Sie steht doch in allen Zeitungen und klingt mir sehr unangenehm. Zwei hohe Beamte der Deutschen Bundesbank erklärten, daß die Hausse der Sperrmark jeder Grundlage entbehre und keinesfalls den Tatsachen entspreche. Sie sagen zwar, die nächsten Monate würden eine starke Liberalisierung in der Verwendung der Sperrmark bringen, doch auch dies rechtfertige nicht einen so gewaltigen Sprung.«

»Aber das ist ausgezeichnet, glaube mir« war meine Antwort.

»Wieso denn?«

»Glaube mir, daß ich da besser Bescheid weiß als die hohen Beamten der Bundesbank. Diese Nachricht ist ausgezeichnet. Und da ich spüre, daß du jetzt erstaunt bist und mich für eingebildet hältst, wiederhole ich dir, daß ich besser Bescheid weiß als sie, daß du besser Bescheid weißt und daß jeder gute Spekulant auch besser Bescheid weiß als die Bundesbank. Daß sie darüber sprechen, ob sie die Liberalisierung der Sperrmark beschränken oder ausweiten werden, das ist ihr Beruf. Aber sie sollten sich nicht in eine Diskussion über die Kurse einlassen, denn das ist unser Gebiet, das Gebiet der Spekulanten. Das Urteil des Spekulanten kann nicht dasselbe sein wie das der Beamten, so hoch ihre Stellung bei der Bundesbank auch sein mag. Gerade durch ihre Erklärung bin ich für die Sperrmark noch optimistischer als zuvor.«

Mein Freund versuchte gar nicht erst mit mir zu streiten. Ich muß zugeben, es wäre für ihn auch schwierig gewesen mit einem, der so eigensinnig ist wie ich.

Nach acht Monaten erreichte die Sperrmark schließlich den Kurs von 25 Cent, das heißt denselben Kurs wie die freie Mark. Da hörte, als alle Guthaben schon frei waren, ihre Existenz als Sperrmark auf. Zuvor war es sogar noch besser gekommen: Eine Zeitlang lag die Sperrmark drei bis fünf Prozent über dem Preis der freien Mark.

Diese Kursdifferenz ist einfach zu erklären. Die Zinsen waren in der Bundesrepublik lange Zeit höher als jene auf dem internationalen Kapitalmarkt. Die Bundesbank wollte damit den Investitionsboom und die Kreditnachfrage in Deutschland etwas bremsen (genau wie manchmal in Amerika die Federal Reserve). Deshalb waren natürlich auch die internationalen Anleger an solchen Anleihen interessiert. Sie konnten diese jedoch damals nur mit Sperrmark kaufen. Also nahm die Nachfrage nach der Sperrmark immer mehr zu, und ihr Kurs lag dementsprechend über dem der freien Mark. Denn es lohnte sich für die Anleger, die Sperrmark höher zu bezahlen, um die Anleihen al pari zu bekommen. Und wie wir wissen, wurde die D-Mark dann zu einer der härtesten Währungen der Welt.

Die Sperrmark-Spekulation war eine überlegte und gut aufgebaute Devisenspekulation. Vor allem mußte man überzeugt sein und sich für die Idee begeistern können. Die Zukunft Deutschlands war wolkenlos, die möglichen Gewinnspannen waren sehr groß, aber man mußte abwarten können, bis die Situation von selbst reif wurde.

Es stellte sich erstaunlicherweise immer wieder heraus, und das Beispiel der Sperrmark hat es auch wieder einmal gezeigt, daß gute Spekulanten mit globalem Blick in die Zukunft am besten beurteilen können, ob ein Kurs überhöht ist oder nicht. Beamte, Ingenieure, Techniker, Wirtschaftswissenschaftler oder Betriebswirte und sogar die Leiter einer Gesellschaft sind am wenigsten dazu fähig, bei einem Börsenkurs die Diagnose zu stellen.

Zuviel Wissen ist letzten Endes schädlich. Es ist ähnlich wie bei einem Kriminalfall: Auch wenn der Zeuge am Tatort war, so besitzt er doch nicht die notwendigen praktischen Kenntnisse. Der Experte verfügt über wissenschaftliche Einsichten auf diesem Gebiet – aber was nützt ihm das, wenn er bei dem Verbrechen nicht anwesend war. Ein guter Richter darf nicht zu sehr Experte und nicht zu sehr Zuschauer sein, er muß sich in der goldenen Mitte halten, wo er ganz objektiv bleiben kann. Genauso ist es mit dem guten Spekulanten.

Hoch soll er stehen, der Franken!

In den sechziger und siebziger Jahren notierte der Schweizer Franken unter einer Mark. Dann kam eine langsame Steigerung, und der Frankenkurs erreichte 1975 die Schwelle von einer Mark. Viele Spekulanten, Spieler, aber auch Amateurbörsianer, die eigentlich nicht viel von Währungsproblemen verstehen, waren der Ansicht, daß der Kurs übertrieben hoch sei. Ich wiederhole: Auch Amateure, die davon nichts verstehen. Denn ich habe die Erfahrung gemacht, daß bei größeren Kursverschiebungen Normalverbraucher, die nicht hinter die Kulissen sehen können, immer der Ansicht sind, daß eine große Bewegung, weil sie sie nicht verstehen, ungerechtfertigt sei.

Sie standen also alle ratlos dieser Kursentwicklung gegenüber, zumal ja die Inflationsrate der Schweiz größer war als die der Bundesrepublik und das Land mit diesem hohen Wechselkurs nun eines der teuersten Pflaster der Welt geworden war. Muß eine solche Situation nicht zum Ruin eines Landes führen, fragten sie sich, jedenfalls für den Tourismus und die Industrie?

Die Schweizer selber sahen dies nicht so. Die Preise waren international gesehen hoch, aber sie meinten, sie dürften ruhig noch steigen. Denn sie glaubten alle an die Qualität ihrer Währung. Sie meinten, man brauche keine gigantischen Ferienkolonien, keine Massentouristen, die in Motels wohnen und mittags heiße Würstel essen. Der Jet-set und seine Nachahmer füllen die Luxusherbergen mehr als ausreichend. Das eleganteste Hotel in St. Moritz hatte ausgerechnet, daß zum Beispiel fünf seiner Gäste im Durchschnitt genausoviel Geld lassen wie 100 Autobustouristen.

Grund genug, die schönen Landschaften vor modernen Bauten zu bewahren, die überall sonst wie Pilze emporschossen, die grünen Wiesen, Wälder, Bergseen und Bächlein vor der Verschmutzung zu retten. Neue Fabriken sollten mit Schweizer Kapital nur im Ausland gebaut werden. Ja, die Schweiz, dieser schöne Garten inmitten des industrialisierten Europas, mit allen ihren Schornsteinen und Abfallhalden, sollte zehn Minuten vor Torschluß als idyllischer Raum bewahrt werden, so wie in Amerika die Nationalparks.

Aber es ging nicht nur um Romantik und Tourismus. Die wilde Expansion der Nachkriegsjahre hatte die Zahl der Gastarbeiter, die man in der Schweiz Fremdarbeiter nennt, auf 15 Prozent der erwerbstätigen Bevölkerung ansteigen lassen. Und 861 000 Gastarbeiter waren für eine Bevölkerung von 6,5 Millionen nun einmal zuviel. In der Bundesrepublik würde dies etwa acht Millionen Gastarbeitern entsprechen. Mit einer solch hohen Ziffer ist jedoch der Nährboden für eine Xenophobie vorbereitet. Wenn die Zahl der Italiener noch stark zunehmen würde, dachten viele Schweizer, könnten sie eines Tages den Anschluß des Tessins an Italien fordern, worauf nach dem Fall von Frankreich 1940 Mussolini schon Anspielungen gemacht hatte.

Es ist daher auch nicht erstaunlich, daß Anfang der siebziger Jahre die »Fremdarbeiterinitiative« für die radikale Reduzierung der ausländischen Arbeitskräfte in der Schweiz rund 35 Prozent der Stimmen bekommen hatte, trotz der gigantischen Gegenpropaganda von Kirchen, Regierungsstellen, Wirtschaftsführern und der gesamten Presse. Natürlich war die Mehrheit der Bevölkerung noch immer eher geschäftstüchtig eingestellt. Doch eine so große Minderheit von 35 Prozent mußte der Regierung zu denken geben.

Vergeblich hatte Bundesratsmitglied Nello Celio in weiser Voraussicht schon Jahre vorher einen Plan gegen die unkontrollierte Wirtschaftsexpansion gefordert. Und er dachte dabei nicht nur an die Italiener. Ergänzung und Ausbau der Infrastruktur des Landes wurden nämlich in den Jahren der Expansion nicht ausreichend berücksichtigt. Mitte der siebziger Jahre war es dafür schon beinahe zu spät. Nach einer damals veröffentlichten Studie hätte die Industrie, um die nötige Infrastruktur zu schaffen, dem Staat einen Betrag von mindestens 10 000 Franken pro Arbeiter zahlen müssen.

Nun hat alles seine Grenzen. Um diese zu ziehen, war es das einfachste, einen hohen Frankenkurs zu halten. Der Markt der Schweizer Franken war ja nie gigantisch groß gewesen. Die Schweizer Nationalbank konnte diesen Markt jahrelang total kontrollieren und im Griff halten. Besonders vor einer Aufwertung der Mark hatte die Schweiz große Angst, denn ein höherer Markkurs hätte den internationalen Kapitalstrom noch stärker in die Schweiz gelenkt – der dank der neutralen politischen Lage, absoluter Devisenfreiheit und strengen Bankgeheimnisses bereits sehr kräftig floß.

Die Eidgenossen sollten, das war die Ansicht der Regierung und der Notenbank, weniger Arbeiter ins Land holen und dafür mehr Kapital exportieren. Und da, wie gesagt, die Schweizer Nationalbank auf dem Markt des Franken omnipotent war, hielt sie einen hohen Kurs. Das war die beste Medizin, so konnte man im Handumdrehen die verschiedenen Probleme lösen, inklusive das der Gastarbeiter, ohne daß man die Schweiz wegen Rassismus hätte anklagen können.

Diese Medizin war zwar kein Wundermittel, aber sie schlug durchaus an. Mit einem Wort: Der Kurs der Franken war kein devisentechnisches, sondern eher ein demographisches, soziales und ökologisches Problem. Da aber so viele Devisenspekulanten und -spieler diese Probleme nicht erkannt hatten, waren sie von der Idee besessen, daß der Schweizer Franken wieder auf eine Mark zurückfallen müsse. Doch je mehr auf den Sturz des Schweizer Franken gegenüber der D-Mark spekuliert wurde, um so stärker war nachher die Reaktion, als alle diese Spieler ihre Baisse-Engagements in Franken wieder decken mußten. So stieg der Franken unter dem Druck dieser Deckungen bis auf über 1,25 D-Mark und verursachte den Spekulanten enorme Verluste.

Ein so hoher Kurs konvenierte der Schweizer Nationalbank auch nicht, und nach den Deckungen der Spekulation ließ sie ihre Währung wieder etwas zurückfallen.

Vom menschlichen Standpunkt her muß man anerkennen, daß die Schweizer in einer gewissen Art auch recht hatten. Ich bin zwar selber ein »Usländer«, aber ich fühlte damals mit den Schweizer Bürgern: Hoch soll sie leben, die Schweiz, hoch soll er stehen, der Franken.

Die Anatomie einer Geldabwertung

Das Geschehen auf dem Devisenmarkt ist rein psychologisch bedingt. Alle rennen in die gleiche Richtung, einer ruft in den überfüllten Raum der Devisenbörse »Feuer!«, und schon drängt alles zur selben Tür. Tote und Verwundete bleiben dann auf dem Feld, ohne daß ein einziges Streichholz aufgeflammt wäre. Wie es bei den Devisentransaktionen zu einer plötzlichen Panik kommen kann, möchte ich mit einer Entwicklung, wie sie in den letzten Jahren mehrere Male vorkam, illustrieren:

1. Die Handelsbilanz der USA befindet sich im Defizit, in der Bundesrepublik dagegen gibt es einen großen Überschuß im Außenhandel. Es entsteht der erste Strom von Dollarverkäufen gegen Mark. Um die durch den Export eingegangene D-Mark-Liquidität abzuschöpfen, erhöht die Bundesbank die Zinssätze.

2. Die hohen Marktzinsraten locken neue Beträge in Marktanlagen: ein erneuter Druck auf den Dollarkurs.

3. Der gedrückte Dollar läßt Unternehmer und Geschäftsleute befürchten, daß der Dollar ab- oder die Mark aufgewertet werden könnte. Die amerikanischen Importeure decken nicht nur ihren unmittelbaren, sondern auch ihren zukünftigen Bedarf an D-Mark schnell ein, und die deutschen Exporteure verkaufen genauso schnell auf Termin nicht nur ihre gegenwärtig bestehenden Dollarforderungen, sondern auch die zu erwartenden Exporterlöse für Waren, die sie nicht einmal produziert, geschweige denn geliefert haben. Die angebotenen Dollarbeträge werden immer größer, und die Kettenreaktion geht weiter.

4. Auch die Finanzdollar-Anleger (Anleihen- und Aktienbe-

sitzer) bekommen Angst, verkaufen ihre Werte und verschleudern die dafür erworbenen Dollars auf dem Markt. Diese Summe beträgt nun schon ein Vielfaches des Handelsüberschusses der Bundesrepublik.

5. Die internationalen Spekulanten riechen den Braten und verkaufen Milliarden Dollar, die sie sich nur aus Spekulationsgründen pumpen, denn sie sind überzeugt davon, daß sie sich billiger eindecken werden.

6. Die Kettenreaktion steigert sich zur Hysterie, die Bundesbank kann keine weiteren Dollars aufnehmen, und der Kurs stürzt in die Tiefe.

Dies ist – in der Nußschale – die Geschichte einer Abwertung, wie sie etwa im Februar 1973 geschah, als der Dollar über Nacht 10 Prozent abgewertet wurde.

Die oben angeführten sechs Wellen übten auf den Dollar einen fatalen Druck aus. Der damalige amerikanische Finanzminister George P. Shultz flog nach Europa, um mit seinen Kollegen die Lage zu besprechen. Er setzte die Europäer unter Druck, sie sollten ihre Währungen aufwerten. Die Bundesregierung hätte dem Wunsch entsprochen unter der Bedingung, daß Frankreich mitmacht. Die Aufwertung der D-Mark – allein – hätte nämlich für Frankreich einen großen Exportvorteil bedeutet. Frankreich wiederum stand vor Wahlen (Valéry Giscard d'Estaing war Finanzminister) und wollte das Risiko einer Franc-Aufwertung nicht eingehen. Die Linksopposition hätte sonst behauptet, die Regierung hätte dem Druck nachgegeben und im amerikanischen Interesse gehandelt.

Was nun geschah, war eine Intrige hinter den Kulissen. Eine oder mehrere Großbanken, eingeweihte Freunde der republikanischen US-Regierung, ahnten oder wußten, daß, falls kein Einverständnis mit der europäischen Währungsschlange erzielt werden würde, Präsident Nixon den Dollar abwerten wollte.

Die Banken, die alle Geheimnisse der Götter kannten, verkauften also binnen 48 Stunden ca. 10 Milliarden Dollar – damals ein astronomisch hoher Betrag – (sie hatten ja genügend fremdes Geld zur Verfügung) an die Bundesbank, die diesen Betrag noch vor Torschluß aufnehmen mußte. Am nächsten Tag stand der Dollar 10 Prozent tiefer. Der Coup war gelungen, die Banken strichen einen Gewinn von einer Milliarde Dollar ein.

Eine solche Information kommt einmal in Jahrzehnten vor, aber sie gelangt gewöhnlich nicht bis zu den Ohren der Spekulanten und Devisenhändler. Von zwei ähnlich gelagerten Fällen habe ich bereits in diesem Buch berichtet: Pierre Laval, dem berühmten französischen Ministerpräsidenten, war ein ähnlicher Coup mit dem Pfund gelungen, da er selbst eingeweiht war. Der andere französische Ministerpräsident Joseph Laniel hatte kein Glück mit dem französischen Franc, da sein Plan an dem Veto des Finanzministers scheiterte.

Den Devisenhändlern und Spekulanten würde ich also den Rat geben, solchen oder ähnlichen Informationen nicht nachzulaufen. Denn wirkliche Insiderinformationen sind für sie nicht zugänglich. Sie sollen sich auch nicht von einer Hysteriewelle mitreißen lassen, wie es 1976 beim Pfund der Fall war, sondern nachdenken und überlegen, was hinter einer Währung steht. Und sie sollten auch den Spruch des französischen Philosophen Descartes beherzigen: »Cogito ergo sum« (Ich denke, also bin ich). Ich möchte diesen Grundsatz noch erweitern: »Ich denke, also bin ich Spekulant . . .«

Wie hektisch und manchmal wirtschaftlich unbegründet heftige Kursschwankungen des Dollarkurses gegenüber der D-Mark stattfinden, dafür ist auch folgender Fall eine gute Illustration:

Ende 1986 war der französische Franc heftig angegriffen (die Studenten wollten Chirac in die Enge treiben). Und die internationale Devisenspekulation spielte auf Nummer Sicher! Sie erwartete die Aufwertung der D-Mark oder die Abwertung des Franc oder beides. Die Devisenhändler kauften Milliarden von D-Mark gegen französische Franc. Die Banque de France war verpflichtet, Deutsche Mark gegen Franc zu geben, und da sie über keine DM-Devisen verfügte, mußte sie für 10 Milliarden Dollar Deutsche Mark kaufen. Das drückte auf den Dollarkurs. Entscheidend war also ein technischer Faktor, wirtschaftlich war der Kursrückgang keineswegs begründet.

Den Einfluß solcher Ereignisse wollte Finanzminister Stoltenberg aber nicht anerkennen. Er wollte nicht die kleinste Inflation zulassen und war äußerst stolz auf seine Popularität bei den Hausfrauen, die ihn besonders schätzten, wenn die Kartoffeln auf dem Markt fünf Pfennige billiger wurden. Sie hätten sich aber bestimmt nicht gefreut, wenn ein paar Monate später ihre Männer arbeitslos geworden wären. Daß Herrn Stoltenberg der rechte Weitblick fehlte, konnte man schon aus einer seiner Bemerkungen anläßlich des Dollarsturzes der letzten Jahre entnehmen. Er behauptete, der schwache Dollar spiele für die deutsche Wirtschaft keine Rolle. Begründung: Der Export nach Amerika sei für Deutschland nicht besonders bedeutend.

Das Problem der Dollar-Abwertung nur aufgrund des deutsch-amerikanischen bilateralen Handels zu beurteilen ist indessen Unsinn. Man muß vielmehr global denken. Frankreich etwa hat bereits ein dramatisches Handelsbilanzdefizit. Wenn es seine Importe zusätzlich reduziert, wird dies auch die Bundesrepublik spüren, da Frankreich ihr größter Kunde ist. Vom Handelsbilanzdefizit Amerikas hat ja die ganze Welt, die Bundesrepublik inbegriffen, mächtig profitiert. Das amerikanische Wachstum und der hohe Dollarkurs waren ein großes Glück für die ganze Weltwirtschaft.

Als vor 20 Jahren Präsident Richard Nixon einen zehnprozentigen Importzoll-Zuschlag einführte, waren die Exporteure der ganzen Welt, die Bundesrepublik eingeschlossen, in heller Aufregung. Dabei wurde damit nur die Bremse gegen Importe gezogen, aber kein Stimulans für den Export und die Konkurrenzfähigkeit gegeben. Da spielt die Verteuerung der D-Mark um 40 Prozent für den Außenhandel eine ganz andere Rolle, wo doch die deutsche Wirtschaft zu rund 30 Prozent exportorientiert ist. Wenn wir dann enttäuschende Zahlen lesen, sollten wir auch dies bedenken: Der Dollarsturz auf unter 1,80 DM im Jahre 1986 war nicht die Folge fundamentaler wirtschaftlicher Faktoren, sondern das Ergebnis zweier technischer Ereignisse: Zum einen die Reaktion der Banque de France auf den oben angesprochenen Angriff auf den Franc, zum anderen hatte der US-Finanzminister James Baker Japan und die Bundesrepublik ermahnt, ihre Wirtschaften anzukurbeln, sonst könne der Dollar noch weiter zurückgehen. Daraufhin haben alle Exporteure der Welt, besonders die Japaner, massenhaft Dollars verkauft.

Das waren also technische Faktoren plus Spekulation. Denn wirtschaftlich war und ist der amerikanische Dollar unterbewertet. Das aber wollte Stoltenberg als damaliger Finanzminister nicht anerkennen.

Goldene Flügel

Die Wirtschaftsexperten und die Gurus bilden ein Zweiparteiensystem. Die einen prophezeien Inflation, die anderen eine dramatische Deflation.

Sie bekämpfen einander wie Gladiatoren mit verbundenen Augen, in ihren Prognosen herrscht Chaos. Viele haben zudem ein Interesse daran, alles noch verworrener zu machen, um besser im trüben fischen zu können. In einer Sache sind sich die Gurus allerdings einig: Daß die große Katastrophe mit Sicherheit kommen wird – die Optimisten erwarten sie in zwei bis drei Jahren, für die Pessimisten kann sie jeden Moment eintreffen.

Oft zitieren die Propheten die Ereignisse von 1929, weil ähnliche Symptome wie damals auch heute Unruhe verbreiten. Diese Symptome sind aber nur Erscheinungen an der Oberfläche, und sie werden sophistisch, also spitzfindig, vorgestellt. Doch das allein genügt nicht, man muß auch die Ursachen kennen. Hat ein Mensch Kopfweh, so kann das die Folge des Föhns oder eines Geschwürs im Kopf sein. Dieselben Symptome brauchen aber nicht dieselbe Ursache zu haben. Den Symptomen liegt heute ein voll und ganz veränderter Anlaß zugrunde. Den Unterschied, nach dem ich 5 Diplomvolkswirte, 60 Bankdirektoren und 2000 Studenten der Volkswirtschaft vergeblich fragte, kann ich in einem Wort ausdrücken. Dieses eine Wort heißt: Goldstandard.

Die gesamte Welt- und Finanzwirtschaft war damals auf dem Goldstandard aufgebaut. Es bedeutete, daß der jeweilige Besitz von Gold den Notenbanken vorschrieb, die Zinsen zu erhöhen oder zu reduzieren, die Geldmenge abzuschöpfen oder zu erweitern. Gold war der Diktator der Wirtschafts- und Geldpolitik. Monsieur Jacques Léon Rueff (de Gaulles Währungsexperte mit dem Spitznamen »Herr Goldstandard«) hat dieses System einen »souveränen Monarchen« genannt, der über die Ordnung in der Weltwirtschaft wache. »Aber wo hat der Monarch seine Armee«, fragte ich Herrn Rueff einmal in einer Fernsehdebatte, »eine radikale Deflation durchzuführen, das Gold in dem Lande zurückzuhalten?« Schon 1932 hat Rueff das Goldstandardsystem in den Himmel gerühmt, hatte das Beispiel Deutschland genannt und die Deflationspolitik Brüning/Luther zitiert, weil es gelungen war, die Goldreserven zu erhöhen. Wie wir wissen, war die Politik so erfolgreich, daß ein Jahr später Adolf Hitler an die Macht kam.

Genial sagte es Fürst Bismarck, obwohl er kein Wirtschaftsexperte war: »Die Goldreserve ist wie eine Decke über zweien, und jeder versucht, die Decke über sich zu ziehen.« Seit 1926 zog Frankreich diese Decke aggressiv an sich, und so blieb nicht genügend Gold für die Notenbanken in den USA und Großbritannien, um der Wirtschaft und den Banken mit Liquidität zur Hilfe zu kommen. Das strikte Einhalten des Goldstandardsystems verhinderte jegliche Elastizität. Man mußte die Goldreserven mit großen Opfern verteidigen, auch wenn Arbeitslosigkeit, Krise und Konkurse folgten.

Die gesamte Finanz- und Bankkrise in den USA wurde 1933 im Handumdrehen gelöst, indem Präsident Franklin D. Roosevelt den Dollar vom Gold losriß (wie die Engländer schon 1930).

Wenn manche Volkswirte und Politiker den Goldstandard erwähnen, denke ich immer an folgendes Beispiel: Solange ein Kind Klavier spielen lernt, hat es ein Metronom vor sich, um mit dem Ticktack sein Spiel im Takt zu halten. Die Weltwirtschaft und die Finanzmärkte des 19. Jahrhunderts waren das Klavierspiel eines Kindes – man konnte sie mit dem Goldstandard-Ticktack im Takt halten. Für die Aufführung eines großen Orchesterwerkes ist das Metronom indes nicht ausreichend – es braucht einen genialen Dirigenten, wie auch die heute gigantische Weltwirtschaft mit allen ihren Problemen geniale Manager und Politiker braucht.

Diese gibt es zwar kaum. Eine Sache steht immerhin fest: Geld- und Zinspolitik werden heute von den Notenbanken unabhängig vom Gold entschieden, wie die Wirtschaft es erfordert. Den Wert des Goldes hat am klügsten auch nicht ein Volkswirt, sondern ein großer, nobelpreisgekrönter Hindu-Poet definiert, Rabindranath Tagore (ich habe ihn als Knabe noch persönlich erlebt): »Faß die Flügel eines Vogels in Gold, und nie wieder wird er sich in die Lüfte schwingen.« Gold ist eine banale Ware geworden, es kann steigen oder fallen, aber das Goldstandardsystem ist Tempi passati, die Wirtschaft kann sich wieder in die Lüfte erheben.

Kleine Währungskunde

»Eine Währung kann nur im eigenen Bette sterben« ist das einzige Postulat, an das ich mich noch aus meinen Universitätsjahren erinnere. Alle anderen habe ich glücklicherweise längst vergessen. So bleibe ich von verstaubten und verkalkten Vorurteilen vollkommen unbelastet.

Natürlich kann eine Währung auch nur im eigenen Bette genesen. Das bedeutet, daß jedes Land jene Währung hat, die es verdient oder, besser gesagt, die es selber schmiedet. Diese These steht in totalem Gegensatz zu dem oft propagierten Argument, die Qualität einer Währung hänge von ihrer Golddeckung ab. Dies ist der Grundgedanke all jener Experten, die immer wieder mit dem Plan, zum Goldstandard zurückzukehren, hausieren gehen. Über dieses Thema könnte ich auf Hunderten von Seiten philosophieren, einer praktischen Analyse ist das Problem aber nicht würdig, so kindisch und einfältig argumentieren die Befürworter der Rückkehr zum Goldstandard. Ich betone »Goldstandard« als Währungssystem, denn es geht nicht darum, ob man Gold für die Spekulation oder als Anlage kaufen soll. Die eine Sache hat mit der anderen überhaupt nichts zu tun.

Wenn also nicht das Gold die sicherste Deckung für eine Währung ist, was denn dann? Ich werde versuchen, meine These ganz kurz und einfach zu definieren. Die »Conditio sine qua non« für die Qualität einer Währung ist die Qualität des Managements der Staatsfinanzen und die der Wirtschaft. Beide hängen aber von den Tugenden und Lastern des betreffenden Volkes ab.

Ich habe einmal zusammengestellt, welche Tugenden, Eigenschaften und Besitztümer die einzelnen Währungen repräsentieren.

Dollar:
politische Sicherheit, absoluter Respekt vor dem Privateigentum in den USA sowie die immer noch äußerst hoch entwickelte Technologie, der Reichtum an Rohstoffen und die Dynamik der Unternehmer.

D-Mark:
politische Stabilität (jedenfalls bis heute), Arbeitsfleiß, Sinn zum Sparen und Disziplin des deutschen Volkes.

Englisches Pfund:
die Überbleibsel des Vermögens eines ehemaligen Weltimperiums, der Welthandel und die »City of London«, noch immer das Zentrum des internationalen Bank- und Versicherungswesens, sowie die Schiffahrt und als Draufgabe das Nordseeöl.

Schweizer Franken:
jahrhundertelange Neutralität und das gesetzlich geschützte, wenn auch nicht absolute Bankgeheimnis.

Französischer Franc:
seit Jahrzehnten gehortete internationale Anlagen, französischer Lebensstil und Geschmack sowie die Findigkeit der Franzosen – sie haben zwar kein Öl, aber sie haben Ideen.

Yen:
Robotisierung der Industrie und Bescheidenheit der Arbeitnehmer.

Lire:
Kirchen, Museen und Palazzi. Rom, Venedig, Florenz.

Gulden:
Erbschaft eines Kolonialreiches, große Handelsflotte, Sinn zum sturen Sparen und etwas Erdgas.

Norwegische Krone:
Nordseeöl und Öltransportflotte.

Österreichischer Schilling:
Wiener Schmäh und die Ausgaben vieler Amerikaner mit ihrer Nostalgie nach den k.u.k. Zeiten.

Ungarischer Forint:
die Pfiffigkeit der Ungarn.

Israelisches Pfund:
Spenden aus der Diaspora (Israel ist das einzige Land, das seine größten Steuerzahler im Ausland hat).

Rubel:
Angst vor Sibirien, die Diktatur und viel Gold (das alles nützt freilich nichts, denn auf dem grauen Markt ist der Rubel zu einem Bruchteil des amtlichen Kurses erhältlich). Und aktueller denn je ist mal wieder mein kleines Rubel-Gedicht:
Keine Währung währet ewig –
Selbst das beste Geld wird schäbig.
Der Rubel nur ist auserkoren:
Schäbig wird er schon geboren.

Kurz und gut, das sind all jene Eigenschaften, Tugenden und Gegebenheiten, die den Rang der Währungen bestimmen. Behaupten sich die Tugenden, wird die Währung mehr wert, lassen sie nach, verliert sie an Bedeutung. Nicht die Golddeckung stützt auf lange Sicht die Währung, sondern das Gold fließt in das Land mit der besseren Währung und verläßt jenes, in dem die Tugenden schwinden oder die Laster sich behaupten. Die

D-Mark wurde ohne ein Gramm Golddeckung geschaffen und ist mit die härteste Währung der Welt geworden.

Natürlich spielen auch die Gegebenheiten des Schicksals eine große Rolle: Ölfunde etwa oder militärisch-strategisch günstige Lage. Massenhysterien, angeheizt von Spekulanten, Manipulationen und Massenmedien, haben eine zwar große, aber lediglich kurzfristige Wirkung auf die Kurse.

Am Ende kommt immer die Stunde der Wahrheit. Die Golddeckung ist nur eine Illusion, die leicht verschwindet, wenn das Management versagt.

Gefängnis oder Dschungel

Seit langer Zeit besteht die Kontroverse, ob für die Wirtschaft absolute Freiheit oder staatliche Planung angemessener sei, ob Wirtschaft ohne Wissenschaft oder Wissenschaft ohne Wirtschaft existieren kann. Spitz formuliert müßte die Alternative jedoch eigentlich Dschungel oder Gefängnis heißen.

Die Distanz zwischen den beiden Extremen ist groß. Die Anhänger beider Theorien haben auch, jeder für sich, unendlich viele und ernst zu nehmende Argumente auf ihrer Seite. Totale Freiheit für die Wirtschaft – das würde in den Dschungel führen und damit letztlich gefährliche politische Folgen nach sich ziehen. Ich gebe zu, daß der Dschungel wenigstens noch gewisse Vorteile hätte, wenn er nur von Engeln oder engelartigen Kreaturen bewohnt wäre. Aber leider laufen dort auch Raubtiere herum, die nicht nur ihresgleichen, sondern auch unschuldige Zuschauer angreifen.

Lieber ist mir deshalb ein starker Staat, der zwar pragmatisch handelt, in dem aber trotzdem Recht und Ordnung herrschen, die Schwachen vor den Starken, die Naiven vor den Cleveren geschützt werden. Denn unter dem Vorwand der Freiheit wurde den deutschen Sparern in der Vergangenheit viel Schaden zugefügt. Obskure exotische Investmentfonds, Ölabschreibungen, waghalsige Warentermingeschäfte haben sie um ihre schwerverdienten Spargroschen gebracht.

Das Geld – Endziel aller, die in der Wirtschaft tätig sind – ist radioaktiv und korrumpiert. Es verführt die Menschen und auch große Institutionen zu Geschäften, die vielleicht rentabel, aber gegen das allgemeine Interesse sind. In Wien nannte man das »Schweizer System«: Jeder Kan ton, was er will. Schon Charles de Montesquieu schrieb im 18. Jahrhundert: »Die Freiheit des Handels bedeutet nicht, daß die Händler berechtigt sind, alles zu machen, was sie wollen. Und was die Freiheit der Händler begrenzt, behindert nicht unbedingt die Freiheit des Handels.«

Man kann die Wirtschaft sehr wohl unter Kontrolle halten, ohne die drei tragenden Säulen unseres Systems zu gefährden: freies Unternehmertum, Profit und freie Konkurrenz. Die Tage der totalen Laissez-faire, Laissez-passer sind wohl endgültig vorbei, abgesehen davon, daß die Notenbanken durch ihre Geld- und Zinspolitik immer schon wirksam eingreifen konnten.

Ein maßvolles Eingreifen des Staates oder staatlicher Institutionen ist sogar wünschenswert, wenn – und das ist das große Wenn – damit nicht politische Ziele verfolgt werden. Das ist etwa dann der Fall, wenn der Staat mit seiner Geld-, Kredit-, Zoll- und Steuerpolitik bestimmte Gesellschaftsschichten und Branchen zum Nachteil anderer begünstigt. Mit solchen Methoden kann man ein Land langsam in den Sozialismus führen, ohne daß die Mehrheit der Bürger, die die Regierung gewählt haben, dies gewünscht hätte.

Ordnung halten – ja! Die Finger auf dem Puls der Wirtschaft halten – ja! Damit jedoch politische Ziele erreichen – nein!

Gewiß pendeln sich viele Dinge von selber ein. Nachfrage und Angebot finden meistens sehr schnell ein Gleichgewicht. Die Wirtschaftsgeschichte verlief immer schon in zyklischen Bewegungen. Es ist unvermeidlich, daß diesen Ups and Downs viele zum Opfer fallen. Nur ein kleiner Teil der Interessenten kann sich schützen. Wenn dies alle könnten, gäbe es ja keine Ups and Downs mehr.

Man kann Ebbe und Flut zwar durchaus auf die Minute genau berechnen, verhindern kann man sie jedoch nicht. Nur schützen kann man sich gegen die Gezeiten und präventive Maßnahmen treffen. Diejenigen, die in der Wirtschaft die Zeitpunkte von Ebbe und Flut berechnen können, gelten schon als besonders begabt und klug. Doch waren dies, wie die Erfahrungen der vergangenen Jahre gezeigt haben, immer nur sehr wenige.

Pragmatisch muß man deshalb sein, nicht theoretisch. Grau ist bekanntlich alle Theorie, komme sie auch zu noch so wünschenswerten Lösungen. Optimal sind diese Lösungen ohnehin in den seltensten Fällen. Praktikabel erst recht nicht, weil sie nicht den gerade herrschenden politischen und psychologisichen Gegebenheiten entsprechen. Weiß man dann, was zu tun ist, bleibt nur noch die Frage, ob es sich tatsächlich durchführen läßt. Die klassischen Monetaristen geben selber zu, daß die meisten Maßnahmen, die man treffen müßte, aus politischen und sozialen Gründen nicht möglich sind. Trotzdem propagieren sie ihre Thesen, sagen aber gleichzeitig: »Nach uns die Sintflut.«

Kurz und gut: Ob Laissez-faire oder Planwirtschaft, ob Fiskalismus oder Monetarismus, die beste Antwort auf diese Frage gab vor langer Zeit schon der französische Poet Alexis Piron (1689 bis 1773) in einem galanten Epigramm: »Colin bewundert die Marmorschenkel seiner Liebe. Mal dünkt ihm der rechte schöner, mal der linke. ›Zaudre nicht, mein Freund‹, ruft sie, ›laß mich entscheiden! Die Wahrheit liegt zwischen beiden.‹«

Optionslehren

Wie oft wurde mir die Frage gestellt, was ich von Optionsgeschäften halte. So formuliert, weiß ich auf diese Frage keine Antwort. Denn der Optionsmarkt ist ein Zweiparteiensystem (wie auch die ganze Börse): Es gibt Stillhalter, die Optionen veräußern (im Börsenjargon Schreiber genannt), und diejenigen, die Optionen kaufen. Man muß sich also entscheiden, von welcher Partei die Rede ist. Ich könnte ein ganzes Buch darüber schreiben, da ich seit 70 Jahren beiden Parteien angehöre und in den zwanziger und dreißiger Jahren Millionen Optionen gehandelt habe (in Paris, Berlin oder Zürich). Zu einer Zeit also, in der man in Wall Street nicht mal wußte, was Optionen sind.

Mal habe ich gewonnen, mal habe ich verloren.

Der Optionsmarkt ist ein riesiges Spielkasino, das allerdings auf dem Finanzmarkt eine nützliche Funktion erfüllt. Optionshandel fördert die Spekulation und dadurch die Liquidität der Börse. Eine liquide Börse wiederum ist eine wesentliche Voraussetzung für das Funktionieren der freien Marktwirtschaft. Tausende von Optionskäufern werden Tausende von Geldanlegern veranlassen, Aktien zu kaufen, damit sie auf der Basis dieser Aktien mit Optionen stillhalten. Ich möchte daher für alle diejenigen, die in den Optionshandel einsteigen wollen, eine kleine philosophische Analyse dieses Geschäfts vornehmen.

Der Optionskäufer ist ein Spieler, der Stillhalter (Schreiber) ein Kapitalist – ein Wucherer, der die Aktien voll bezahlt, die der Optionskäufer nicht bezahlen will oder kann. Er eröffnet damit dem Spieler die Chance, von einer möglichen heftigen

Kursveränderung in relativ kurzer Zeit zu profitieren. Die Schreiber lassen die Spieler quasi auf ihrem Rücken spielen, wofür sie einen bestimmten Betrag kassieren. Dieser hieß einst trefflich »Reuegeld«, weil die Spieler sehr häufig bereuen mußten, Optionen gekauft zu haben.

Der Optionskäufer verliert seinen ganzen Einsatz, wenn die erwartete Aufwärtsbewegung auch nur einen Tag zu spät eintrifft. In diesem Falle hat er zwar richtig spekuliert, soweit es die Tendenz anbelangt, aber falsch gespielt. Die Strategie war richtig, die Taktik falsch.

Wie oft habe ich selbst bei einer Optionsspekulation schon recht behalten, aber leider zu spät.

Der Gewinn des Optionsschreibers hingegen ist begrenzt. Schlimmstenfalls entgeht ihm ein großer Kursgewinn. Der Käufer aber ist sein Geld los, wenn er schiefliegt. Kurz und gut: Der Optionskäufer hat die Phantasie und der Stillhalter das Geld.

Man kann mit Optionen manchmal auch reich werden (in den dreißiger Jahren machte ich ein Vermögen mit Verkaufsoptionen), aber wenn man ständig nur Optionen kaufte, würde man sich langsam übernehmen. Der Optionskäufer sollte jedenfalls genauer wissen, was er tut, als jeder andere Spekulant. Denn die gigantische Werbung für den Optionsmarkt erläutert den Charakter der Optionen nicht genügend und führt zu häufigen Mißverständnissen, besonders für Neulinge. Irreführend klingt auch das Wort »Optionsanlage«. Denn Optionen sind keine Anlage im konservativen Sinne, sondern nur eine Wette mit begrenztem Zeithorizont.

Jeder, der in klassischen Spielen wie Pferderennen oder Roulette Erfahrung gesammelt hat, kennt Außenseiter und Favoriten. Die Stillhalter sind wie die Favoritenspieler beim Rennen oder diejenigen, die beim Roulette soviel Zahlen wie möglich setzen. Das Prinzip ist dasselbe: je größer die Chancen, desto kleiner der Profit, je kleiner die Chancen, um so größer der Lohn. Es gibt natürlich kleine Verschiebungen in der Relation von Risiko und Belohnung, aber das sind Nuancen, die man erst nach langjähriger Erfahrung erkennen kann. Die meisten Sparer, die zu diesen Geschäften verführt werden, haben solche Erfahrungen nicht. Oft genug mußte ich feststellen, daß selbst die Spezialisten, die solche Angebote machen, nicht über entsprechende Erfahrung verfügen.

Ich bin empört über Annoncen in der Presse, mit denen Sparer in miese Geschäfte gelockt werden. Die Texte sind praktisch immer betrügerisch. Ihre Verfasser versprechen bei Optionsanlagen 100, sogar 200 Prozent Profit, und sie können das sogar beweisen. Aber diese Optionen sind keine Anlage, sondern »Spielgeld«. Am Roulettetisch gesetzt, bringt dieses Spielgeld »doppelt oder nichts«. Es ist daher ein Witz, mit 100 Prozent Gewinn zu protzen, wie es auch ein Witz wäre, wenn ein Roulettespieler an einem Nachmittag sein Spielgeld verdreifacht und sich dann damit rühmt. Ich war selber dabei, als Winston Churchill oder der schwedische König Gustav V. in Monte Carlo am Roulettetisch hier und da den großen Treffer landeten. Das Publikum klatschte Beifall – doch nur, um den alten Herren eine Freude zu machen.

Nach einer Statistik der US-Börsenaufsicht verlieren 80 Prozent der Optionskäufer das eingesetzte Geld. Die Option ist keine Anlage, sondern ein Lotterielos. Der Käufer verliert seinen ganzen Einsatz, wenn die erwartete Kurssteigerung auch nur einen Tag zu spät eintritt. In diesem Fall hat er zwar in der Tendenz richtig spekuliert, aber falsch gespielt.

Was die Käufer verlieren, gewinnen die Stillhalter, die nicht zufällig meist mit den großen Banken und Versicherungen identisch sind. Diese Institutionen verfügen über riesige Aktiendepots, auf die sie ununterbrochen Optionen verkaufen. Der größte Stillhalter, erzählt man sich an der Wall Street, sei der Vatikan. Warum auch nicht, soll sich auf diese Weise doch 20 bis 25 Prozent aus dem Kapital schlagen lassen. Was natürlich auch niemand garantieren kann. Denjenigen, die mit kleinem Geld den großen Coup machen wollen, rate ich eher, eine Serie von Aktien zu kaufen, deren Kurse wegen der hohen Zinsen oder vorübergehender betrieblicher Schwierigkeiten total zusammengebrochen sind. Damit kann man seinen Einsatz ebenso verdoppeln oder verdreifachen wie mit Optionen. Aber mit dem Vorteil, daß die Chancen zeitlich nicht begrenzt sind.

»Sag mal, lieber Kollege«, fragte in alten Zeiten ein jüdischer Börsianer seinen Freund, »woher nehmen die Christen nur das viele Geld, für das sie uns Optionen abkaufen?« Das ist sehr lange her. Seitdem haben die Christen, sogar der Vatikan, diese Masche gelernt.

Am besten um die Ecke denken: Kostolanys Börsenquiz

Haben Sie Talent für die Börse?

Fragen

1. An welches Spiel erinnert die Börse?
a) Schach, ☐
b) Skat, ☐
c) Fußball-Toto, ☐
d) Roulette, ☐
e) Pferderennen. ☐

2. Vor einer Kauf- oder Verkaufsentscheidung ist wichtiger: die Analyse
a) der Wertpapiere, ☐
b) des Marktes. ☐

3. Ich beurteile meine Papiere immer im Verhältnis zum
a) Kaufpreis, ☐
b) Tagespreis. ☐

4. Beim Kauf eines Wertpapiers ist wichtiger
a) die Auswahl, ☐
b) der Zeitpunkt. ☐

5. Entscheidend für die kurzfristige Börsentendenz ist
a) die allgemeine Konjunktur, ☐
b) die Branchenkonjunktur, ☐
c) der Zins, ☐

d) die Psychologie, ☐
e) die technische Verfassung des Marktes. ☐

6. Entscheidend für die mittelfristige Börsentendenz ist
a) die allgemeine Konjunktur, ☐
b) die Branchenkonjunktur, ☐
c) der Zins, ☐
d) die Psychologie, ☐
e) die technische Verfassung des Marktes. ☐

7. Entscheidend für die langfristige Börsentendenz ist
a) die allgemeine Konjunktur, ☐
b) die Branchenkonjunktur, ☐
c) der Zins, ☐
d) die Psychologie, ☐
e) die technische Verfassung des Marktes. ☐

8. Ich verkaufe ein Wertpapier
a) auch mit einem kleinen Gewinn, ☐
b) nur mit großem Gewinn, ☐
c) unabhängig davon, ob ich Gewinn oder Verlust mache. ☐

9. Ich kaufe ein Wertpapier, wenn
a) es steigt, ☐
b) es fällt, ☐
c) aus ganz anderen Gründen. ☐

10. Ich würde ein Wertpapier, das ich tief verkauft habe, hoch zurückkaufen
a) ja, ☐
b) nein. ☐

11. Ich würde auch Aktien von Firmen, die fast pleite sind, ebenso wie notleidende Anleihen kaufen
a) ja, ☐

b) nein. ☐

12. Wenn Kurse bei kleinem Umsatz gestiegen sind, so ist das für den Markt
a) günstig, ☐
b) ungünstig. ☐

13. Wenn der Markt trotz guter Nachrichten nicht sofort steigt, werde ich schnell die Gelegenheit nutzen, eher
a) zu kaufen, ☐
b) zu verkaufen. ☐

14. Bei einer Kapitalanlage ist wichtiger
a) Taktik, ☐
b) Strategie. ☐

15. Wofür haben Charts Bedeutung?
a) für langfristige Tendenz, ☐
b) für kurzfristige Tendenz, ☐
c) weder-noch. ☐

16. Der Gedankengang eines Börsianers ähnelt am meisten dem eines
a) Ingenieurs, ☐
b) Kaufmanns, ☐
c) Anwalts, ☐
d) Betriebswirts, ☐
e) Arztes, ☐
f) Politikers. ☐

17. Die zwei besten Eigenschaften eines Börsianers sind:
a) Scharfsinn, ☐
b) Intuition, ☐
c) Elastizität, ☐
d) Nüchternheit, ☐

e) Phantasie, ☐
f) Aggressivität. ☐

18. Die zwei schlechtesten Eigenschaften eines Börsianers sind:
a) Eigensinn, ☐
b) Unentschlossenheit, ☐
c) Übermut, ☐
d) Ungeduld, ☐
e) Pedanterie, ☐
f) Emotionalität. ☐

19. Was ist für einen Börsianer am gefährlichsten?
a) objektive Übernahme von Informationen, ☐
b) falsche Informationen, ☐
c) falsche Interpretation falscher Informationen, ☐
d) falsche Interpretation richtiger Informationen. ☐

20. Worin liegt der Unterschied zwischen Börsenspiel und Spekulation?
a) in der Qualität der Wertpapiere, ☐
b) in der Zeitersparnis, ☐
c) in der relativen Höhe des Betrags, ☐
d) in der Art der Überlegung. ☐

21. Kann die Börse nach allgemeinen Steuererhöhungen steigen?
a) ja, ☐
b) nein. ☐

22. Können Aktien in einer Rezession steigen?
a) ja, ☐
b) nein. ☐

23. Ein Papier, das die größten Firmen einstimmig empfehlen, werde ich

a) kaufen, ☐
b) prüfen, ☐
c) eher verkaufen, ☐
d) nicht kaufen. ☐

24. Welche Bedeutung messe ich auf kurze Sicht den Transaktionen der Geldmanager großer Institutionen bei?

a) große, ☐
b) geringe, ☐
c) keine. ☐

25. Von den Empfehlungen eines Insiders über die Aktien seiner Firma halte ich

a) viel, ☐
b) wenig, ☐
c) nichts. ☐

26. Welche Bedeutung messe ich der Meinung eines alten erfahrenen, aber erfolglosen Börsianers bei?

a) große, ☐
b) geringe, ☐
c) keine. ☐

27. Die nationale Politik beeinflußt die Börse

a) wenig, ☐
b) stark, ☐
c) überhaupt nicht. ☐

28. Wenn ich einen Entschluß gefaßt habe, dann

a) handle ich sofort, ☐
b) überlege ich noch einmal. ☐

29. Die internationale Politik beeinflußt die Börse
a) wenig, ☐
b) stark, ☐
c) überhaupt nicht. ☐

30. Kann man verlorenes Geld zurückgewinnen?
a) niemals, ☐
b) manchmal. ☐

31. Diejenigen Spekulanten, die immer beim tiefsten Kurs kaufen und beim höchsten verkaufen, sind
a) die bestinformierten, ☐
b) die erfahrenen alten Profis, ☐
c) Lügner, ☐
d) Glückspilze. ☐

32. Ich studiere das Kursblatt
a) täglich, ☐
b) wochentlich, ☐
c) monatlich. ☐

33. Spekulation und Anlage unterscheiden sich durch die
a) Qualität der Wertpapiere, ☐
b) Zeitspanne, ☐
c) relative Höhe des Betrags (gemessen am Vermögen), ☐
d) Art der Überlegung. ☐

34. Ist es wichtig, vergangene Ereignisse zu analysieren?
a) ja, ☐
b) ein wenig, ☐
c) nein. ☐

35. Wann darf ein Spekulant Kasse machen?
a) nach jeder Transaktion, ☐
b) monatlich, ☐

c) jährlich, ☐
d) niemals. ☐

36. Wenn alle Symptome für eine Wende nach einem Börsenkrach sprechen, dann kaufe ich Aktien, die
a) sich behauptet haben, ☐
b) wenig gefallen sind, ☐
c) stärker gefallen sind, ☐
d) zusammengebrochen sind. ☐

37. Der größte Computerhersteller der Welt, IBM, klagt gegen Control Data wegen Monopolismus. Das spricht für
a) IBM, ☐
b) Control Data, ☐
c) keinen von beiden. ☐

38. Unter den Firmen, die am Ölboom in der Nordsee partizipieren werden, bevorzuge ich
a) die großen internationalen Ölkonzerne, ☐
b) solche, die ausschließlich in der Nordsee engagiert sind. ☐

Auswertung

1. Der Börsianer muß seine Kombinationen und Entscheidungen an die sich ständig ändernde Situation anpassen, wie der Kartenspieler sein Spiel an die Karten, die er erhält. Die Ereignisse können für den Börsianer günstig oder ungünstig sein wie die Kartenverteilung für den Spieler. Ein guter Börsianer zieht sich wie ein guter Kartenspieler aus der Affäre: Mit guten Karten gewinnt er viel, mit schlechten Karten verliert er wenig.

a) Schach	0 Punkte	
b) Skat	3 Punkte	
c) Fußball-Toto	1 Punkt	
d) Roulette	0 Punkte	
e) Pferderennen	2 Punkte	□

2. Die allgemeine Börsentendenz ist ausschlaggebend für alle Papiere. Die beste Aktie kann bei einer Talfahrt der gesamten Börse nicht steigen (oder nur schwer). Dagegen reißt eine allgemeine Euphorie die schlechten Aktien auch mit in die Höhe, manchmal sogar mehr als die guten.

a) Wertpapier	1 Punkt	
b) Markt	3 Punkte	□

3. Was die Aktie einmal gekostet hat, gehört der Vergangenheit an und hilft nicht mehr, die künftige Entwicklung zu beurteilen.

a) Kaufpreis	0 Punkte	
b) Tagespreis	3 Punkte	□

4. Mit richtigen Papieren können Sie Geld verlieren, wenn Sie zur falschen Zeit ein- oder ausgestiegen sind, und mit falschen Papieren können Sie gewinnen, wenn Sie zur rechten Zeit ein- oder aussteigen.

a) Auswahl	1 Punkt	
b) Zeitpunkt	3 Punkte	□

5. Auf kurze Sicht hat die Wirtschaftslage gar keinen Einfluß auf die Kurse, auf Zins und Branchenkonjunktur auch nur insofern, als einige Spekulanten daraus für spätere Termine Schlüsse ziehen. Merke: Die Kurse steigen, wenn die Käufer stärker unter Druck stehen als die Verkäufer – und umgekehrt. Die Psychologie und die technische Verfassung des Marktes beeinflussen Käufe und Verkäufe am unmittelbarsten und fast hemmungslos.

a) Allgemeine Konjunktur	0 Punkte
b) Branchenkonjunktur	1 Punkt
c) Zins	1 Punkt
d) Psychologie	3 Punkte
e) Techn. Verfassung des Marktes	3 Punkte ☐

6. Der Zins, also die Liquidität auf dem Kapitalmarkt, entscheidet, ob Nachfrage oder Angebot stärker sein wird. Der Zins hat einen direkten Einfluß auf den Anleihemarkt: Wenn die Rendite der Anleihen kleiner wird, kommen mehr flüssige Mittel zur Börse. Aber diese Zinswirkung auf die Börse macht sich erst nach einer gewissen Zeit bemerkbar: mittelfristig.

a) Allgemeine Konjunktur	0 Punkte
b) Branchenkonjunktur	1 Punkt
c) Zins	3 Punkte
d) Psychologie	2 Punkte
e) Techn. Verfassung des Marktes	2 Punkte ☐

7. Die Psychologie ist auf lange Sicht wertlos. Wer will heute die Ängste, Hoffnungen und Vorurteile von übermorgen voraussehen? Die allgemeine Konjunktur und besonders die Branchenkonjunktur entscheiden über Qualität und künftige Rendite der Aktien. Wer die Entwicklung einer Branche auf mehrere Jahre voraussehen kann, kann davon viel profitieren.

a) Allgemeine Konjunktur	2 Punkte
b) Branchenkonjunktur	3 Punkte
c) Zins	1 Punkt
d) Psychologie	0 Punkte

e) Techn. Verfassung des Marktes 1 Punkt ☐

8. Der Entschluß, ob man ein Wertpapier verkaufen soll oder nicht, ist vom (vergangenen) Kaufpreis vollkommen unabhängig, sondern hängt von der (künftigen) Entwicklung ab. Man muß ein absolut objektives Urteil fällen.

a) Auch mit kleinem Gewinn 0 Punkte
b) Nur mit großem Gewinn 0 Punkte
c) Unabhängig von Gewinn oder Verlust 3 Punkte ☐

9. Ob ein Wertpapier gefallen oder gestiegen ist, sagt nichts über die Zukunft. Für den Kauf müssen Sie andere Gründe haben.

a) Wenn es steigt 0 Punkte
b) Wenn es fällt 0 Punkte
c) Aus ganz anderen Gründen 3 Punkte ☐

10. Ihr Urteil muß objektiv sein, unabhängig von Ihren vergangenen Transaktionen.

a) Ja 3 Punkte
b) Nein 0 Punkte ☐

11. Die Aktienkurse einer fast bankrotten Firma spiegeln schon deren schlechte Situation wider, sind also sehr tief. Wenn die Pleite ausbleibt, schnellt der Kurs in die Höhe. Der Unterschied zwischen »fast pleite« und »saniert« ist größer als der zwischen »fast pleite« und »pleite«. Das Entsprechende gilt auch für notleidende Anleihen.

a) Ja 3 Punkte
b) Nein 0 Punkte ☐

12. Bei kleineren Umsätzen bleiben die Papiere bei denjenigen, die sie in der Baisse gekauft haben, in festeren Händen. Denn diese Käufer sind wahrscheinlich kapitalkräftiger als diejenigen, die nur bei steigenden Kursen kaufen. Wenn umgekehrt bei

steigenden Preisen der Umsatz groß wird, so können Sie daraus schließen, daß die Papiere von kapitalkräftigen Händen in kapitalschwächere Hände übergehen – und das ist wiederum ungünstig für den Markt.

a) Günstig 3 Punkte
b) Ungünstig 0 Punkte ☐

13. Schlagen Sie schnell alles los, denn die Börse wird ihre Gründe haben, wenn die Kurse nicht steigen.

a) Kaufen 0 Punkte
b) Verkaufen 3 Punkte ☐

14. Wenn Sie Wertpapiere als langfristige Kapitalanlage kaufen, ist es gleichgültig, ob sie heute, morgen oder übermorgen etwas billiger oder teurer zu haben sind.

a) Taktik 0 Punkte
b) Strategie 2 Punkte ☐

15. Langfristig – wie Börsianer mit jahrzehntelanger Erfahrung bestätigen. Warten Sie ab.

a) Für langfristige Tendenz 2 Punkte
b) Kurzfristige Tendenz 0 Punkte
c) Weder-noch 0 Punkte ☐

16. Genau wie ein Börsianer muß der Arzt zuerst eine Prognose stellen. Aus ihr ergeben sich alle weiteren Überlegungen. Arzt und Börsianer tasten also erst einmal die Lage ab, bevor sie ihre endgültigen Entschlüsse fassen. Und auch danach müssen sie ihre Entscheidungen sofort wieder ändern, wenn sie merken, daß sie in eine falsche Richtung führen. Der Gedankengang eines Ingenieurs oder Betriebswirts ist genau entgegengesetzter Art: Er ist rein mathematisch. Sie dürfen sich unter keinen Umständen von Intuition leiten lassen.

a) Ingenieur 0 Punkte
b) Kaufmann 1 Punkt

c) Anwalt 2 Punkte
d) Betriebswirt 0 Punkte
e) Arzt 3 Punkte
f) Politiker 1 Punkt □

17. Intuition ist nichts anderes als unterbewußte Logik, gemischt mit Phantasie. Sich allein auf Phantasie zu verlassen wäre zu gefährlich. Elastizität ist ebenfalls wichtig, denn der Börsianer muß es sich sofort eingestehen, wenn er irrt. Nur der Ochs ist konsequent, der immer vom gleichen Heu frißt (behauptete Bismarck).
a) Scharfsinn 2 Punkte
b) Intuition 3 Punkte
c) Elastizität 3 Punkte
d) Nüchternheit 1 Punkt
e) Phantasie 2 Punkte
f) Aggressivität 0 Punkte □

18. Genau wie Elastizität die beste Eigenschaft ist, so sind Eigensinn und Unentschlossenheit die schlechtesten. Sie brachten vielen Börsianern schon oft große Verluste.
a) Eigensinn 3 Punkte
b) Unentschlossenheit 3 Punkte
c) Übermut 0 Punkte
d) Ungeduld 2 Punkte
e) Pedanterie 0 Punkte
f) Emotionalität 2 Punkte □

19. Falsche Informationen sind weniger gefährlich als die falsche Interpretation einer richtigen Information. Falsch informierte Börsianer bleiben in ihrer Überlegung kritisch. Die falsche Interpretation einer richtigen Information ist das Resultat einer falschen Überlegung, und es ist die Überlegung, die entscheidet. Falsche Interpretation einer falschen Information kann dagegen zu einem guten Ergebnis führen.

a) Objektive Übernahme von Informationen | 1 Punkt
b) Falsche Informationen | 2 Punkte
c) Falsche Interpretation falscher Informationen | 0 Punkte
d) Falsche Interpretation richtiger Informationen | 3 Punkte ☐

20. Der Spekulant kauft oder verkauft nach seinem objektiven Urteil. Er glaubt, daß aus diesem oder jenem Grund sein Papier steigt oder fällt. Der Spieler dagegen verkauft seine Papiere, weil er einen Gewinn kassieren will. Ob das Papier noch eine Chance hätte, weiter zu steigen, überlegt er nicht. Er sieht nur Gewinn oder Verlust.

a) Qualität der Wertpapiere 0 Punkte
b) Zeit sparen 0 Punkte
c) Relative Höhe des Betrags 0 Punkte
d) In der Art der Überlegung 3 Punkte ☐

21. Wenn die Regierung die Steuern erhöht, kann sie auf dem Geldmarkt liberaler handeln. Niedrigere Zinsen schaffen mehr Liquidität, sind also günstig für die Börse.

a) Ja 3 Punkte
b) Nein 0 Punkte ☐

22. Ja; ein Beweis dafür war die Börsenentwicklung der späten siebziger Jahre. Die Arbeitslosigkeit stieg, und die Börse erholte sich trotzdem. Vielleicht gerade deswegen, denn die Regierung hat damals zwar wenig, aber doch etwas Gas gegeben.

a) Ja 3 Punkte
b) Nein 0 Punkte ☐

23. Vorsicht – eine Finanzgruppe will ein bestimmtes Papier loswerden.

a) Kaufen 0 Punkte

b) Prüfen 1 Punkt
c) Eher verkaufen 1 Punkt
d) Nicht kaufen 3 Punkte ☐

24. Diese Geldmanager handeln mit solch großen Mengen, daß sie mit ihren Transaktionen die Kurse aber nur auf kurze Sicht stark beeinflussen können.
a) Große 2 Punkte
b) Geringe 0 Punkte
c) Keine 0 Punkte ☐

25. Die Insider kennen zwar ihre eigene Gesellschaft, aber die Entwicklung auf dem Kapitalmarkt hat damit nichts zu tun. Auch sind sie nur selten aufrichtig. Nach der Erfahrung müßte man fast immer das Gegenteil von dem machen, was ein Insider empfiehlt.
a) Viel 0 Punkte
b) Wenig 0 Punkte
c) Nichts 3 Punkte ☐

26. Der Erfolg ist kein Maßstab für die Intelligenz und Fachkenntnis eines Profis. Er kann die Börsentendenz und die Chancen gewisser Wertpapiere besonders gut beurteilen. Für sich jedoch konnte er davon nicht profitieren, weil er unentschlossen, ängstlich, nervös oder ungeduldig war und in seine eigene Meinung kein Vertrauen hatte.
a) Große 2 Punkte
b) Geringe 0 Punkte
c) Keine 0 Punkte ☐

27. Zins- und Steuerpolitik liegen in den Händen der Regierung. Die politischen Strömungen (rechts oder links) beeinflussen die Psychologie der Anleger und die Zukunft der Unternehmungen.
a) Wenig 0 Punkte
b) Stark 3 Punkte

c) Überhaupt nicht 0 Punkte ☐

28. Die Erfahrung lehrt: Der spontane Entschluß ist oft der beste.

a) Handle sofort 3 Punkte

b) Überlege noch einmal 0 Punkte ☐

29. Die Weltlage (Spannung oder Entspannung) beeinflußt die Psychologie des Publikums. Internationale Entwicklungen beeinflussen ganze Branchen, nationale Zahlungsbilanzen, Handelsverträge und so fort.

a) Wenig 0 Punkte

b) Stark 3 Punkte

c) Überhaupt nicht 0 Punkte ☐

30. Was verloren ist, ist verloren. Neue Geschäfte können neue Gewinne bringen, aber sie haben nichts mehr mit der Vergangenheit zu tun.

a) Niemals 3 Punkte

b) Manchmal 0 Punkte ☐

31. Nicht einmal die Glückspilze können immer am höchsten verkaufen und am tiefsten kaufen.

a) Die bestinformierten 0 Punkte

b) Die erfahrenen alten Profis 0 Punkte

c) Lügner 3 Punkte ☐

32. Sie müssen schon informiert sein, aber die Tagesschwankungen der Kurse zu verfolgen schadet der Überlegung. Sie können den kaltblütigsten Spekulanten nervös machen.

a) Täglich 1 Punkt

b) Wöchentlich 3 Punkte

c) Monatlich 2 Punkte ☐

33. Ein sogenanntes hochspekulatives Papier kann für einen reichen Anleger, der nur wenig darin investiert, als Anlage mit kalkuliertem Risiko gelten. Dagegen ist es eine halsbrecherische Spekulation, wenn sich ein kleiner Sparer hoch verschuldet, um mündelsichere Papiere zu kaufen.

a) Qualität der Wertpapiere	2 Punkte	
b) Zeitspanne	0 Punkte	
c) Relative Höhe des Betrags	3 Punkte	
d) Art der Überlegung	0 Punkte	□

34. Wenn man schon die kommenden Ereignisse nicht voraussehen kann, soll man wenigstens die vergangenen richtig verstehen. Das bereichert die Erfahrung und erleichtert künftige Überlegungen.

a) Ja	3 Punkte	
b) Ein wenig	0 Punkte	
c) Nein	0 Punkte	□

35. Solange Sie an der Börse operieren, ist das gewonnene Geld nur geliehenes Geld, und die Börse ist ein arger Wucherer. Oft müssen Sie das geliehene Geld mit sehr hohen Zinsen zurückzahlen. Ein Spekulant darf also niemals Kasse machen.

a) Nach jeder Transaktion	0 Punkte	
b) Monatlich	0 Punkte	
c) Jährlich	0 Punkte	
d) Niemals	3 Punkte	□

36. Daß sich die stabilen Werte behaupten konnten, wird gute Gründe haben, die wir nicht kennen. Die völlig zusammengebrochenen Werte waren wahrscheinlich fast pleite; diese können Sie auch kaufen.

a) Die sich behauptet haben	3 Punkte	
b) Die wenig gefallen sind	0 Punkte	
c) Die stärker gefallen sind	0 Punkte	
d) Die zusammengebrochen sind	2 Punkte	□

37. Wenn eine Mammutgesellschaft eine viel kleinere anklagen muß, so ist das für die kleinere ein Kompliment. Sie wird bestimmt große Qualitäten haben.

a) IBM 0 Punkte
b) Control Data 1 Punkt
c) Keinen von beiden 0 Punkte ☐

38. Für die großen Gesellschaften spielen die Nordseebohrungen nur eine kleine Rolle.

a) Internationale Ölkonzerne 0 Punkte
b) Solche, die ausschließlich in der Nordsee engagiert sind 1 Punkt ☐

Summe der Punkte ☐☐

Mein Urteil

Über 85 Punkte: Profi
Sie haben an der Börse schon viel mitgemacht und wissen über alle Tricks und Fallen Bescheid; aber nicht nur das: Sie haben auch Ihre Erfolge und Mißerfolge sorgfältig analysiert und daraus die richtigen Schlüsse gezogen. Sie werden also – zum Beispiel – nicht überrascht sein, wenn die Börsenkurse sich nicht nach den wirtschaftlichen Ereignissen richten (was sie nach der naiven Ansicht der Außenseiter stets tun sollten).

61 bis 85 Punkte: Fortgeschrittener
Sie verstehen die Zusammenhänge und können die Ereignisse und Tendenzen richtig beurteilen, aber Ihnen fehlt es an Erfahrung. Sie haben vielleicht schon große Erfolge errungen, aber noch nicht genügend Mißerfolge einstecken müssen, um bei Überraschungen nicht die Nerven zu verlieren. Bevor Sie ein Profi werden, müssen Sie noch einige Feuerproben bestehen und dabei Verluste verschmerzen.

26 bis 60 Punkte: Hoffnungsvoller Anfänger
Ihre Ansichten über die Geschehnisse verraten noch eine zu große Unbefangenheit. Nach Ihren Enttäuschungen wissen Sie nicht, über welche Hürden Sie gestolpert sind. Ein Anfänger sieht noch nicht ein, daß zwar am Schluß immer die Logik triumphiert, aber die Börse ihre eigene Logik hat. Darum schimpfen Sie nicht über die Börsianer, wenn es anders kommt, als Sie denken, sondern lernen Sie dazu. Vielleicht winkt Ihnen bald ein guter Gewinn.

25 Punkte oder weniger: Außenseiter
Sie haben völlig falsche Vorstellungen von dem, was an der Börse los ist. Sie denken zu sachlich, zu mathematisch-geradeheraus und lassen sich zuwenig von der Phantasie führen. Die Finanzspekulation ist schließlich keine Wissenschaft, sondern

eine Kunst. Wenn Ihnen aber das Talent zum Börsenkünstler fehlt, ist Ihnen mit einfacheren Geldanlagen, Rentenpapieren oder Sparbüchern beispielsweise, besser gedient. Oder Sie beginnen, auch um die Ecke zu denken.

Die Spekulation auf Kredit

Meine ganz persönlichen Erfahrungen

Oft werde ich gefragt, ob man Papiere auf Kredit kaufen kann oder soll? Meine Antwort darauf ist unwiderruflich: Nur derjenige darf Papiere auf Kredit kaufen, der über noch andere, viel größere Vermögensposten verfügt als der Betrag, den er schuldet. Ich bin fast geneigt zu sagen, daß man Aktien unter keinen Umständen auf Kredit kaufen soll, es sei denn, man wäre ein waghalsiger Hasardeur. Natürlich ist es auch eine Frage der Proportion und der Qualität der Papiere; wenn man für 100 000 DM festverzinsliche Wertpapiere kauft und darauf 20 000 DM schuldig bleibt, ist das keine Katastrophe. Oder wenn einer bei einem Wert von 300 000 DM an Wertpapieren 100 000 DM schuldig bleibt, aber zur gleichen Zeit über eine Million in Immobilien verfügt, ist dies keine Sünde. Doch jeder Fall muß einzeln geprüft werden.

Um zu beweisen, wie gefährlich, schädlich und sogar dramatisch es sein kann, Papiere auf Kredit zu kaufen, und welche Stärke es dem Spekulanten dagegen gibt, keine Schulden zu haben, möchte ich von meinen vielen Erfahrungen ein paar besonders markante Fälle zitieren.

Mitte der fünfziger Jahre war an der New Yorker Börse eine günstige Börsenentwicklung, und die neuen revolutionären Industrien wie Elektronikunternehmen schienen besonders phantasiereich und zukunftsträchtig. Ich kaufte also mit meinen letzten Dollars Elektronik- und verwandte Aktien, und als ich schon alles investiert hatte, kaufte ich noch weiter auf Schulden. Meine Kreditmöglichkeiten nutzte ich maximal aus.

Der amerikanische Präsident hieß Dwight D. Eisenhower, der zwar Kriegsheld, aber ansonsten kein Genie war. Sein Image in den Augen der amerikanischen Bevölkerung war makellos (obwohl viel gemunkelt wurde, daß er mit Marlene Dietrich ein Liebesverhältnis habe). Das Vertrauen des amerikanischen Volkes zu seinem Präsidenten ist eines der wichtigsten Elemente für eine günstige Atmosphäre in Wall Street. Wir standen etwa ein Jahr vor den nächsten Präsidentenwahlen, und man nahm mit 100prozentiger Sicherheit an, daß General Eisenhower wiedergewählt werden würde. Ganz Wall Street baute darauf. Warum sollte man seine triumphale Wiederwahl auch an der Börse nicht vorwegnehmen. Alle waren dieser Meinung und ich auch.

Und da geschah das so gefährliche Unerwartete: 1955 erlitt Präsident Eisenhower eine Herzattacke. Am nächsten Tag fielen an der New Yorker Börse alle Aktien spektakulär um 10 bis 20 Prozent in die Tiefe. Da ich auf meinen Papieren Schulden hatte, mußte ich schnell einen großen Teil der Aktien abstoßen. Dies war sehr schmerzhaft, aber ein »Muß«, bevor die Broker noch weitere Garantien gefordert hätten.

Der Krach kam, weil das Publikum die Hoffnung aufgegeben hatte, daß Eisenhower wiedergewählt werden könnte. Wie ohne Eisenhower die Wahlen ausfallen würden, war eine große Frage, und Fragezeichen sind an der Börse immer ein störendes Element. Weder das Publikum noch die zittrigen Spieler haben genug Nerven, um bei einem unerwarteten Ereignis den Problemen fest ins Auge zu schauen, auch für den Fall, daß es ein gutes Ereignis ist. Abgesehen davon können die meisten gar nicht beurteilen, was für die Börse gut oder schlecht ist.

In einem solchen Fall wollen alle Zittrigen, aber auch alle, die auf ihren Depots Schulden haben, so schnell wie möglich verkaufen – die letzteren sind sogar dazu gezwungen. Der Krach der ersten Stunde kann dann eine Kettenreaktion nach unten auslösen.

Nach einigen Tagen besserte sich der Gesundheitszustand Eisenhowers. Die Hoffnung kam wieder auf, daß er für eine

Wiederwahl kandidieren könnte, die Börse beruhigte sich, und auch die Kurse fingen wieder an zu steigen und stiegen noch viel höher, als sie vor dem unglücklichen Ereignis gestanden hatten. In den kommenden Jahren erreichten die Kurse spektakuläre Gewinne, manchmal sogar das Zehnfache, aber für mich leider zu spät.

Wie man so eine Situation überstehen kann, wenn man ohne Schulden ist, soll das folgende Erlebnis vor Augen führen. Es war der Februar 1962. Ich war wieder einmal vollgestopft, diesmal mit französischen Aktien an der Pariser Börse. Aber diesmal war alles voll bezahlt, ich schuldete nicht einen Knopf. Es war während des französischen Krieges in Algerien. General de Gaulle, der damalige Präsident von Frankreich, wollte eigentlich Algerien loswerden, mußte aber in seiner Politik hin und her lavieren wegen der öffentlichen Meinung, die in der Algerienfrage sehr gespalten war. Und da geschah wieder das große Unerwartete (ich nenne es das große I – für Imponderabilien): der Aufstand von vier französischen Generälen in Algier gegen die Regierung, das heißt gegen General de Gaulle. Es war ein für das französische Publikum erschütterndes Ereignis, vielleicht das größte Ereignis in Frankreich seit dem Ende des Krieges. Die Generäle fürchteten de Gaulles Absicht, Algier zu befreien, was sie unter keinen Umständen akzeptieren wollten. Am Abend herrschte in Paris eine ausgesprochene Panikstimmung.

Den nächsten Tag ging ich nicht zur Börse, ich wollte meine Nerven schonen und nicht zusehen, wie meine Papiere in die Tiefe purzeln könnten.

Anstatt zur Börse ging ich in mein Lieblingsrestaurant »Chez Louis« (ein international bekanntes tschechisches Beisl), damals Treffpunkt von bekannten Film-, Fernseh- und Presseleuten, und studierte dort die Speisekarte, ohne an die Börse zu denken.

Da kam zufällig ein Börsenkollege ins Lokal und berichtete mir mit Entsetzen, was für ein Krach – ein wahrhaftiges Blutbad – an der Börse stattgefunden hatte, genauso, wie es manchmal in Börsenromanen beschrieben wird.

»Soooo?« war meine Antwort, und ich genoß in aller Ruhe meinen Lunch.

Ich war ja überzeugt davon, daß de Gaulle bei diesem Machtkampf als Sieger hervorgehen würde.

Für mich war es also, was die Börse anbelangte, nur ein Tagesereignis, das mit der Zeit bald in Vergessenheit geraten würde. Wäre ich zur Börse gegangen, so hätte ich mich mit Sicherheit ausverkauft. Den Luxus, an einem solchen Tag nicht zur Börse zu gehen, konnte ich mir gerade dadurch erlauben, weil ich keine Schulden hatte. Diese bösen Börsenstunden habe ich also in einem guten Restaurant verbracht. Eine Stunde nach Börsenschluß erfuhr ich dann, daß die Börse sich gedreht hatte und daß man die Hälfte der Kursverluste schon wieder aufgeholt hatte.

Abends hielt de Gaulle dann wieder eine seiner berühmten Fernsehansprachen. Er appellierte an sein geliebtes Frankreich (»Ma chère vieille France«), und in diesem Augenblick stand das ganze französische Volk hinter ihm. Das »Quarteron« (ein Wort, von General de Gaulle geprägt aus dem Satz »quatre generaux felons«), also die vier untreuen Generäle, gaben auf, und alles war vergessen – nicht nur in der politischen Situation, sondern auch an der Börse. Der Krach stellte sich als eine Eintagsfliege heraus, und dank meiner sicheren Position, ein unbelastetes Wertpapierdepot zu besitzen, war ich gegenüber der Panikstimmung immun geblieben.

Hätte ich Schulden gehabt, wäre meine ganze Logik pervertiert gewesen; denn mein Kopf hätte wegen der Angst aufgrund der Schulden anders reagiert. Anstatt mir in aller Ruhe auszudenken, wie wohl die Reaktionen de Gaulles und des ganzen französischen Volkes sein würden, hätte ich mich trotz meiner Prinzipien vor der Panik mitreißen lassen, und der Schaden wäre groß gewesen.

Deshalb mein Postulat: Ich ziehe vor, ein kleineres Quantum an bezahlten Aktien einer hochverschuldeten Gesellschaft zu besitzen als ein großes Quantum an erstklassigen Papieren eines angesehenen Unternehmens – aber auf Schulden gekauft. Mit einem kleinen Quantum an vollbezahlten Papieren kann man die Aufwärtsbewegung lange abwarten, während man mit großen Quantitäten auf Kredit gekaufter Papiere schon bei kleinen Gewinnen geneigt ist zu verkaufen.

Einer meiner Kollegen und ich kauften einmal aufgrund einer gemeinsamen Idee dasselbe Papier, ich einhundert voll bezahlt, er eintausend auf Kredit. Ich blieb zwei Jahre lang ruhig auf dem Papier sitzen und konnte einen Kursgewinn von 200 Prozent einstecken. Mein Kollege begnügte sich schnell mit einem kleinen Gewinn, da er ja wegen seiner Schulden sehr vorsichtig sein mußte.

Zwar kann man ohne Risiko an der Börse keine Profite machen, aber wenn man auf eine festere Tendenz der Börse – statt erstklassige Aktien auf Kredit – spekuliert (Liquidität + Psychologie + Wirtschaft), soll man Aktien der stark verschuldeten Unternehmen kaufen, die durch eine schlechte Wirtschaftslage und vorherige hohe Zinsen in eine kritische Lage geraten sind, und diese Papiere aber voll bezahlen. An zweiter Stelle sollte man noch eher Optionen kaufen, aber immer mit dem Gedanken, daß das ganze Geld, das man in die Optionen steckt, total verlorengehen könnte.

Zugegeben, eine Spekulation auf Kredit kann auch gutgehen: Ich schrieb an anderer Stelle, daß ich nach dem Zweiten Weltkrieg und der großen deutschen Schuldenregelung einen spektakulären Gewinn mit der Aufwärtsbewegung der deutschen Auslandsanleihen gemacht habe.

Mein ganzes Geld war in dieser Spekulation investiert, und ich habe darauf noch die maximalen Kredite in Anspruch genommen, die ich mir bei Schweizer Banken besorgen konnte (weder in den USA noch in der BRD hätte man auf diese Anleihen Kredite eingeräumt).

Da die ganze Spekulation auf Deutschlands Zukunft basierte, war sie – ganz klar – mit Adenauers persönlichem Image verbunden. Er wollte unbedingt – koste es, was es wolle – das

Abkommen durch den Bundestag ratifizieren. Die SPD bot einen großen Widerstand, aber man konnte es als sicher betrachten, daß Adenauer seinen Plan, die Anerkennung des Londoner Abkommens, durchboxen würde. Adenauers Person spielte in dieser Spekulation die größte Rolle, und so war auch damit eine gewisse Gefahr verbunden.

In einer so sensiblen, total politisierten Angelegenheit können Imponderabilien einen Strich durch die Rechnung machen: eine unerwartete Mitteilung über Adenauers Gesundheitszustand, geschweige denn eine Gefahr für sein Leben.

Ich mußte damals auf einige Zeit nach Amerika und war sehr besorgt um meine deutschen Anleihen, die mit schweren Schulden belastet waren. Was alles könnte mit meinen deutschen Anleihen geschehen, wenn man eines Morgens eine dramatische – vielleicht sogar eine fatale – Nachricht über Adenauer melden würde? Wahrscheinlich ein Krach in allen diesen Papieren. In einem solchen Fall hätte ich sofort meinen ganzen Bestand liquidieren müssen, und zwar hauptsächlich wegen der Schulden! Morgens aber, wenn man in Europa Nachrichten hört, ist es in New York noch tiefe Nacht, und die Stunde, in der man die entscheidende Nachricht erfahren kann, ist vielleicht schon zu spät.

Meine Absicht war also, den Banken einen Auftrag zu hinterlassen, daß in dem Falle einer derartigen Nachricht mein ganzes deutsches Depot verkauft werden solle.

Keine der Banken war aber bereit, einen Auftrag dieser Art anzunehmen, mit der Begründung, daß sie die Verantwortung nicht übernehmen wollten abzumessen, inwieweit Adenauers Gesundheit gefährdet sei.

Verkaufen wollte ich nicht. Zitternd flog ich nach Amerika und vereinbarte mit den Banken, mich im Falle einer negativen Nachricht (die hoffentlich nicht eintreffen würde) jedenfalls – egal, zu welcher Stunde – wenigstens anzurufen.

Glücklicherweise geschah Adenauer während meiner Abwesenheit nichts Böses, und so konnte ich die Aufwärtsbewegung zwar mit einer gewissen Angst, aber bis zum Ende mitmachen und davon profitieren. Das Zittern konnte ich jedoch nicht vermeiden; denn ich war zwar sicher, daß die deutschen Anleihen auch ohne Adenauer bis zum letzten Pfennig bezahlt würden, aber die Schulden auf meinem Depot, diese gefährlichen Schulden, verursachten mir eine permanente Angst.

Zu meinem Glück war der Erfolg dieser Spekulation mit großen Schulden ganz rasant! Es hätte jedoch auch schiefgehen können, wenn zum Beispiel – ohne Adenauers Gesundheit in Betracht zu ziehen – noch eine andere schlechte Nachricht eingetroffen wäre: Vor der Ratifizierung des Abkommens waren in der Bundesrepublik Bundestagswahlen. Bei einem Gewinn der Sozialisten hätten diese voraussichtlich mit der Anerkennung des Abkommens Schwierigkeiten gemacht, und das hätte für mein Depot vorübergehend fatal sein können.

Liquidiert und ruiniert in einer Stunde

Wie schnell und grausam so eine Liquidation der auf Kredit verpfändeten Wertpapiere vor sich gehen kann, soll das nächste Beispiel zeigen.

In Deutschland trat nach der Stabilisierung der Reichsmark im Jahre 1923 eine lange Verschnaufpause für die deutsche Währung ein, bis die Regierung Brüning-Luther die Devisenzwangsbewirtschaftung einführen mußte.

Aber in der Zwischenzeit gab es doch einen ganz besonders dramatischen Fall für die Devisenhändler, und zwar in Amsterdam. Sie hatten dort in sehr großem Maße Devisentermingeschäfte getätigt. Die Reichsmark war gegen den holländischen Gulden de jure bei einer fixen Parität stabilisiert worden. Natürlich existierte eine kleine Bandbreite, in deren Rahmen die beiden Währungen gegeneinander variieren konnten. Diese Bandbreite betrug ungefähr zwei Prozent. Nehmen wir also an, daß 100 Mark 100 Gulden entsprechen. Die Mark konnte also zwischen 99 und 101 Gulden floaten. Wenn der Markkurs unter 99 zurückging, mußte die Reichsbank eingreifen und Mark kaufen. Im umgekehrten Fall, wenn also der Kurs über 101 Gulden stand, war die niederländische Notenbank gezwungen, Gulden zu kaufen – so wie es heute im Europäischen Währungssystem (EWS) gehandhabt wird.

Diese Bandbreite galt den Devisenhändlern also als »heilig«, da die Mark nach den gesetzlichen Vorschriften nicht unter 99 fallen oder über 101 steigen durfte. Weil aber zwischen den beiden Ländern auf dem Geldmarkt eine vierprozentige Zinsdiskrepanz existierte (in den Niederlanden waren die Zinsen um vier Prozent tiefer als in Deutschland), konnte man in Amsterdam auf dreimonatige Lieferung die Mark für 98 kaufen.

Es war also ein ganz einfaches Geschäft. Man kaufte 100000 Mark auf dreimonatige Lieferung zu 98, obwohl die Mark bei 99 stand (sie bewegte sich nämlich eine ganze Zeitlang auf dem unteren Ende der Skala). Jetzt mußte man die drei Monate ausharren und konnte dann den Betrag im schlechtesten Falle beim unteren Wert, das heißt bei 99 Gulden, verkaufen. Ein Gewinn von mindestens 1000 Gulden lockte. Für dieses Geschäft hatte der Kunde bei seinem Bankier einen Einsatz von nur 3000, maximal 5000 Gulden zu hinterlegen, um ein Geschäft in der nominalen Höhe von 100000 Gulden abzuschließen. Eine Garantie war ja nur theoretisch notwendig, denn nach den Vereinbarungen konnte die Mark ja keinesfalls unter 99 sinken.

Die Devisenkrämer rechneten also folgendermaßen: Mit einem Einsatzkapital von maximal 5000 Gulden erhielten sie alle drei Monate 1000 Gulden Profit. Dies entspricht einer Verzinsung von 20 Prozent in drei Monaten. Nach dem Ablauf dieser Zeit kauften sie erneut mit demselben Abschlag für die kommenden drei Monate. Diese Operation wiederholte sich jedes Quartal. Das bedeutete einen Gewinn von mehr als 80 Prozent pro anno für den als Deckung hinterlassenen Betrag.

War das nicht ein hervorragendes Geschäft? Die »Karpaten« – so nannte man diese Händler, da sie meist aus Osteuropa stammten – betrachteten die bei den Bankiers hinterlegte Garantie als Kapitalanlage und kassierten Abschlagsummen als Rendite. Von den 80 Prozent konnten sie hervorragend leben.

Und dann kam wieder einmal der Blitz aus heiterem Himmel, die Imponderabilie, mit der man immer rechnen muß – was aber nur die wenigsten wirklich tun.

1929/30 fanden im Pariser Hotel George V. die Reparationsverhandlungen zwischen Deutschland und den Siegermächten statt. Die französische Regierung Poincaré trat hart und fordernd auf. Die Franzosen wollten nicht nur aus materiellen Gründen soviel wie möglich kassieren (sie behaupteten ja, daß die französischen Städte die größten Zerstörungen erlitten hätten), sondern auch aus politischen Erwägungen. Frankreich beabsichtigte, Deutschland entscheidend zu schwächen und endgültig politisch zu entmachten.

Die Engländer dagegen waren wesentlich moderater. Ihr Land hatte ja auch keine Kriegsschäden zu verzeichnen, lediglich die Ausgaben waren sehr hoch gewesen. Außerdem war England nicht daran interessiert, Frankreich zu stark werden zu lassen – als einzige kontinentale Großmacht. Die alte Konkurrenz zwischen England und Frankreich lebte wieder einmal auf. Es waren schwierige Verhandlungen und Auseinandersetzungen.

Man erwartete also wieder einmal den letzten Vorschlag Frankreichs für die zu fordernde Reparationssumme, den Betrag, den die französische Regierung unter keinen Umständen unterschreiten würde. Dieser Vorschlag war aber wieder so hart und erpresserisch, daß der englische Schatzkanzler Philip Snowdon (der spätere Lord Snowdon) in einem Wutausbruch auf den Tisch schlug mit dem Ausruf: »Das ist grotesk und lächerlich!« Auf dieses undiplomatische Verhalten hin platzte natürlich die Konferenz. In Amsterdam kam es daraufhin zu einer Panik, die Reichsmark fiel mehrere Punkte unter die festgelegte Bandbreite. Die Reichsmark-Käufer wurden »zwangsexekutiert«, da die hinterlegte Garantiesumme von fünf Prozent aufgezehrt war.

48 Stunden später fand der Markt sein Gleichgewicht wieder, die Reichsmark stand so, wie sie stehen mußte. Aber leider zu spät. Die meisten »Karpaten« verloren ihr ganzes Kapital, da sie ja ihre ganzen Profite von 20 Prozent pro Trimester verlebt hatten. Ich glaube, es gibt wenige Menschen, die sich heute noch an diese Geschichte erinnern. Aber der Ausdruck Lord Snowdons, »grotesk und lächerlich«, ist damals ein geflügeltes Wort geworden, sogar in den Kabaretts.

Ein ähnlicher Unglücksfall passierte auch meinem Freund Lacy Kux, dem vorzüglichen Arbitrageur. Er machte in den fünfziger Jahren große Arbitrage-Transaktionen in englischen

Pfund Sterling mit verschiedenen Ländern. Es gehört zwar aus Vorsichtsgründen zur Routine der Arbitrageure, große Engagements nicht über Nacht offenzulassen und sie noch während des Tages abzuwickeln, doch bei Überseegeschäften ist das nicht immer möglich. So ein offenes Engagement hinterließ er eines Abends, und am nächsten Tag brach der Suez-Krieg zwischen England und Frankreich einerseits und Ägypten andererseits aus. Der Pfundkurs rutschte in den Keller, und die Firma, bei der Lacy Kux damals tätig war, geriet in Zahlungsunfähigkeit.

Inflation als Staatsräson

In der alten k.u.k. Monarchie besuchte Kaiser Franz Joseph manchmal auch die kleineren Städte Ungarns, empfing die Würdenträger und stellte jeweils dieselbe Frage: »Wie war heute die Ernte, Herr Bürgermeister?« Einmal war Bürgermeister Grün an der Reihe und gab folgende Antwort: »Sehr gut, Majestät, aber ohne ein bisserl Wucher könnten wir nicht leben . . .«

Grün müßte heute sagen: ». . . ohne ein bisserl Inflation könnten wir nicht leben.« Und das ist wohl die Wahrheit. Denn ohne maßvolle Inflation würde heute die Wirtschaft der freien Welt ersticken.

Die Weltwirtschaft braucht diese Art Stimulans wie der menschliche Organismus manchmal ein wenig Alkohol, Kaffee oder Nikotin. Warum? Weil die Staaten, die Städte, große und kleine Unternehmer, Baulöwen und Kaufleute alle so in der Kreide stehen, daß sie sich ohne »ein bisserl Inflation« nie von ihren Schulden entlasten könnten.

Diese gigantische Verschuldung mit hoher Zinslast wurde von Anfang an in der Hoffnung eingegangen, daß die Preise weiter steigen würden. Tun sie das nicht mehr, kann die ganze Welt pleite gehen – so wie plötzlich anhaltende Dürre blühende Felder vernichtet. Ob dieses Schuldenmachen richtig war oder nicht, darüber heute zu philosophieren ist zu spät. Es ist nun einmal geschehen, und vielleicht war es anders gar nicht möglich.

Mithin, wenn die Inflation unter Null sinken würde, könnten Millionen Schuldner ihre Verpflichtungen nicht mehr einhalten. Gehen jedoch die Schuldner zugrunde, sind die Gläubiger ebenfalls fertig. Man muß nur ein wenig realistisch denken, alles andere ist pure Heuchelei.

Wenn die Regierungen die Inflation brutal bekämpfen würden, wie es derzeit ausschließlich die Deutsche Bundesbank unter Herrn Schlesinger unternimmt, wären die Folgen verheerend, wie die Geschichte der zwanziger Jahre belegt. Der amerikanische Präsident Herbert Hoover verursachte mit seiner Deflationspolitik den größten wirtschaftlichen Zusammenbruch der Weltgeschichte. In Deutschland brachten Kanzler Heinrich Brüning und sein Reichsbankpräsident Hans Luther über restriktive Finanzpolitik gar Adolf Hitler an die Macht.

Nach dem Kriege schuf Präsident Dwight D. Eisenhower erstmals wieder Rezession und Arbeitslosigkeit. Die vermeintliche Stabilitätspolitik des Premiers Edward Heath ließ in England die Labour Party siegen, und Raymond Barre stellte mit seinen Sparplänen die Weichen für die Machtübernahme der Marxisten in Frankreich.

Kurz, die Inflation ist ein großes Übel, aber noch immer ein kleineres Übel als die Deflationspolitik, die zum Schluß zum Staatskapitalismus führen muß, was mit Sozialismus gleichbedeutend wäre.

Schlimm und gefährlich ist jedoch auch die Inflationspsychose der Geschäftsleute und die Hysterie des Publikums. Die Panikstimmung, die das Publikum jedesmal während einer Inflation ergreift, erinnert mich immer an das Verhalten der Bienen, wenn man ihren Korb zerstört. Die Biene gilt ja auch als Symbol des Sparens. Wenn der Bienenkorb, in dem sie ihre Ersparnisse aufbewahrt haben, zerschlagen wird, werden die Bienen hysterisch. Sie sausen herum wie verrückt und stechen dann nicht nur die Menschen, sondern bereiten auch ihren eigenen Tod dadurch vor.

Genauso sind die Sparer. Von der Angst ergriffen, daß ihre Ersparnisse verlorengehen könnten, irren sie herum und suchen Rettung. Sie kaufen alles, was man ihnen anbietet. An jeder Straßenecke lauert ein gewissenloser Geschäftemacher, der sichere Mittel zur Überlistung der Inflation anbietet. Diese Geschäftemacher, oft unerfahrene Anlageberater, empfehlen dem Sparer nicht diejenigen Sparmedien, die ihnen gemäß sind, sondern locken sie in Anlageformen, mit denen sie selbst den größten Profit machen können.

Und was ist dann das Ende der Geschichte? Wie Molière sagt: »Die Kranken sterben nicht an ihrer Krankheit, sondern an der Medizin, die man ihnen verabreicht.«

Diese Inflationsmentalität muß geändert werden, und die meisten Regierungen zeigen auch, daß sie es damit ernst meinen. So wie bei vielen Krankheiten das Fieber zunächst künstlich erhöht wird, um schließlich eine Heilung zu erzielen, muß auch bei der Inflationskrankheit der Zinsfuß in die Höhe geschraubt werden. Eine wirksame Methode, wenn auch vorübergehend sehr schmerzhaft.

Die Spekulation zeigt sich natürlich überrascht. Denn seit Jahren setzt sie auf den permanenten Sturz des Dollars und auf die galoppierende Preisinflation. Die ganze Welt hat Dollarschulden und ist fest davon überzeugt, daß sie alle die Milliarden und aber Milliarden zu einem äußerst tiefen Kurs eindecken wird, und je später, um so tiefer. Unternehmer in der ganzen Welt nehmen an erster Stelle Dollarkredite in Anspruch.

Genauso war es vor zehn Jahren, als sogar die Ostblockländer und Sowjetrußland sich Dollars ausliehen, um damit D-Mark oder Gold zu kaufen, anstatt die Investitionen zu tätigen, für die diese Kredite bestimmt waren. Einen interessanten Fall habe ich noch gut in Erinnerung. Vor ungefähr zehn Jahren, als der Dollarkurs auf dem Tiefstand von ca. 1,70 DM war, bekam ich aus einem osteuropäischen Land einen Telefonanruf von einem bekannten Diplomaten, mit dem ich seit Jahren befreundet war. Er wird am nächsten Tag nach Paris kommen und muß mich unbedingt auf zehn Minuten treffen.

Da ich wenig Zeit hatte, verabredeten wir uns für den nächsten Tag.

Als er dann eintraf, sagte er gleich: »Herr Kostolany, ich

brauche eine Antwort von Ihnen. Bitte antworten Sie mit Ja oder Nein auf meine Frage. Soll man heute für Dollar D-Mark kaufen oder nicht?«

Darauf war meine Antwort nicht Ja oder Nein, sondern: »Ich weiß es nicht. Aber ich möchte Ihnen die Frage stellen: Warum müssen Sie das unbedingt wissen?«

»Weil wir eine Dollaranleihe bekommen haben von 50 Millionen, die wir erst in sechs Monaten brauchen werden, und wir dachten, wir könnten inzwischen D-Mark kaufen und einen kleinen Profit damit machen.«

»In diesem Fall« war meine Antwort, »ist es verboten. Wenn Sie heute Dollars schuldig sind und diese Dollars in sechs Monaten brauchen werden, dann dürfen Sie damit nicht spekulieren. Das wäre ein reines Spiel. Sind Sie Dollars schuldig, müssen Sie in Dollar bleiben. Denn alles ist möglich, der Dollar kann 30 Prozent steigen, und er kann noch weiter fallen.«

Und was geschah? Der Dollar stieg in den folgenden sechs Monaten um 30 Prozent. Mein Freund war mir dankbar, denn sein Staat hätte damals einen großen Betrag verloren.

Viele europäische Unternehmer investierten massiv in den USA, aber nicht mit eigenem Geld, sondern mit gepumpten Dollars. Jeder nutzte seine Kreditmöglichkeiten maximal aus. Zu diesen Schulden kommen dann noch die Hunderte von Milliarden, die für Warenspekulationen benutzt werden. Denn die Warenterminkäufe sind ja nichts anderes als Schulden auf Gold, Kupfer, Kautschuk, Zucker, Sperrholz und so fort.

Allein diese Art von Spekulationskäufen ist wahrscheinlich für ein paar Prozent in der Inflationsrate verantwortlich gewesen. Krönung des Spekulationsrausches war jedoch das Devisenspiel gegen den Dollar. Die Beträge, die dabei eingesetzt wurden, sind nicht einmal annähernd zu schätzen.

Die ungezügelte Spekulation mit Waren und Währungen schürte die amerikanische Inflation weiter, die dann auch in andere Länder exportiert wurde. Denn steigt das Gold, kauft man auch Kupfer, Kautschuk, Zucker und alles andere. In

Frankreich zum Beispiel sind die Mieten und Grundstückspreise in Spitzenlagen als Folge der Goldspekulation Anfang der achtziger Jahre innerhalb eines Jahres um 50 Prozent gestiegen.

Die radikale Methode gegen diesen Unfug ist die Zinsschraube. Die Zinserhöhung, die Mr. Greenspan im Herbst 1987 verfügte, war wieder einmal ein Versuch, gegen die Spekulation vorzugehen. Die Spekulanten müssen bestraft werden und sollen deutlich höhere Zinsen zahlen. Dieses Signal wurde von den Währungsspekulanten auf der ganzen Welt wahrgenommen. Es wirkte sogar als erster Schock und führte dann zu den Ereignissen im Oktober 1987, die man mittlerweile schon als historisch ansehen kann. Der »Schwarze Montag« und seine Folgen waren ein eklatantes Beispiel, welchen enormen Einfluß die Devisenspekulation auf die Effektenbörsen haben kann. Die Inflationsgefahr ist noch in vielen Köpfen, und der Inflationswunsch ist noch in den Herzen vieler Menschen (Geldspekulanten, faule Schuldner und so weiter) verankert. Zur Illustration wieder einmal ein jüdischer Witz:

Im Zug sitzt unter den Passagieren auch unser Bekannter Kohn, der ununterbrochen seufzt: »Ach, hab' ich an Durscht, ach, hab' ich an Durscht.« Bei der nächsten Station bringt einer der Passagiere eine Flasche Bier, überreicht sie Kohn – großer Dank –, und Kohn leert die Flasche.

Der Zug fährt weiter, und Kohn fängt schon wieder an: »Ach, hab' ich an Durscht gehabt, ach, hab' ich an Durscht gehabt.« »Jetzt reicht's«, ruft zornig der andere Passagier, »Sie haben ja Ihren Durst gelöscht.« Da jammert Kohn weiter: »Ja, aber welchen Durscht werd' ich noch haben.«

Ich habe einmal für die Inflation die Definition geprägt: »Sie ist ein angenehmes warmes Bad; aber wenn man es immer heißer macht, explodiert zum Schluß die Badewanne.« Naturgemäß werden bei der nächsten Explosion an erster Stelle diejenigen verletzt werden, die in der Wanne sitzen.

Die Macht der Spekulation

Wenn ich einen kritischen Blick auf die Erklärungen oder Verlautbarungen der Politiker – sogar amtierender Minister, oder, horribile dictu, Notenbankoffizieller – werfe, muß ich immer wieder feststellen, wie wenig sie die Macht der Spekulation ins Kalkül ziehen und daß sie keine Ahnung haben, welchen Einfluß diese auf die Kursentwicklungen der Währungen haben kann. Die Spekulation kann Entscheidungen der Regierungen in Frage stellen oder sogar konterkarieren.

Ich erinnere mich noch, wie ein deutscher Finanzminister vor vielen, vielen Jahren, als der Goldpreis von der damaligen Goldlobby (der südafrikanischen Regierung mit Hilfe der Schweizer Großbanken) manipuliert wurde, verlauten ließ, man müsse den »realistischen« Marktpreis in Betracht ziehen. In seinen Augen war der manipulierte Preis »realistisch«, den man an der Londoner Börse gerade verkündete. Welch ein Unsinn! Wie kann man einen Kurs »realistisch« nennen, der das Ergebnis von Manipulation ist. Realistisch ist nur derjenige Kurs, der durch ein tatsächliches Angebot-Nachfrage-Verhältnis zustande kommt, nicht aber der Preis, der mit Hilfe künstlich geschaffener Nachfrage in die Höhe getrieben wurde.

Das kapitalistische System ist eine Riesenmaschine, in der die verschiedenen Räder sehr fein verzahnt zusammenspielen: Wirtschafts-, Sozial- und sogar Außen- und Rüstungspolitik, Zinsen, Geldmenge und Währungskurse. Dieses letzte Rad wird besonders durch die wilde Währungsspekulation angetrieben, so daß es oft durchdreht – aber leider kann man in einer freien Welt dagegen nichts ausrichten. Insbesondere die Goldspekulation, die auf alle Warenpreise eine direkte Wirkung hat, spielt dabei eine große, oft verheerende Rolle. Der einzige Mensch, von dem ich je ein kluges Wort über den Zusammenhang zwischen Gold und Warenpreisen gehört habe, war der schwarze Pförtner an der N. Y. Commodity Exchange (New Yorker Warenbörse). Auf der Galerie sagte er zu mir: »Sehen Sie, mein Herr«, und zeigte dabei in eine Ecke des riesengroßen Saales, in dem in getrennten Gruppen die verschiedensten Waren gehandelt wurden, »sehen Sie, mein Herr, in dieser Ecke findet der Goldhandel statt.« Dort gestikulierten vielleicht hundert Menschen, überschrien sich gegenseitig, um ihre Goldgeschäfte abzuwickeln. »Wenn Gold dort ein, zwei Punkte steigt, dann werfen sich die Spekulanten auf alle anderen Rohstoffe und treiben deren Kurs ebenfalls in die Höhe. Wenn Gold fällt, dann verkaufen sie die anderen Waren auch.« Der schwarze Pförtner hatte wirklich recht. Gold ist die Standarte, die dem Feldzug der Waren vorangeht – und alle anderen folgen ihr.

Finanzpolitiker oder Notenbankoffizielle lassen sich ebenso von den Stimmungen beeinflussen und reagieren massenpsychologisch genauso wie das Publikum. Die Devisenspieler begleiten dagegen die Äußerungen der Politiker mit ihren hysterischen Transaktionen von Milliarden Dollar, Yen oder Pfund. Sie kaufen, verkaufen, kaufen wieder – nicht etwa Devisenbeträge, die sie für den internationalen Handel ihrer Export-Import-Kunden oder Investoren brauchen, sondern um von einem Tag auf den anderen oder sogar von einer Stunde zur anderen Kursdifferenzen einzustreichen oder, öfters, einzubüßen. So wirken Politiker und Devisenhändler aufeinander ein.

Die Händler, wie schon oft erwähnt, haben freie Hand, um mit den Millionen ihrer Bank zu spielen. Im Laufe des Jahres 1976, mitten in der großen Pfundpanik, schrieb ich, »daß die stillen Reserven von England größer sind, als es sich die Devisenhändler vorstellen können, und daß, obwohl die Züricher Bahnhofstraße das Pfund schon begraben und der britische Löwe seine Zähne verloren hatte, sein Herz aber noch immer pocht«.

Dieselben Devisenhändler, die damals zu Tode betrübt Milliarden Pfund verkauft hatten, kauften ein Jahr später dieselben Milliarden wieder zurück. Die Folge war, daß die Devisenreserven der Bank of England, die noch ein Jahr vorher um Hilfe betteln mußte, inzwischen auf 18 Milliarden Dollar angestiegen waren und in der Welt – in puncto Rücklagen – an dritter Stelle standen. Auch ein Beweis dafür, daß die spekulierenden Händler nie überlegen, wahrscheinlich auch nichts verstehen und nicht einmal wissen, was eine »Währung« ist. Trotzdem äußern sie hochnäsige Meinungen und wiederholen wie Papageien unverantwortliche Kommentare.

Ein altes Sprichwort lautet: »Ein armer Aristokrat hat noch immer mehr als ein reicher Jude.« Das soll heißen, daß der Fürst Esterhazy, der heute bescheiden und unbekannt als Flüchtling in Zürich lebt, zum Beispiel noch immer reicher ist als der Baron Rothschild, von dem so viel geschrieben wird.

Auf der sozialen Leiter der Nationen entspricht England einem Fürstenhaus. Es ist und war reicher an Devisenreserven, als es sich die Devisenhändler vorstellen konnten. Sie setzten 1976 auf den totalen Niedergang des Pfundes (obwohl es sie mehr als zehn Prozent Zinsen pro Jahr kostete) und vergaßen ein altes Börsengesetz: Wenn alle Spieler auf eine angeblich todsichere Sache spekulieren, geht es fast immer schief.

Der Finanzmarkt ist nämlich äußerst bösartig und bringt immer neue Überraschungen hervor, das heißt genau das Gegenteil von dem, was man erwartet. Bei »festen Paritäten« auf die Aufwertung einer zu tiefen oder die Abwertung einer zu hohen Währung zu spielen war fast immer risikolos. Aber bei floatenden Devisenkursen kann eine überzogene Devisenspekulation mit einem äußerst gefährlichen Rückschlag enden. Besonders wenn die Spekulation den Kurs tiefer trieb, als es der wirtschaftlichen Lage und den stillen Reserven des Landes gemäß war. Die »Franc-Schlacht« von 1926, der Dollar-Höhenflug der achtziger Jahren und andere Beispiele zeigen, wie gefährlich die Devisenspekulanten leben.

Schuldenmanagement

Die sogenannte Schuldenkrise

Anfang der achtziger Jahre kamen die westlichen Großbanken auf eine erstaunliche Idee: Sie fingen an, die Kreditwürdigkeit ihrer ausländischen Schuldner etwas genauer unter die Lupe zu nehmen. Folge davon war, daß die Länder der Dritten und Vierten Welt keine neuen Kredite mehr bekamen und deshalb die Altschulden nicht mehr bedienen konnten oder wollten. Somit waren auch die allzu großzügigen Geldgeber in die Bredouille geraten – was für jeden klar und unabhängig denkenden Menschen schon vorher abzusehen war.

So habe ich die Schuldenkrise Jahre vor ihrem offiziellen Ausbruch genau diagnostiziert und beschrieben, und zwar im *Capital*-Heft vom August 1977 (!), als der damalige französische Staatspräsident Giscard d'Estaing gerade den Begriff des »Nord-Süd-Dialogs« prägte. Es folgt der Originaltext von 1977:

Diese Nord-Süd-Dialoge sind eine diplomatische Umschreibung des Konflikts »Süden gegen Norden« oder genauer: Süden gegen Westen. Der Grund des Konflikts sind die aggressiven Vorstöße der Länder der Dritten und Vierten Welt wegen weiterer finanzieller Unterstützung.

Denn diese Forderungen sind viel höher, als es die Leistungsfähigkeit der Industrieländer zuläßt, jedenfalls nicht ohne eine beträchtliche Einschränkung des heutigen Lebensstandards der Völker des Westens.

Dabei zollen die Südländer trotz ihres ungeheuren Schuldenberges dem Westen nicht die geringste Anerkennung, und das erinnert mich wieder einmal an meine Jugendjahre.

Einer meiner guten Freunde, Jozsi, der mich jahrelang anpumpte, ahnte eines Tages, daß sein Kredit bei mir erschöpft war, und erklärte mir mit Tremolo in der Stimme: »Ich weiß, lieber André, daß ich dir schon 5000 Franc schuldig bin. Ich denke auch immer an diese Schuld, denn – siehst du – das sind die Zinsen!« Die Erklärung für seine Zahlungsunfähigkeit reichte zumindest in seinen Augen zum Bonitätsnachweis.

Jozsi war ein Schmarotzer, der seine Freunde als Steuerzahler betrachtete, die ihn erhalten müßten. Aber seine Gesellschaft war so unterhaltend und lehrreich, daß ich diese Steuer gerne bezahlte.

Die Südländer bemühen sich nicht einmal um die elegante Geste meines Freundes, um so weniger, als sie die Zinsen auch nur aus weiter gepumpten Geldern zahlen.

Die Politiker des Westens, die heute für die Vierte Welt mehr und mehr Unterstützung fordern, sollten sich einmal die Zahlen durch den Kopf gehen lassen. Dann würden sie feststellen, daß die Verschuldung dieser Länder – rund 500 Milliarden Mark zuzüglich der 100 Milliarden Schulden des Ostblocks – den Löwenanteil der Weltinflation ausmachen.

Ob dieser Betrag aus Handels- oder Finanzkrediten besteht, ist gleichgültig, denn zurückgezahlt wird er sowieso nie. Das ist angesichts der hohen Summe nicht mehr möglich.

Für 600 Milliarden Mark wurden aus den Industrieländern Waren exportiert, und jede Lieferung ohne Gegenleistung treibt in der Heimat die Inflation. Sich damit herauszureden, daß diese Exporte den Arbeitsmarkt unterstützen, ist volkswirtschaftlicher Unsinn, wenn nicht politische Lüge. Diese Milliarden wurden aus dem Sozialprodukt des Westens entnommen und verschenkt. Und das bedeutet Inflation.

Das einzige Heilmittel wäre eine höhere Produktivität der Wirtschaft durch Automatisierung und Rationalisierung. Das erfordert jedoch massive Investitionen, die wieder inflatorisch wirken.

Um aus dem Sozialprodukt des Westens den Südländern noch

mehr zu geben, müßte man den Lebensstandard des Westens vorübergehend beträchtlich senken. Ob freilich Gewerkschaften, Landwirte und all diejenigen, die im Westen von ihrer Arbeit leben und auch Wähler sind, damit einverstanden wären, das ist die entscheidende Frage.

Die emotionelle Einstellung der Schuldner ist mit der der Gläubiger unvereinbar.

Als ich vor kurzer Zeit einem hohen chinesischen Diplomaten die Frage stellte, ob man einmal mit einer ganz bescheidenen Regulierung der chinesischen Anleihen rechnen könne, war seine Antwort sehr höflich und vielsagend: »Wieso denn? Wir sind ja dem Westen überhaupt nichts schuldig. Im Gegenteil; er ist uns etwas schuldig für all das, was er jahrhundertelang bei uns ausgebeutet hat!«

Wer ist wem etwas schuldig? Das ist eine heikle politphilosophische Frage. Sehr schnell wird hier an die Solidarität appelliert. Aber diese sollte doch wohl in der eigenen Familie beginnen, unter den reichgewordenenÖlländern und ihren armen Vettern, um so mehr, als die größte Belastung der Armen durch die unerschwinglich hohen Ölpreise entstand.

Man kann natürlich den Standpunkt der Südländer großherzig akzeptieren und ihnen weitere Geschenke zukommen lassen. Okay, aber dann soll niemand über Inflation und ihre Konsequenzen lamentieren, sondern den Gürtel enger schnallen.

Ich wiederhole immer wieder, daß es für die Schuldner wichtiger ist, die richtigen Gläubiger auszusuchen, als für die Geldgeber, die richtigen Schuldner zu finden. Die Dritte Welt, die Vierte Welt und die kommunistische Welt hatten bei der Wahl ihrer Gläubiger eine wahrhaft glückliche Hand.

Wenn aber diese Gläubiger weder feig noch dumm und unverantwortlich bleiben wollen, müßten sie auf weitere Forderungen ähnlich antworten wie der realistische und gescheite Grün seinem Freund, der ihn zum wiederholten Male anpumpen will: »Schau, Kohn, wozu sollen wir uns zerstreiten, wenn du später nichts zurückzahlen kannst. Seien wir lieber gleich bös; ich geb' nix!«

Nun, die Bankdirektoren waren nicht so gescheit wie Grün und ließen sich auch durch meine frühzeitige Warnung nicht vom Geldverschenken abbringen. Wie jeder weiß, gelten die Forderungen an die Dritte und Vierte Welt heute als das größte Problem der Banken. Nur, man kann nicht behaupten, daß die größten Schuldnerländer (Mexiko, Brasilien, Argentinien) bankrott wären. (Ich wüßte auch gerne, wie eigentlich der Staatsbankrott definiert ist.) Sie sind bloß illiquid in harten Devisen und werden das noch lange bleiben. Sie besitzen zwar immense Reichtümer, zum Beispiel Mexiko, das nach der Auskunft der Geologen größere Ölreserven besitzen soll als Saudi-Arabien – aber sie haben kein Bargeld in der Tasche, und zwar oft nur deshalb, weil die Vermögenden ihr Geld im Ausland angelegt haben.

Im alten Österreich-Ungarn kannte ich Aristokraten, Großgrundbesitzer von 50 000 bis 100 000 Morgen, die nicht genügend Bargeld in der Tasche hatten, um die Kartenschulden einer Nacht begleichen zu können. Und ich kannte auch Roulettespieler, die am grünen Tisch vor sich einen Haufen Jetons liegen hatten, die ihr ganzes Vermögen ausmachten – sofern es nicht gepumpt war.

Genauso ist es mit den Schuldnerländern der Dritten Welt. Kapital und Vermögen ist nicht identisch mit Bargeld in der Tasche. (Das erinnert mich an Peter Alzenberg, den berühmten Wiener Bohemien und Schriftsteller, der als Kaffeehaus-Pumper bekannt war. Eines Tages schrieb er an seinen Bruder: »Bitte schicke mir 1000 Schilling, denn alles, was ich besitze, ist auf der Sparkasse.«)

Das Schuldenproblem der Entwicklungsländer wurde von den Massenmedien derart aufgebauscht, daß ich von den verschiedensten Menschen (Handwerkern, Taxifahrern, Lehrern, Schülern und den meisten Wirtschaftsexperten) andauernd gefragt werde, was geschehen würde, wenn diese Länder ihre Schulden nicht zurückzahlen könnten. Die Frage ist jedoch ein Anachronismus; denn soviel ist heute schon klar: Die Schulden werden nie beglichen, und die Wörtchen »wenn« und »würde« kann man getrost vergessen.

Am liebsten antworte ich auf diese Frage, wenn sie mir gestellt wird, mit zwei Gegenfragen. Frage eins: »Was glauben Sie denn, was geschehen könnte?« Darauf bekomme ich keine Antwort, und mit Recht, denn nichts würde passieren. Gar nichts.

Die Kredite sind so gut wie geschenkt an die Dritte Welt, weil es politische Kredite sind. Die Gläubigerbanken (etwa 50, 60 über die ganze Welt verstreut) werden ihre Forderungen ad infinitum prolongieren und in homöopathischer Dosis kaffeelöffelweise abschreiben. Ihr Geschäft machen sie schließlich dadurch, daß die Kreditnehmer immer höhere Zinsen zahlen müssen und die Sparer tiefere Zinsen bekommen. Die breite Zinsmarge ist also logisch, mit ihr sollen die Abschreibungen gedeckt werden. Und die als Folge der unbezahlten Schulden entstandene schleichende Inflation entwertet zusätzlich die Forderungen und verzehrt sie in 30 Jahren.

Diese Kredite sind total eingefroren. Trotzdem kann den Gläubigerbanken nichts passieren. Denn hinter dem internationalen Bankensystem steht die »Nato der Notenbanken«. Auch dies ist nichts Neues, sie existiert seit über 30 Jahren, nur mußte man es nicht immer so ausdrücklich betonen, um das Publikum zu beruhigen.

Eigentlich geht das alles natürlich zu Lasten unseres Lebensstandards, der viel höher sein könnte, wenn diese faulen Forderungen nicht existierten. Ob es richtig ist, ist eine andere Frage, genauer eine politische. Ich finde, wir müssen die Versicherungsprämie gegen Feuerschaden zahlen. Sie wird so lange notwendig sein, wie es »Bösewichte« in der Welt gibt, die nur darauf lauern, irgendwo einen sozialen Konflikt ausnützen zu können, um Umsturz und Chaos zu schaffen.

Also, bitte, keine Angst! Sorgen müssen sich nur die Buchhalter, die in ihren Bilanzen die diversen Posten zwischen Soll und Haben herumschieben, damit sie schön frisiert sind. Immer wiederhole ich, daß es wichtiger ist, einen guten Gläubiger zu finden als einen guten Schuldner. Und die Entwicklungsländer haben gute Gläubiger gefunden!

Meine zweite Frage, die ich den Sonntags-Volkswirten stelle, ist provozierender: »Was würde aber geschehen, wenn plötzlich ein Wunder geschähe und die Schuldnerländer zur Überraschung der Welt alle ihre Schulden auf einmal, cash on the table, zurückzahlen?« Nehmen wir an, mit frecher Phantasie, daß sie Gold- und Platinminen gefunden haben, und nun halten sie auf einmal alle Verpflichtungen ein. Auf diese Frage ist natürlich niemand vorbereitet, und es folgt die große Stille, betretenes Schweigen. Ich muß also selber die Antwort geben: Die größten Komplikationen würden bevorstehen. Denn was sollten die Banken plötzlich mit den ca. 1000 Milliarden Dollar liquidem Geld, die sie auf einmal in ihren Taschen hätten, anfangen? Sie müßten sich neue Kreditnehmer suchen und wären verführt, womöglich dubiosen Schuldnern das Geld nachzuschmeißen. Wirtschafts-Hasardeure würden mit Milliarden von heißem Geld jonglieren und lebensunfähige Unternehmen gründen. Die Spekulationswut würde noch mehr angekurbelt werden. Eine monströse Inflation würde Preise und Löhne in die Höhe treiben.

Vielleicht würde man auch den Sowjets beziehungsweise dem ganzen Ostblock Milliarden bei fallenden Zinsen nachwerfen, wodurch diese Länder dann, vom wirtschaftlichen Druck befreit, ihr Geld wieder in die Rüstung stecken könnten. In diesem Falle hätte auch ein Abrüstungsvertrag keine Chancen mehr, denn nur der materielle Druck der immensen Rüstungsausgaben hat die sowjetische Regierung an den Verhandlungstisch gezwungen. Eigentlich wurde Präsident Reagan in seiner unnachgiebigen Haltung in der Frage der Mittelstreckenraketen bestätigt.

Ein Glück also – so paradox es auch klingt –, daß die Entwicklungsländer ihre Schulden nicht zurückzahlen und uns so manches Übel ersparen.

Dabei fällt mir ein Witz ein: Fromme Juden sind verpflichtet, den armen Nachbarn Gutes zu tun. Eine jüdische Gemeinde war jedoch so wohlhabend geworden, daß eines Tages niemand übrigblieb, dem man Gutes tun konnte. Man lieh sich also einen Schnorrer aus der Nachbargemeinde. Der aber wurde mit der Zeit so frech, daß man ihn zur Bescheidenheit mahnte. Worauf er drohte: »Ich fahre sofort zurück! Dann könnt ihr suchen, wem ihr Gutes tun könnt!«

Soweit mein Text aus dem Jahre 1976.

Pleite à la Kovacs oder Pleite à la Szabo?

Merkwürdig ist, daß dieselben Berufsschwarzmaler, die vor einiger Zeit die Dollarpanik schürten – sub titulo »Dollarschwemme«, ergo wertlos –, heute Feuer schreien, weil viele Schuldner diese wertlosen, »zu Papierfetzen degradierten Dollars« nicht zurückzahlen können. Sie befürchten den totalen Zusammenbruch des internationalen Finanzsystems. Doch wie ich schon immer gesagt habe, werden diese Schwarzmaler auf die Nase fallen, weil dieser Zusammenbruch nicht kommen wird. Staatsbankrotte, Zinskatastrophen . . . alles leeres Gerede!

Ich gebe zwar zu, daß einige Staaten sehr verschuldet sind, und falls man eine strenge Bilanz machen müßte, würden die Revisoren den Kopf schütteln und die Bilanz vielleicht nicht unterschreiben. Aber wer verpflichtet uns schon dazu, uns den Revisoren zu unterwerfen? Sind die Revisoren vielleicht Finanzjournalisten oder sogenannte Wirtschaftsexperten? Bei einer seriösen Bilanz muß man auch die hinter den Schulden stehenden Vermögen und Reserven des Westens bewerten. Und diese sind unvorstellbar groß und bedeutend, mit all der Infrastruktur, den Rohstofflagern, Laboratorien, der Spitzentechnologie und der industriellen Kapazität des Westens. Oder ist das alles nichts? Über die Bilanzen der ehemaligen Ostblockländer könnte man natürlich auch maliziöse Bemerkungen machen, und hier würde Erstaunliches zutage kommen.

Vergleicht man die Situation des Westens mit der in Osteuropa und nimmt an, daß nicht nur der Osten, sondern auch der Westen sozusagen pleite sind (nach der Meinung der Betriebswirte und ähnlicher Fachleute!), muß ich unwillkürlich an die Geschichte von zwei Schulkollegen denken, um den Unterschied plastisch zu illustrieren:

Der junge Kovacs war der Sohn eines reichen Unternehmers, er bekam eine gute Schulbildung und trat dann in das väterliche Unternehmen ein. Er erweiterte dieses ununterbrochen und baute allmählich ein großes Konglomerat auf. Eines Tages aber ging sein Unternehmen in Konkurs. Als ich das erfuhr, hatte ich Mitleid mit ihm. Doch einige Monate später kam mir zu Ohren, daß er, Pleite hin, Pleite her, trotz oder vielleicht dank der Pleite noch immer in seiner herrlichen Villa in Cannes wohnte und im Rolls-Royce herumfuhr.

Mein anderer Freund war Szabo, der Sohn eines bescheidenen Schullehrers, der dem Jungen eine strenge Erziehung gab, damit er später ein tüchtiger und biederer Kaufmann werde. Szabo gründete mit den Sparpfennigen seines Vaters eine Firma. Und weil er tüchtig war und Tag und Nacht arbeitete, wurde sie bald ein großes Unternehmen. Doch da geschah es, daß auch er aus irgendeinem Grund Konkurs anmelden mußte. Aber er war so pleite, daß er seine Freunde anpumpen mußte und aus der Pleite nie wieder herauskam.

Nun: Der Westen ist pleite à la Kovacs, der Osten ist pleite à la Szabo. Es gibt also solche und solche Pleiten. Hier kann ich nur mit den Franzosen sagen: »Vive la différence!«

Ein Anwalt mit Ideen

Wie man im folgenden sehen wird, kann eine gute Portion Phantasie beim Schuldenmanagement äußerst hilfreich sein.

Ein Anwalt hatte in meiner Jugendzeit eine faszinierende und geniale Idee – und zwar um eine Bank zu überlisten. Er hieß Dr. Karl Eotvös, vielleicht der prominenteste Anwalt Ungarns in jener Zeit. Er erzählte – natürlich einige Jahrzehnte später – folgende Geschichte:

Der Angestellte der Provinzfiliale einer Budapester Großbank, Sohn einer vornehmen, aber nicht betuchten Familie, war ein Rennspieler. Vom Spiel besessen, verlor er zunächst sein kleines Spargeld und unterschlug peu à peu 20 000 Gulden (heute rund 400 000 DM) aus der Kasse, was er gut kaschieren konnte. Er war, wie so viele Spieler, davon überzeugt, daß er eines Tages mit einem Außenseiter den großen Coup landen werde und damit das unterschlagene Geld wieder zurückzahlen könne. Er kannte ja nicht meinen Spruch, den ich den Spielern, egal, ob Börse, Karten oder Rennen, ständig vor Augen halte: »Gewinnen kann man, verlieren muß man, zurückgewinnen ist unmöglich!«

Als zu Jahresultimo eine strenge Kontrolle angemeldet wurde, fiel der junge Mann in Panik und sah sich schon im Gefängnis. Er lief zum Anwalt der Familie (Dr. Eotvös), um alles zu beichten, und sprach sogar von Selbstmord. Der Anwalt überlegte und fragte: »Da Sie einen so großen Betrag unbemerkt unterschlagen haben, könnten Sie einen weiteren aus der Kasse herausnehmen?«

»Nichts ist leichter, Herr Anwalt!«

»Dann bringen Sie mir so bald wie möglich 20000 Gulden hierher, in meine Hände!«

Zehn Tage später erschien der junge Mann mit dem Geld. »Gehen Sie jetzt und kein Selbstmord!«

Nun ging der Anwalt zum Vorstand der Bank und berichtete auf dramatische Art, daß der junge Mann 40000 Gulden unterschlagen habe und jetzt von Selbstmord spreche. Groß war die Aufregung, die Direktion drohte mit Skandal und Strafanzeige.

»Nicht so schnell, meine Herren«, beruhigte sie der Anwalt. »Seine angesehene Familie wird sicher alles tun, um ihre Ehre zu wahren!« Zehn Tage später meldete er sich wieder und berichtete dem Vorstand: »Die Familie ist außer sich und will alles tun, um den Sohn und die Ehre zu retten. Doch sehr reich ist sie nicht. Das Maximum, das sie zusammenkratzen konnte, sind 20000 Gulden, sehr viel Geld. Aber sie ist bereit, es für die Familienehre zu opfern. Natürlich unter der Bedingung, daß man die Augen zudrückt.«

Was konnte der Vorstand Klügeres tun, als die Augen zu schließen.

Herr oder Knecht?

Es ist eine alte Tatsache, daß in Familien, in denen die Spekulation aus Tradition auf der Tagesordnung steht, jene Mitglieder, die an der Börse reüssieren, Genies, die anderen, die kein Glück haben, dagegen Dummköpfe genannt werden – obwohl ich mich noch erinnere, daß man in Ungarn und auch in Frankreich immer den dümmsten Sohn, der zum Studium nicht geeignet schien, an die Börse schickte, während die anderen die Hochschule besuchen mußten. Die meisten Chefs von Bankhäusern hatten übrigens als Laufburschen angefangen, dann durch Praxis das Metier gelernt und Karriere gemacht. War ihnen dies gelungen, wurden sie zu Genies promoviert.

Im alten Budapest gab es nun eine respektable, wohlhabende Familie namens Politzer, die an der Budapester Effekten- und Warenbörse eine große Rolle spielte. Einer der Söhne, Matthias genannt, war ein durchaus geschickter Spekulant und trennte sich von seiner Familie, um auf eigene Rechnung zu spekulieren.

Eines Tages verspekulierte er sich jedoch, verlor dabei sein ganzes Vermögen und stand vor dem Nichts. Daraufhin setzte sich der Familienrat zusammen, überprüfte die Spekulationen des Matthias und fällte ein strenges Urteil: »Der Matthias hat sich nicht bewährt als Herr, er muß werden jetzt ein Subjekt.« – »Herr« sein bedeutete, Spekulant auf eigene Rechnung zu sein, »Subjekt«, nur noch ein kleines Rad im Getriebe der familieneigenen Firma.

Matthias war jedoch ein Homo ludens, der Teufel des Spekulierens ließ ihn nicht los, und so studierte er weiterhin alle

Kursblätter von Chicago über Liverpool bis Budapest. Auf diese Weise fand er eines Tages eine Kursspanne zwischen Hafer und Roggen als zur Zeit unberechtigt und eine entsprechende Spekulation attraktiv. Mit ganz kleinen Summen stieg er ein. Die Kurse entwickelten sich wie gewünscht, er machte erste Gewinne, und zum Schluß hatte er sich erneut ein kleines Vermögen geschaffen. Nachdem er Bilanz gezogen hatte, verließ er den kleinen Posten in der Familienfirma und sagte, er wolle jetzt wieder auf eigene Rechnung spekulieren. Erneut setzte sich der Familienrat zusammen und fällte nach langen Debatten ein neues Urteil: »Der Matthias hat sich bewährt als Subjekt, der Matthias kann werden wieder ein Herr.«

Gott weiß, wie oft ich an diese Geschichte denke, wenn ich vom Aufstieg und Untergang verschiedener Portfolio-Manager höre. Das Schicksal eines jeden Finanziers ähnelt dem meines Freundes Matthias. Und eigentlich gilt die Weisheit dieser Geschichte für das ganze Leben und für alle Berufe . . .

Gedanken über Geld und Börse I

Oft kann man durch Zufall die glücklichsten Dummheiten begehen.

Ich saß einmal mit zwei Maklern an einem Tisch. Einer von ihnen beklagte sich, er habe heute kein Geschäft abgeschlossen. Der andere prahlte mit seinen großen Provisionen. »Das war aber mehr Glück als Verstand«, konterte der erste. »Gott gebe mir immer mehr Glück und weniger Verstand«, meinte darauf der Erfolgreiche.

Es gibt keinen Narren, von dem man manchmal nicht etwas erfahren kann, das in das Mosaik einer Börsenüberlegung hineinpassen könnte.

Von einem falschen Wort oder einem Druckfehler im Text einer Finanzverordnung oder eines Gesetzes konnte ich manchmal groß profitieren.

Von einer falschen Idee können wir manchmal so irregeführt werden, daß wir ein Leben lang in dem Irrtum bleiben und die wahre Lage nie erkennen.

Viele wundern sich darüber, was an der Börse geschieht; sie tun es nur, weil sie die Börse nicht kennen.

Die nützlichsten Wörter an der Börse sind: vielleicht, hoffentlich, möglich, es könnte, nichtsdestoweniger, obwohl, zwar, ich glaube, ich meine, aber, wahrscheinlich, das scheint mir . . . Alles, was man glaubt und sagt, ist bedingt.

Es ist für den Schuldner wichtiger, einen guten Gläubiger zu finden, als für den Gläubiger, einen guten Schuldner.

Die große Gefahr auf den Finanzmärkten ist heute, daß zuviel heißes Geld in Händen ist, die damit nicht umgehen können.

Der Banker müßte weise sein wie Salomon, klug wie Aristoteles, stark wie Samson und alt wie Methusalem.

Der Optimist ist ein Fürst auch mit zwei Groschen in der Tasche. Der Pessimist ist ein Nebbich auch mit einem vollen Tresorschrank.

Der französische Finanzminister Vincent Auriol sagte einmal, was man manchmal hätte anwenden sollen: »Die Banken sperre ich, die Bankiers sperre ich ein!«

Oft gibt es Anlageberater, die den Ausdruck »Ich garantiere . . .« häufig benützen. Doch wer garantiert für sie?

Franz Molnar, der weltberühmte ungarische Schriftsteller, der von der Börse überhaupt nichts verstand, definierte einmal äußerst treffend den Baissespekulanten: »Einer, der sich selber eine Grube gräbt, in die andere hineinfallen.« (Den Esprit dieses Satzes können nur die Vollblutprofis verstehen.)

Wer ist der vollkommenste Schieber? Derjenige, der in eine fremde Stadt kommt und dessen erste Frage lautet: »Kinder, was ist denn hier verboten?«

Bei den Salzburger Festspielen traf ich einmal einen Börsenkollegen, von dem ich nie angenommen hätte, daß er sich auch für Musik interessiere. Auf meine Frage, was er hier mache, antwortete er einfach, kurz, aber vielsagend: »Ich warte auf das Ende!« Dieselbe Antwort gab ich einem Freund von mir, als er mich nach meiner Meinung über die IOS-Spekulation fragte.

Wie hätte ein Finanzminister die schwere Lage seines Landes bündiger und präziser beschreiben können als der Franzose Anatole de Monzie: »Meine Herren, die Kassen sind leer.«

Wenn ein Bankier auf einen Vorschlag nein sagt, meint er vielleicht. Sagt er vielleicht, meint er ja. Sagt er aber sofort ja, ist er kein guter Bankier. Wenn ein Spekulant auf einen Tip ja sagt, meint er vielleicht. Sagt er vielleicht, meint er nein, und wenn er gleich nein sagt, ist er kein wirklicher Spekulant.

Über einen reichen Dummkopf wird man immer wieder wie über einen Reichen sprechen, über einen armen jedoch wie über einen Dummkopf.

Vermögend zu sein bedeutet, mehr Geld zu haben als die anderen aus demselben Milieu.

Ein Ingenieur darf bei seiner Arbeit nicht unter Alkoholeinfluß stehen. Für einen Spekulanten ist dies eher von Vorteil, weil es gewisse Hemmungen abschafft.

An der Börse wie im Leben und in meinen Kolumnen habe ich häufig die richtige Antwort, nur muß ich dazu auch die richtige Frage finden.

Eine alte Börsenwahrheit lautet: Können die Kurse nicht weiter steigen, müssen sie fallen.

Die Deutschen sind der Tücke des Geldes nicht gewachsen. Das

Volk der Romantiker, Philosophen und Musiker ist in Geldangelegenheiten unromantisch und verliert jeden Hang zur Philosophie und besonders zur Phantasie.

Alle Wertpapiere – Pleiteaktien, notleidende Staatsanleihen –, die heute zwischen Kursen von 1 oder 2 Prozent notieren, haben einen großen Vorteil: Sie eignen sich vorzüglich als Wandschmuck.

Man nennt mich oft »Börsenexperte«. Ich akzeptiere das Kompliment nicht, weil ich weiß, was heute ist und was gestern war. Und das ist schon sehr viel, denn die meisten Profis wissen nicht einmal das. Sie wissen auch nicht, daß die Kurse meistens die Nachrichten machen, die dann weitererzählt werden, und nicht die Nachrichten die Kurse.

Weise ist der Börsenspekulant, der auch die Sprache der Dummköpfe versteht.

Häufig schreibe ich aggressiv und wiederhole ununterbrochen meine Angriffe gegen die Haifische des Kapitalismus. Wenn der Mensch älter wird, hat er mehr Mühe, seine Feinde zu wechseln.

Sehr oft ist in der Politik und in der Wirtschaft nicht die Diktatur schlecht, sondern der Diktator.

In der Wirtschaftspolitik ist das richtige Steuern nicht mehr als die Anpassung an die Realität.

Ein alter Spruch sagt, die Börse sei Monte Carlo ohne Musik. Meine Behauptung ist, die Börse ist Monte Carlo mit viel Musik, doch muß man die Antennen haben, um diese Musik aufzufangen und dann die Melodie zu erkennen.

Nicht reich muß man sein, sondern unabhängig.

Schön wäre es im Wirtschaftsleben, wenn die Piraten faul wären und die Dummköpfe wenig reden würden.

In Anlagefragen kann man dem Sparer erfolgreich nur das raten, was er tatsächlich haben will. Auf Versprechungen von irrealistischen Gewinnen fallen sie immer herein. Von einer Anlage abzuraten, die man ihm mit Riesenprofiten eingeredet hat, ist unmöglich.

Oft muß man an der Börse die Augen schließen, damit man besser sehen kann.

Für einen Spekulanten ist es nützlicher, über eine Sache nachzugrübeln, ohne etwas zu unternehmen, als etwas zu unternehmen, ohne nachzugrübeln.

Es gibt nicht einen einzigen Spekulanten, der nicht wenigstens einmal einen »Sternstunden«-Einfall gehabt hat. Doch nützt er ihn nicht aus, dann kommt so schnell wieder kein neuer. Mein Rat also: Attackieren!

Das große Unglück bei uns alten Spekulanten ist, daß wir Erfahrung gesammelt, unsere Waghalsigkeit jedoch verloren haben.

Den meisten Börsenkollegen stimme ich lieber zu, als mich in eine Debatte mit ihnen einzulassen.

Die Finanzinstitutionen sind nur soviel wert wie die Menschen, die sie geschaffen haben.

Der Vollblutspekulant kauft nur Papiere, von denen er sich einen drei- oder vierfachen Kurs erhofft. Es kann jedoch auch das Zehnfache werden. (Diese Erfahrung habe ich oft gemacht.)

Wenn ein Kaufmann seine Waren mit hundert Prozent Gewinn

verkauft, nennt man das einen Betrug. Verkauft ein Börsenspekulant seine Papiere zum doppelten Kurs, nenne ich das normal.

Der Mann ist geschaffen, um das Geld zu machen; und die Frau hält die Kasse. Das Ideale ist – auch für die ganze Familie –, wenn der Mann der Leichtsinnige und die Frau die Geizige ist. Bei Bekannten und in der Familie habe ich dafür zahlreiche Beweise. Mein Vater brachte meiner Mutter die schönsten Geschenke, erntete jedoch dafür nur Beschimpfungen über seine Verschwendungssucht. »Warum denn«, antwortete er, »lieber so als für die Apotheke.«

Was wäre die Börse ohne Narren! Und was wäre die Börse, wenn ein Supercomputer alles wissen würde. Meine Antwort auf beide Fragen: »Es wäre keine Börse.«

In alten Zeiten sagte man, ein Mann verliere seinen Verstand mit seinen letzten 10 000 Gulden. Ich behaupte, der deutsche Sparer verliert heute seinen Verstand mit den ersten 10 000 DM.

»Ich höre, du hast einen großen Treffer gemacht und 100 000 Mark gewonnen, was machst du jetzt?« – »Ich mache mir die größten Sorgen.«

Wie verflucht der arme Jude einen reichen? »Du sollst der einzige Millionär in deiner Familie sein!«

Viele brauchen das Geld nicht, um es zu besitzen, sondern um es zu zeigen.

Es gibt Börsenprofis, mit denen einer, der nicht genügend hartgesotten ist, kein Gespräch führen darf; denn alles, was sie sagen, kann nur einen negativen Einfluß haben.

Der größte Schlag für den Spekulanten ist, wenn er einen großen

Fehler, den er vorausgespürt hat, trotzdem begeht. Und fast immer geschieht dies, weil er sich von den anderen beeinflussen läßt.

Man soll die Ereignisse nicht mit den Augen verfolgen, sondern mit dem Kopf.

Ein komisches Wort in der deutschen Sprache: Diplomkaufmann. Bei mir ist das Diplom eines Kaufmannes seine Bilanz.

Ein unmögliches Wort in der deutschen Sprache: Bankkaufmann. Das ist eine semantische Mißgeburt, denn entweder ist man Bankier oder Kaufmann. Die Einstellung der beiden zu Geschäften ist genau entgegengesetzt: Der Bankier kassiert Zinsen, je höher, um so besser; der Kaufmann muß Zinsen zahlen; je niedriger, desto besser. Der Bankier achtet auf die Sicherheit einer Anlage, der Kaufmann auf die Phantasie.

Auf dem Grabstein des berühmten Schriftstellers Stendhal steht: Er lebte, schrieb und liebte. Auf dem des unglücklichen Spekulanten: Er lebte, spekulierte und verlor.

Es gibt Sehhändler und Übersehhändler. Die ersten handeln mit allem, was sie sehen: Waren, Immobilien, Abschreibungen usw. Die Übersehhändler nur mit Sachen, die die anderen übersehen. Zu ihnen gehören auch intelligente Börsenspekulanten, die mit Aktien, Wertpapieren etc. handeln, deren Chancen alle anderen übersehen.

In jeder Hochkonjunktur und ganz besonders in der euphorischen Konjunktur der Inflation (des leichten Geldes) muß man am Anfang rührig sein, dann klug und zum Schluß weise.

Man spricht so oft von Bankkrisen. Dabei muß ich an meinen jüngsten Venedigaufenthalt denken, der in einer Salson stattfand, in der der Markusplatz jeden Abend überschwemmt war und in der am Morgen keine Spuren mehr vom nächtlichen Wasserstand zu sehen waren. Es gibt Banken, deren Zahlen zeitweise »unter Wasser« stehen, die sich jedoch schon nach einiger Zeit wieder erholen und sogar höhere Dividenden zahlen. Kein Mensch spricht dann mehr über Bankkrisen, und alles ist längst vergessen. Dieses Phänomen habe ich in den vergangenen fünfzig Jahren einige Male miterlebt. Das Wort Bankrott stammt zwar von Bank, aber Bankrotte sind gerade für große Banken heutzutage völlig ausgeschlossen. Es gibt nicht nur ein Sozialnetz, sondern auch ein Kreditnetz in der Welt. Jeder Gläubiger ist der Schuldner eines anderen Gläubigers, der selber wiederum Schuldner ist. Zahlen die Schuldner nicht, dann genießen sie ein Moratorium, das auch für alle anderen Schuldner in dieser Kette gilt.

In den vergangenen trüben Jahren haben zahlreiche Geschäftemacher die Lage noch trüber gemacht, um besser fischen zu können.

Massenpsychologie: Der Schlüssel zum Börsenrätsel

»What makes Sammy run?« Was treibt die Börse mal rauf, mal runter? Nicht die Ereignisse allein, sondern auch die Reaktion des Börsenpublikums auf die Ereignisse. Der arme Börsenprofi muß also, um erfolgreich zu sein, auf zwei Klaviaturen spielen: die Ereignisse voraussehen und das Verhalten des Publikums erraten. Denn die Börse benimmt sich oft wie ein Alkoholiker; auf gute Nachrichten weint sie, auf schlechte lacht sie.

Die Stimmungsschwankungen der Massen sind unberechenbar; aber diese Schwankungen zwischen Hoffnung und Angst entscheiden die Börsenkurse für eine kurze Zeit – so lange, bis die Ängstlichen ausverkauft und die Hoffnungsvollen groß eingekauft haben. Aber sind diese Massen erfolgreich? Nein. In den meisten Fällen spekuliert die Mehrheit falsch. Nur eine Minderheit – vielleicht zehn Prozent – liegt richtig.

»Die Massen sind unwissend«, schrieb Gustave Le Bon in seinem klassischen Werk »Psychologie der Massen« (1895). Aber in dieser Eigenschaft liegt das Geheimnis ihrer Kraft – die sogar dann gültig ist, wenn die Masse aus besonders klugen, denkenden Menschen besteht. Wenn 100 höchst intelligente Menschen auf engem Raum zusammengepfercht werden, dann wird diese Masse nicht vom Geist, sondern von Emotionen gelenkt.

Der Börsenprofi entschließt sich morgens, aus diesem oder jenem Grund und nach reiflicher Überlegung, alle seine Papiere zu verkaufen. Er betritt den Börsensaal und erfährt, daß dort eine sehr optimistische Stimmung herrscht. In einer Sekunde kippt er um, ändert seinen Plan, und anstatt zu verkaufen, kauft er neue Papiere dazu.

In Amerika spielt diesbezüglich der Ticker eine große, oft entscheidende Rolle. Hunderttausende, wenn nicht Millionen, verfolgen den Ticker, der alle Transaktionen verzeichnet. Steigen die Kurse, laufen die »tape watcher« den Papieren nach, um noch schnell – auch ganz ohne Überlegung – auf den fahrenden Zug zu springen. Der Ticker mit den laufenden Kursen zeigt die Meinung der Massen und übt dadurch auf den einzelnen eine unwiderstehliche Anziehung aus mitzulaufen. Der Ticker ist wie die Flagge auf dem Kampffeld: Solange sie hoch und stramm vorweggeht, marschieren die Truppen nach. Fällt die Flagge, kommt die Angst, daß der Vormarsch aufgehalten ist; der Mut ist weg, und die Truppen laufen auseinander. Genauso ist es an der Börse.

Deswegen müssen diejenigen, die an der Börsenhausse Interesse haben, darauf achten, daß die Flagge stolz in der Höhe bleibt und vorangeht; dann folgt die Truppe schon nach. Das nennen die Insider dann gern »Kurspflege«. Um auch nur ein wenig die Reaktion des Publikums auf die Ereignisse einschätzen zu können, ist meiner Ansicht nach die Analyse der technischen Verfassung des Marktes der beste Wegweiser.

In welchen Händen liegt die große Mehrheit der Papiere? Bei den harten, trainierten Investoren und Institutionen oder bei der großen Zahl der Newcomer, der ängstlichen, unerfahrenen Sparer, Spieler und kleinen Leute, die auf eine schnelle Mark hoffen? Bei der Minderheit der Hartgesottenen oder bei der Mehrheit der Zittrigen? Denn für die weitere Kursentwicklung ist die Qualität der Käufer wichtiger als die Qualität der Papiere selbst.

Die erste Reaktion der zittrigen Mehrheit auf ein wichtiges Ereignis ist immer das Gegenteil zu der Stimmung, die vorher herrschte. War die Mehrheit vorher optimistisch und mit Papieren schwer beladen, wird sie schnell verkaufen. Besonders ist dies der Fall, wenn ein wichtiges Ereignis unerwartet kommt, aber auch dann – in kleinerem Maße –, wenn es erwartet und schon vorweggenommen war. Denn auf das Phänomen Fait accompli (vollendete Tatsache) hin dreht sich die Tendenz.

Ein außerordentlich typisches Beispiel: 1939, nach dem Münchener Vertrag und der Zerstückelung der Tschechoslowakei, waren die europäischen Börsen in guter Stimmung, da Hitler der Welt tausend Jahre Frieden versprochen hatte. Der deutsche Führer erklärte sich mit dem Münchener Vertrag zufrieden. Der englische Premier Chamberlain erklärte im Unterhaus nach dem aggressiven Vorwurf eines Parlamentsmitgliedes wegen Verrats an der Tschechoslowakei, er hätte keinen Grund, an »Herrn Hitlers« Versprechen zu zweifeln, daß nun der Friede gesichert sei. Es war also kein Wunder, daß eine gute Atmosphäre an den Börsen herrschte – einschließlich der Pariser. Dann kam aber die große Überraschung vom 15. März 1939, als Hitlers Truppen die noch existierende kleine Tschechoslowakei mit Prag besetzten. Groß war die Konsternation in der ganzen Welt. Premier Chamberlain kam wieder vors Unterhaus und erklärte, diesmal mit einer Grabesstimme, daß er tief betrübt sei, da Herr Hitler sein Wort gebrochen habe. Er erklärte ebenfalls ganz klar und mit scharfer Betonung, daß für den Fall, daß Herr Hitler Danzig oder Polen angreifen würde, Großbritannien mit all seinen Kräften und manu militari den Angegriffenen zu Hilfe kommen würde. Das war eine schwerwiegende Deklaration. Darauf haben sich natürlich alle europäischen Börsen abgeschwächt. Die große Hoffnung auf tausend Jahre Frieden war zerstört. Und die abbröckelnde Tendenz hielt Monate an. Die Kriegsangst wurde immer größer. Es war ja auch klar, daß die Leute Angst hatten, ihre Wertpapierdepots langsam veräußerten und sich eher Bargeld für alle Eventualitäten in Reserve hielten. Eine sehr leicht verständliche und logische Reaktion.

Eine selbstverständliche Frage wäre nun, wer denn in einem solchen Moment die Käufer sind. Wie schon gesagt, gibt es an einer großen Börse immer Käufer und Verkäufer. Gekauft haben natürlich an erster Stelle die Optimisten, die überzeugt waren, daß es nicht zum Krieg kommen und Hitler einen Rückzieher machen würde. Dann gab es solche, die der Meinung waren, daß ein Krieg, falls er doch ausbrechen sollte, nicht lange dauern könnte. Deutschland sei wirtschaftlich sehr geschwächt, Hitler ein großer Bluff, und nach einigen Monaten Krieg müßte er um Frieden bitten. Dann gab es wieder andere, die der Ansicht waren, daß die Kurse schon sowieso so tief wären, daß man – Krieg oder nicht Krieg – kaufen müßte. Dies waren natürlich auch die institutionellen Anleger, die ihr Bargeld unterbringen mußten, besonders da die Kurse ihnen so günstig schienen. Andere Gesellschaften dagegen verfügten auch über Liquidität und kauften bei diesen tiefen Preisen ihre Aktien zurück. Die Kurse rutschten also langsam in die Tiefe. Bei jeder Drohung Hitlers fielen die Kurse noch mehr, besonders nach dem 23. August, als die Außenminister Molotow und von Ribbentrop den deutsch-russischen Pakt unterschrieben. Viele empfanden, daß damit das Schicksal Europas besiegelt sei, weil die beiden Parteien, jetzt schon Verbündete, Polen unter sich aufteilen wollten. Der Krieg schien ante portas. Die Börse fiel noch weiter. Man dachte bereits an alles Schlechte, was im Kriegsfalle kommen würde: die Börse geschlossen, die Banken ebenfalls, Moratorium für alle Zahlungen usw. Jedenfalls mußte man wirklich große Courage haben, um französische Aktien zu kaufen. Nicht nur die Pariser, sondern auch die New Yorker und Londoner Börse waren sehr schwach. Ich selber war auch auf alles Schlimme gefaßt. Konnte man sich etwas Schrecklicheres vorstellen als Krieg? Und da kam nach äußerst nervösen Tagen am 1. September der Angriff auf Polen und Danzig und am 3. September die Kriegserklärung seitens Frankreichs und Englands an die deutsche Regierung. Doch da gab es für uns Börsianer und Geldmanager die große Überraschung: Die Banken schlossen nicht, es gab kein Moratorium, die Börse war nicht zu, nicht einmal die Devisenbörse, es wurde keine Devisenzwangswirtschaft verordnet. Und die größte aller Überraschungen – unfaßlich –: Die Börsentendenz drehte sich, und die Kurse stiegen raketenhaft in die Höhe. Wer hätte sich das vorstellen können, eine stürmisch steigende Börse als Reaktion auf Kriegsausbruch? Und was war die Erklärung?

Es gab verschiedene Begründungen: einmal die technische Verfassung des Marktes und das Phänomen Fait accompli. Es gibt auch eine sachliche Erklärung, die ganz logisch klingt. Das Publikum war monatelang ängstlich und wollte Bargeld hamstern. Nun aber begann ein neues Kapitel. Es war Krieg, ein Krieg mit allen wirtschaftlichen Folgen. Krieg bedeutete für das Publikum nach seiner Erfahrung Inflation. Inflation, Geldentwertung, erinnerte an den Ersten Weltkrieg. Man wollte also das Bargeld in Sachwerte eintauschen – und so schnell wie möglich. Immobilien kann man nicht auf die schnelle kaufen. Es lag also auf der Hand, Aktien zu kaufen. Das war in den Augen der Menschen besser als Bargeld. Und diese raketenartige Aufwärtsbewegung dauerte, bis die erste deutsche Offensive gegen Holland anfing. Dann brach die ganze Börsenhausse zusammen. Plötzlich wurde Publikum und den Börsenspielern bewußt, daß der heiße Krieg anfing. Diese dramatische Abwärtsbewegung dauerte dann bis Mitte Juni, als die deutschen Truppen auch Paris besetzten. Dann wurde die Börse doch geschlossen und aus dem besetzten Paris nach Vichy im unbesetzten Teil Frankreichs transferiert. Das war aber natürlich nur der Schatten einer Börse mit minimalen Umsätzen und mit einem Bruchteil der vorherigen Kurse. Das ist die Börse! Sie reagiert unberechenbar, hysterisch und scheinbar gegen jede Logik, speziell gegen die Alltagslogik, die jedoch mit der Börsenlogik nicht identisch ist.

Wie kann sich der Börsenprofi dieser Massenpsychologie entziehen? Sehr schwierig, denn wenn er sich auch theoretisch festgelegt hat, gegen den Konsensus zu gehen, wird er im letzten Moment, in dem er sich antizyklisch entscheiden muß, denken: »Ich weiß, was ich machen müßte; aber diesmal ist es anders.« Erst später wird er feststellen können, daß es dieses Mal auch nicht anders war.

Der Spekulant muß trainiert, kühl und sogar zynisch sein und sich denken: »Ihr liegt alle falsch, nur ich sehe klar.« Man muß immer damit rechnen, daß die Börse boshaft ist und sich oft justament nicht so verhalten wird, wie es von allen erwartet wird. Vielleicht tut sie das nur, um die Spieler zu bestrafen, damit sie sich nicht zuviel einbilden, wenn sie in den letzten Jahren schöne Gewinne machen konnten. Nicht vergessen: Die Gewinne sind Illusion, nur die Verluste sind echt.

Das Ei des Kostolany

Meiner Erfahrung nach besteht jede zyklische Bewegung (bei Aktien, Anleihen, Edelmetallen, Währungen, also in allen Märkten, auf denen spekuliert wird) aus drei Phasen: die Phase der Korrektur, die Phase des Stimmungsumschwungs und die Phase der Übertreibung. Nehmen wir als Beispiel die Wende nach der tiefsten Baisse. In der ersten Phase der Korrektur wird der Kurs (der unberechtigt tief gefallen war) ganz allmählich auf ein Niveau gehievt, das gewissermaßen realistisch und berechtigt ist. In der zweiten Phase bessert sich die zuvor schlechte Stimmung mehr und mehr und steigt nun zusehends mit jedem Tag. Es beginnt die dritte Phase, in der die Aktienpreise von Stunde zu Stunde anziehen. Kurse und Stimmungen treiben sich gegenseitig in die Höhe. Es herrscht Euphorie. Sie läßt die Kurse weiter ins Kraut schießen und ist ausschließlich von Massenhysterie bestimmt.

Im Zyklus der nächsten Baisse folgen die Phasen in derselben Reihenfolge aufeinander: Phase der Korrektur – die Preise waren zu hoch gestiegen; Phase des Stimmungsumschwungs – ungünstige Ereignisse (steigende Zinsen, nachlassende Wirtschaft, Pessimismus und so weiter) verunsichern die Spekulanten; Phase der Übertreibung – die sinkenden Kurse erzeugen einen tiefen Pessimismus, der wieder auf die Preise drückt. Die Kurse fallen wie die Blätter im Herbst. Das ist die Panik, die Papiere werden verschleudert.

Die Baisse- oder Hausse-Welle der letzten Phase dauert immer so lange, bis ein psychischer Elektroschock aus irgendeiner Rich-

Kaufen sollte man schon in der Übertreibungsphase der Abwärtsbewegung, wenn hohe Umsätze auf Panikverkäufe schließen lassen; aufstocken kann man diese Positionen in der ersten Phase der Aufwärtsbewegung, solange es mit niedrigen Umsätzen abgeht.

Umgekehrt verkauft man schon in die letzte Haussephase mit hohen Umsätzen sowie bei bröckelnden Kursen (erste Baissephase) mit niedrigen Umsätzen.

Folglich soll man in den Übertreibungsphasen gegen die Tendenz gehen, in den Korrekturphasen mit der Tendenz mitgehen und in den Phasen des Stimmungsumschwungs ruhig abwarten.

Um im Bild zu bleiben: Die Börsenmanöver eines erfahrenen Spekulanten zielen darauf ab, das Ei möglichst weit unten (beim Kauf) und oben (beim Verkauf) abzukappen, ohne sich dabei in den Finger zu schneiden.

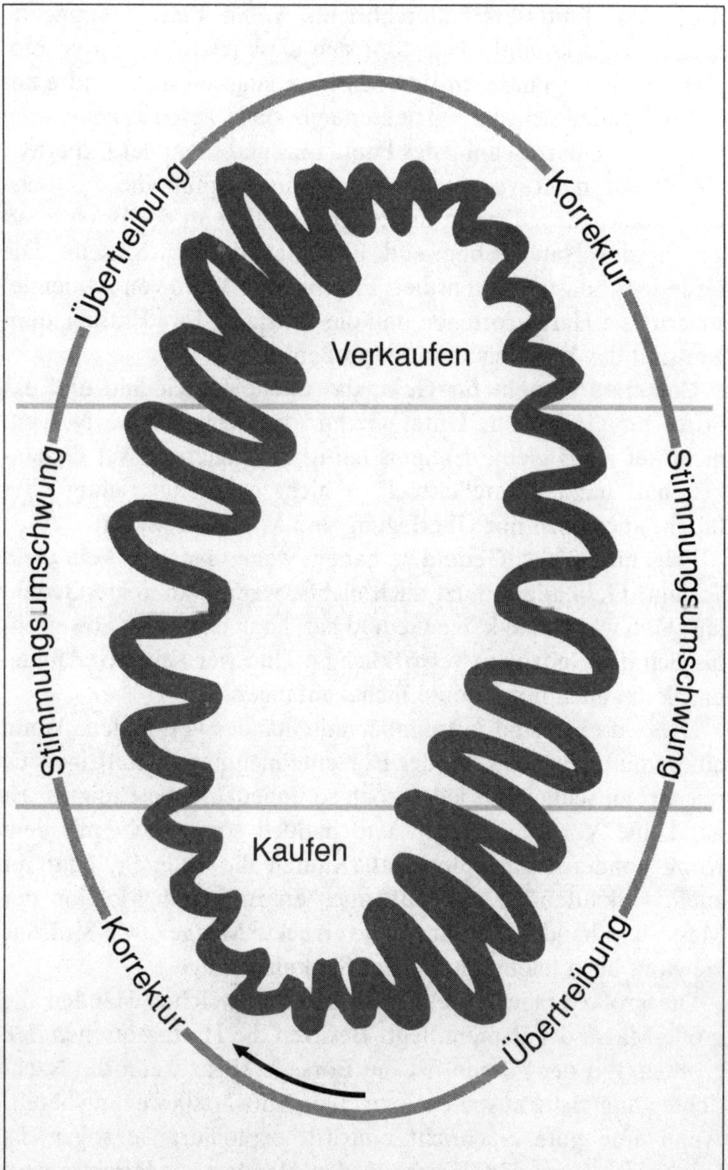
Übertreibung
Korrektur
Verkaufen
Stimmungsumschwung
Stimmungsumschwung
Kaufen
Korrektur
Übertreibung

tung den Teufelskreis durchbricht. Wenn dieser reinigende Schock nicht kommt, dann tobt sich diese letzte, rein psychologisch bedingte Phase an den Märkten langsam aus. Und eines Tages wendet sich die Börsentendenz ohne jeden erkennbaren Grund zur Überraschung des Publikums und sogar der Experten, die darauf nicht vorbereitet sind. Nun beginnt die zyklische Gegenbewegung. Das ist die ewige Rotation an der Börse – so wie in der Natur Ebbe und Flut einander abwechseln. Die Gründe für das Gezeitenspiel: Es gibt zwei Arten von Aktienbesitzern, die Hartgesottenen und die Zittrigen. Ihre Entscheidungen sind das Ergebnis der drei großen G.

Das erste G steht für Geld, das zweite für Geduld und das dritte für Gedanken. Unter Geduld verstehe ich die Nerven, nicht auf jedes kleine Ereignis heftig zu reagieren. Wer Gedanken hat, handelt intellektuell – nicht unbedingt richtig oder falsch, aber doch mit Überlegung und Vorstellungskraft.

Es genügt nicht, Geduld zu haben, wenn man über kein Geld verfügt. Geld allein nützt auch nichts, wenn man keine Geduld hat. Und wenn man keine Geduld hat, kann man nicht abwarten, bis sich die Gedanken verwirklichen. Und wer keine Gedanken hat, kann auch mit Geduld nichts anfangen.

Diese drei G sind untrennbar miteinander verbunden. Wenn eines von ihnen fehlt, ist der Börsenteilnehmer ein Zittriger. Er reagiert zu schnell auf jedes noch so unbedeutende Ereignis. Er hat keine Vorstellungskraft und handelt somit nicht mit dem Kopf, sondern rein emotional. Kaufen die anderen, kauft er auch; verkaufen sie, verkauft auch er. Er ist ein Molekül der Masse und handelt mit ihr (die »verrückte Menge«, wie Sir Isaac Newton, auch leidenschaftlicher Spekulant, sagte).

Die große Frage besteht also darin, in welchen Händen die große Masse der Papiere liegt. Besitzen die Hartgesottenen den größten Teil der Aktien, ist die Börse – sogar wenn die Nachrichten ungünstig ausfallen – zu einer Aufwärtsbewegung bereit. Wenn eine gute Nachricht eintrifft, explodiert sie sogar. Ist jedoch das Gros der Papiere in den Händen der Furchtsamen, kann es schon bei der ersten schlechten Nachricht zu einem Debakel kommen.

Fallen die Kurse bei steigenden Umsätzen, ist es ganz sicher, daß eine Riesenquantität von Aktien von den Ängstlichen zu den Nervenstarken übergeht. Es kommt sogar zu einem Moment, in dem die Zittrigen ausverkauft haben und die Aktien nur noch in den sicheren Tresoren der Hartgesottenen liegen. Jetzt haben die Zittrigen das Geld und die Abgebrühten die Papiere.

Wenn nach dem generellen Ausverkauf die Kurse einen Boden finden und dort eine Zeit lauern und sogar auf schlechte Nachrichten hin nicht zurückfallen, ist das ein Beweis, daß der Markt bereit ist zu einer neuen Aufwärtsbewegung – auch ohne gute Nachrichten.

Dutzende von Beispielen können diese Theorie untermauern, die vom Anleger verlangt, sich antizyklisch zu verhalten. Das ist leicht gesagt, aber schwer getan. Man muß dazu ein wirkliches Training absolvieren, einen starken Charakter haben und vielleicht sogar zynisch sein, um bei zu Tode betrübter Stimmung einzusteigen.

Es gibt unter den Marktteilnehmern 90 Prozent Zittrige und maximal zehn Prozent Hartgesottene. Das sagt mir jedenfalls meine Erfahrung.

»Sie ist halt wert, was sie wert ist«, wie der große General Charles de Gaulle so oft sagte.

Ein Reicher unter Armen und die Kreuger-Tragödie

Ich war bekanntlich Anfang der dreißiger Jahre, zur Zeit der großen Wirtschaftskrise, eingefleischter Baissier – eine Angelegenheit, die sich als sehr lukrativ erwies. Ich war von meinen Erfolgen wie berauscht. Nicht so sehr von dem Geld wie von der Bestätigung meiner Voraussagen. Meine Kollegen besuchten mich. Sie sahen in mir geradezu einen Propheten, der die Entwicklung – gegen die allgemeine Meinung – richtig beurteilt hatte. »Wie konnte dies nur geschehen?« fragten sie mich. »Alles ist möglich an der Börse, sogar das, was logisch ist« war meine Antwort. Denn für mich war der Zusammenbruch der Oustric- und Devilder-Spielsyndikate genauso logisch, ja fast selbstverständlich, wie vierzig Jahre später der Zusammenbruch von IOS, Gramco etc. Das einzige, was mich erstaunte, war das Erstaunen der anderen.

Da ich jetzt die Mittel dazu hatte, wollte ich auch die Annehmlichkeiten des Lebens genießen. Dabei machte ich aber eine peinliche Entdeckung. Mein philosophischer Rationalismus und mein Börsenspürsinn hatten dazu geführt, daß ich viel verdiente, während die anderen verloren. Ein Vers von Wilhelm Busch kam mir damals oft in den Sinn: »Höchst fatal, bemerkte Schlich, hehe – aber nicht für mich.« Mein Wunsch war in Erfüllung gegangen, aber das Schauspiel, das ich vor Augen hatte, betrübte mich aufs höchste.

Meine Freunde, meine Kameraden, alle, die ich gern hatte, waren ruiniert. Sie hatten in dieser Krise entweder ihr Geld oder ihre Stellung verloren und wußten nicht, was ihnen die Zukunft bringen würde. Ich hingegen konnte mir jetzt jeden Luxus leisten und jedes Vergnügen, von dem ich je geträumt hatte.

Die eleganten Hotels und Restaurants standen mir offen, denn meine Brieftasche war gefüllt, aber – und jetzt kommt das große Aber: Die anderen waren nicht dabei. Die gute Atmosphäre war dahin, das fröhliche Lachen verklungen, an seine Stelle waren Verbitterung und schlechte Laune getreten. Ich war allein, allein mit mir selbst. Überall wurde etwas zum Verkauf angeboten, aber ich hatte keinen Spaß mehr am Kaufen. Ich begriff, daß Champagner und Kaviar kein Vergnügen machen, wenn die Freunde sich mit einer Tasse Kaffee begnügen müssen.

Ich wagte nicht, glücklich zu sein, und konnte es auch gar nicht. Ich kam mir schlechter vor, als ich war.

Eine Idee drängte sich mir auf. Wäre es nicht schöner, gleichzeitig mit den anderen zu verdienen – natürlich immer etwas mehr als die anderen –, aber doch im gleichen Strom zu schwimmen wie sie? Mein Erfolg bedrückte mich beinahe. Ich begann an meiner Baisse-Philosophie zu zweifeln. Man kann nicht immer nur lachen, wenn die anderen weinen. »Der Baissier wird von Gott verachtet, weil er nach fremdem Gelde trachtet«, heißt es im Börsenkatechismus. Und eines Tages trat das fatale Ereignis ein, das mich völlig verwandelte. Es war eine Tragödie, bei deren Schluß sich die Schauspieler nicht mehr erheben konnten.

Es war an einem Samstagnachmittag. In tiefem Ernst hatten sich die Pariser zum Staatsbegräbnis für Aristide Briand (der große Freund Stresemanns) auf den Champs-Élysées eingefunden. Nach der Zeremonie zerstreute sich die Menge. Ich wußte nicht recht, was anfangen, und um die Zeit zu vertreiben, ging ich zum Plaudern in das Büro eines Freundes, eines amerikanischen Börsenmaklers. Natürlich warf ich einen Blick auf die letzten Börsenkurse.

Damals gab es an Samstagen nur eine sehr kurze Nachmittagsbörse – zwei Stunden. Bei einem sehr ruhigen Markt hatte sich jedoch etwas Merkwürdiges ereignet. Ein einziger Wert war

Gegenstand riesiger Transaktionen. Hunderttausende von *Kreuger-OG-Toll-Aktien des großen schwedischen Streichholztrusts* wurden gehandelt – während der ganzen Börsenzeit zu ein und demselben Kurs, dem gleichen wie am Vorabend. Ich war sofort neugierig, da ich mit Kreuger-Aktien auf Baisse spekuliert hatte.

Die Idee von Ivar Kreuger, dem schwedischen Streichholzkönig, war ebenso einfach wie gescheit.

Die mittel- und osteuropäischen Länder brauchten Geld, und Kreuger war bereit, es ihnen zu besorgen. Als Entgelt ließ er sich das Streichholzmonopol einräumen, das ihm einen interessanten Gewinn sicherte. Nur besaß Kreuger nicht die großen Summen, die zum Beispiel Deutschland brauchte.

So emittierte seine Firma Anleihen, und den Gegenwert stellte er den kapitalbedürftigen Ländern zur Verfügung. Der größte Teil dieser Anleihen wurde in den Vereinigten Staaten gezeichnet – oder hätte gezeichnet werden sollen. Kreuger wollte nicht an den Differenzen im Zinssatz zwischen dem verliehenen und dem geborgten Geld, sondern lediglich an den Gewinnen aus der Streichholzfabrikation verdienen. Die Methode war nicht neu, sie war die große Spezialität der Fugger im 16. Jahrhundert gewesen, nämlich die Gewährung von Krediten im Austausch gegen ein Monopol.

Die Fugger hatten den in Schwierigkeiten geratenen Fürsten Geld geliehen und dafür das Privileg eines Handels oder die Ausbeutung von Bodenschätzen erhalten. Der König von Portugal räumte ihnen eine Zeit lang das Monopol des Pfefferhandels ein, und der spanische König überließ ihnen die Ausbeutung seiner Silber- und Kupferminen.

Kreuger hatte dieses System wieder aufgegriffen und es der modernen Zeit angepaßt. Er bediente sich der Effekten, der Inhaber-Obligationen, um amerikanisches Kapital nach Mittel- und Osteuropa zu schleusen.

Die Schuldnerländer waren Ungarn, Rumänien, Deutschland, Jugoslawien, Polen und einige südamerikanische Staaten. Zu den Gläubigern gehörten in erster Linie die Vereinigten Staaten, die

Niederlande, die Schweiz, Großbritannien, Frankreich, also die kapitalkräftigen Länder des Westens.

Die Sache schien vernünftig und auch durchführbar. Sie hätte es sein können, wenn die Schuldnerländer solvent geblieben wären. Zum Zusammenbruch führte sicherlich keine Unanständigkeit Ivar Kreugers; die für Mitteleuropa ungünstigen politischen Ereignisse lösten die Katastrophe aus.

Kreuger hatte die finanzielle Struktur und die wirtschaftliche Zukunft dieser Länder falsch beurteilt. Er war Ingenieur, Industrieller, aber gewiß kein erfahrener Bankier oder Spekulant. Sonst hätte er sich nie auf eine solche Sache eingelassen. Aber da er weder die Qualitäten des einen noch des anderen besaß, endete alles tragisch.

Deutschland, Rumänien, Ungarn und die anderen Schuldnerländer stellten eines Tages die Zahlung der Zinsen und der Amortisierungsbeträge ein. Diese Tatsache allein hätte aber den Zusammenbruch des Kreugerschen Industriereiches noch nicht herbeigeführt, wären die herausgegebenen Obligationen tatsächlich beim Publikum untergebracht gewesen. In diesem Falle hätten die Inhaber der Obligationen ihren Einsatz oder einen Teil ihres Einsatzes verloren, die Emissionsgesellschaft wäre aber nicht wegen Zahlungsunfähigkeit der Schuldner pleite gegangen. Der Crédit Lyonnais, der die Unterbringung der russischen Renten besorgt hatte, ging nicht zugrunde, als die UdSSR sich weigerte, die Anleihen des zaristischen Rußland anzuerkennen – wenn auch die Inhaber der Obligationen dabei ihr Geld verloren. Und die Bank Rothschild ist auch nicht umgefallen, als eine große Zahl ausländischer Anleihen, die sie beim Publikum untergebracht hatte, faul wurden.

Aber Kreuger verfügte weder über Tausende von Bankschaltern wie die großen Kreditinstitute, noch hatte er den Ruf der Rothschilds. Er hatte nicht alle Obligationen unterbringen können, ein großer Teil war an ihm hängengeblieben. Diese Papiere gab er bei verschiedenen Banken »in Pension« (das heißt als Deckung). Dafür erhielt er kurzfristige Kredite, und diese Kredite brauchte er wiederum für die mitteleuropäischen Länder.

Für einen scharfsichtigen Spekulanten, der die Einzelheiten einer finanziellen Operation übersieht, war die Affäre Kreuger klar. Außerdem erfuhr ich, daß der Syndikus des Verbandes der offiziellen Börsenmakler durch ein geheimes Rundschreiben die siebzig gemeinschaftlich haftenden Verbandsmitglieder aufgefordert hatte, die Zahl der Kreuger-Obligationen zu begrenzen, für die sie Kredite garantierten.

Damals erreichte die Wirtschaftskrise in Amerika ihren Höhepunkt. Es bestand auch keine Hoffnung auf eine Besserung der politischen Lage in Mitteleuropa. Infolgedessen war auch niemand interessiert, sein Geld in Kreuger-Obligationen anzulegen.

Die Situation schien mir kritisch. Ich hatte keine Bedenken, mit den schwedischen Streichhölzern auf Baisse zu spekulieren. Die Kurse gaben bereits etwas nach, aber Kreuger stützte sie offensichtlich, um die Kreditfähigkeit seiner verschiedenen »Pensionen« bei den Banken und Börsenmaklern nicht zu gefährden. In Paris arbeitete die Bank von Schweden für Kreuger, in New York war es das Bankhaus Lee Higginson, und seine wachsamen Bevollmächtigten kauften ständig, um die Kurse zu halten.

Wahrscheinlich bestand bei gewissen Banken ein Dauerauftrag, koste es, was es wolle, den Preis von 5,25 Dollar zu halten, selbst wenn dies den Erwerb einer großen Menge von Papieren erfordern sollte. Damit erklärte ich mir die zahlreichen Verkäufe vom Samstag. An jenem Nachmittag, als mich das Begräbnis Briands auf die Champs-Élysées geführt hatte, waren von geheimnisvoller Seite innerhalb von zwei Stunden Hunderttausende von Papieren auf den Markt geworfen worden. Ich zerbrach mir den Kopf, woher diese Aufträge kamen.

Natürlich konnte ich nicht wissen, daß ein paar Häuser weiter Ivar Kreugers Leiche in seiner Wohnung in der Avenue Victor Emmanuel III lag. Als die Börse nachmittags in Wall Street eröffnet wurde, war er bereits tot. Aber auch die Banken, die Kreugers Interessen vertraten, wußten es nicht. Sonst hätten sie die Kauforder ihres Klienten nicht ausgeführt.

Ivar Kreuger hatte am Samstag morgen um 11 Uhr Selbstmord begangen. Unter Berücksichtigung des Zeitunterschiedes hätte die Nachricht vor Eröffnung der Börse in New York sein können. Sie wurde aber erst sehr spät am Samstag abend bekanntgegeben.

Ein paar Personen kannten das Geheimnis. Einer von Kreugers Teilhabern, der gleichzeitig sein bester Freund war, die Privatsekretärin und die Aufwartefrau, die beim Reinemachen die gräßliche Entdeckung machte. Die beiden Frauen bewahrten Stillschweigen.

Kreugers Teilhaber setzte geschickt bei der Polizeipräfektur durch, daß die Nachricht vom Selbstmord nicht vor dem Abend bekanntgegeben wurde. Es gelang ihm sogar, die beeindruckten Beamten davon zu überzeugen, daß es sonst eine Weltkatastrophe gäbe, an der sie die Schuld trügen.

Schließlich verlangte der Rang des Verstorbenen, der Grand Officier der Ehrenlegion gewesen war, gewisse Rücksichtnahmen. Außerdem waren die Dienststellen der Präfektur wegen des Staatsbegräbnisses für Briand, und weil Wochenende war, spärlich besetzt. In gutem Glauben und überzeugt, das Rad der Geschichte aufzuhalten, fanden sich die Beamten der Präfektur also bereit, das Geheimnis zu wahren.

Es war eine Farce mit unheilvollen Folgen. Denn wem hatten die »so lebenswichtigen« zwölf Stunden Aufschub genützt? Den Gang der Geschichte haben sie gewiß nicht aufgehalten. Dafür haben eine Handvoll Spekulanten, die noch annähernd fünfhunderttausend Titel verkaufen konnten, sehr schön davon profitiert.

Unter denen, die das Geheimnis kannten, befand sich auch ein hoher Beamter der Polizeipräfektur. Zum Mittagessen hatte er den Verlobten seiner Tochter, den amerikanischen Journalisten Mike W., zu Gast.

»Ich habe eine sensationelle Nachricht für Sie, und Sie werden sicher wissen, wie Sie sie verwenden oder sogar Nutzen daraus ziehen können. Nur müssen Sie mir Ihr Ehrenwort geben, daß Sie sic nicht vor dem Abend weitergeben. Stellen Sie sich vor, der schwedische Streichholzkönig Ivar Kreuger hat heute morgen in seiner Wohnung Selbstmord begangen.«

Der junge Mann gab sein Ehrenwort. Als gewissenhafter Journalist begab er sich in das Archiv seiner Zeitung, um dort Material über den Lebenslauf des Finanzmannes zu sammeln. Dann ging er nach Hause, schrieb einen langen Artikel und kabelte ihn noch am selben Abend an seine Redaktion.

Am nächsten Morgen brachten alle Zeitungen die sensationelle Nachricht in riesigen Balkenüberschriften. »Selbstmord des Finanziers Kreuger!« Als ich meine Morgenzeitung entfaltete, bekam ich einen Schock. Die Nachricht wirkte auf mich wie ein Schlag mit dem Holzhammer. Mit einemmal war mir der große Wirbel mit den Aktien am Vortag klar.

Ich hatte wieder verdient, diesmal aber auf Kosten eines Menschenlebens. Dieser Schlag traf auf einen psychisch bereits vorbereiteten Boden und verleidete mir die Baissespekulation. Ich fühlte mich geradezu schuldig am Tod Ivar Kreugers. Jedenfalls hatte ich mir einen gewissen Mangel an Moral zuschulden kommen lassen.

Ich wußte noch nicht, daß Kreugers Tod meine Lebensphilosophie ändern würde. Durch diesen Schock wurde ich zum Optimisten und Haussespekulanten.

Am Montagmorgen stürzten die Kreuger-Werte und konnten kaum noch notiert werden. Ich begann einzudecken. Mehrere amerikanische Banken stellten als Folge der massiven Käufe vom Samstag ihre Zahlungen ein.

Der Schock traf mich um so mehr, als ich Ivar Kreuger zutiefst nicht für den Betrüger hielt, als den ihn die Weltpresse hinstellte. Der Grundgedanke seiner Geschäfte war anständig und korrekt. Er täuschte sich nur in der Beurteilung der wirtschaftlichen und politischen Lage und wurde das Opfer unglücklicher Umstände.

Als sein Gebäude ins Rutschen kam, versuchte er, sich überall festzuhalten, gleichgültig, wo, wie es jeder Stürzende tut. So ließ er sich von einem Ausweg zum anderen treiben, immer weiter, ohne die Trennungslinie genau zu beachten zwischen dem, was noch legal war und was nicht mehr. Gewiß, das Publikum verlor Milliarden, aber die Verantwortung dafür sollte nicht allein dem gesetzwidrigen Vorgehen Kreugers zugeschrieben werden, sondern auch den politischen Ereignissen und den finanziellen Verhältnissen in Mitteleuropa. Und mit etwas Toleranz, glaube ich, sollte man Ivar Kreuger mildernde Umstände zubilligen.

An diesem Tag kam auch der Journalist wieder zu seiner Verlobten.

»Nun, haben Sie aus meiner Mitteilung Nutzen gezogen?« fragte ihn der Vater.

»Ja, natürlich«, antwortete der junge Mann, »der Direktor unserer Zeitung hat mich zu meinem Artikel beglückwünscht, weil ich, dank Ihnen, der erste war, der die Nachricht übermittelte.«

»So, und weiter haben Sie nichts getan!!!!«

Der junge Mann mußte seine Einfalt teuer bezahlen. Er bekam die Hand der Tochter nicht, denn für den Existenzkampf in dieser Welt war er entschieden zu unreif.

Andere Leute hatten die Mitteilung – vielleicht aus der gleichen Quelle – offenbar besser verwerten können. So gut, daß die New Yorker Börse ein Komitee ernannte, das darüber Aufklärung schaffen sollte, wer die massiven Verkäufe vom Samstag veranlaßt hatte. Man entdeckte nie eine Spur.

Das Kreuger-Drama hatte mich innerlich verwandelt. Es gab mir einen menschlicheren und entsprechend gesünderen Blickwinkel und machte mich von der bösen Galligkeit des Pessimisten frei. Ich entledigte mich all meiner Baisse-Verpflichtungen.

Abgesehen von meiner veränderten seelischen Grundhaltung sagte mir auch mein Instinkt – oder war es meine Logik –, daß die Depression in der ganzen Welt ihren Tiefpunkt überschritten hatte. Dafür gab es mancherlei Anzeichen. Die Börsentendenz schwenkte allenthalben tatsächlich um. Im Frühling begann mit Roosevelts Amtsübernahme und den Reformen des New Deal eine neue Ära des wirtschaftlichen Aufschwungs und der Börsenhausse in den Vereinigten Staaten.

Damals wurde, so möchte ich sagen, die Chance meines Lebens geboren. Mein eigenes Leben glich sich gewissermaßen dem Lauf der Weltgeschichte an: Meine persönliche Entwicklung hatte eine günstige Wendung genommen, und zwar im richtigen Augenblick. Aus dem Sturm, der mich erfaßt hatte, war ich als ein neues Wesen hervorgegangen. Und zur gleichen Zeit erlebte zufällig ein großer Teil der Welt ebenfalls eine Erneuerung.

Amerika löste sich aus einer tödlichen Umklammerung. Die gefährliche Krise des Kapitalismus, die ihn für immer hätte ersticken können, war überwunden, und nie wieder konnte eine ähnliche Katastrophe eintreten. Es war die erste ihrer Art und gleichzeitig die letzte.

Von dieser Depression, der Millionen Menschen zum Opfer gefallen waren, hatte ich viel profitiert. Aber der Nachgeschmack war bitter. Diesmal hatte ich – endgültig – begriffen, daß es schöner ist, durch die Hochkonjunktur zu verdienen. Jetzt empfand ich Verachtung für das Geld, weil ich alle anderen Werte, die ich mißachtet hatte, wieder höher schätzte – einschließlich der Börsenwerte. Mein Glück war, daß diese Werte nicht nur in meinen Augen, sondern auch an der Börse stiegen. In der Roosevelt-Ära kam es zu einer stürmischen Hausse.

Ich hatte begriffen, daß es andere Dinge im Leben gibt, die man sich mit Hilfe des Geldes zwar leichter beschaffen kann, die aber das Geld nicht ersetzen können.

Das änderte natürlich nichts daran, daß ich mir den ganzen Tag den Kopf darüber zerbrach, wie ich an der Börse einen neuen Coup landen konnte. Doch man halte mir zugute, daß mich bei einer gelungenen Spekulation die Bestätigung meiner richtigen Voraussage ebenso freute wie der materielle Gewinn.

Mein Börsenzoo

Zwei besondere Exemplare: Victor Lyon und Gustav Hoffmann

Seit siebzig Jahren lebe ich in einem Zoo der verschiedensten Menschenspezies. Ich hatte viele Freunde: Uradelige, Intellektuelle, kleine Schieber und große Diebe, Reiche wie Krösus und Arme wie Kirchenmäuse. Und an der Börse? Nicht jeder, der sich dort bewegt, ist ein »Spekulant«. (Ich meine, man darf den Begriff nicht mißbrauchen.) Es gibt solche und solche Börsianer. Es gibt den Doktor der Börsenkunst und den Börsenspieler von einem Tag zum anderen oder sogar von einer Stunde zur anderen. Es gibt Amateure, Halbamateure, es gibt Winkelspekulanten und so fort.

Und dann gibt es noch das ganze Heer der technischen Armatur: Bankiers und ihre Angestellten, Makler, Zensale, Remissiers, Agenten und Subagenten, abgebrannte Anlageberater, deren Beruf eher dem eines Staubsaugerverkäufers als dem eines Vermögensverwalters ähnelt, und ein ganzes Heer von Menschen, die durch die Börse oder auch nur an der Börse leben, von Kommissionen, Provisionen, Vermittlungsgebühren und so weiter.

Die wichtigsten Figuren aber sind »Haussetrottel«, »Baissegeier« und andere Käuze – sie bevölkern die Welt, in der ich mich seit sieben Jahrzehnten bewege. Nach einer so langen Zeit darf ich mich über die Börsenzoologie, von der ich mich selbst nicht ausschließe, ein wenig lustig machen. Mit etwas Glück können Jüngere davon profitieren.

Die Börse ist eine bunte Welt, eine Art von Dschungel, wo der

Starke den Schwachen auffrißt. Vae victis: Es herrscht unter den Profis ein permanenter Kampf und ein dazu bestens geeignetes Zweiparteiensystem. Es gibt Baissiers und Haussiers oder – wie die Angelsachsen es malerisch ausdrücken – Bears and Bulls (Bären und Stiere).

Der Bulle ist das Sinnbild des Spekulanten, der voranstürmt und mit seinen Hörnern alles in die Höhe schleudert, an erster Stelle natürlich die Kurse. Der Baissier ist der Jäger, der das Fell verkauft, bevor er den Bären geschossen hat. Es kann ihm nämlich passieren, daß er den Bären nicht trifft und dann mit Verlust das zu früh verkaufte Fell zurückkaufen muß.

In allen Börsen der Welt mögen die Bulls die Bears und die Bären die Bullen nicht. Ihre Weltanschauung ist so grundsätzlich verschieden voneinander, daß es kein wirtschaftliches oder politisches Ereignis gibt, bei dem sie ein und derselben Meinung wären. Der Baissier kommentiert jede Nachricht pessimistisch, der Haussier gibt zur gleichen Zeit eine optimistische Interpretation.

Ich kann, wenn ich mich zehn Minuten mit einem Börsianer unterhalten habe, sagen, ob er ein Haussier oder Bassier ist – ohne ein Wort über die Börse zu verlieren. Meine »Börsenpsychoanalyse« im Schnellverfahren arbeitet sofort. Denn wenn zwei Börsianer sich treffen, fragen sie nicht: »Wie geht es Ihnen?«, sondern: »Wie sehen Sie den Markt?«

Der Baissier ist ein ganz merkwürdiger Kauz, dessen Motivation sich aus unterschiedlichen Quellen speisen kann. Ein ganz typischer Vertreter des »intellektuellen Baissiers« war ein gewisser Victor Lyon, der in Börsenkreisen allgemein nur la Pieuvre, »der Blutsauger«, genannt wurde. Er bemühte sich immer, durch Geheiminformationen herauszubekommen, in welcher Höhe jeweils Kreditengagements an der Börse bestanden. Wenn er wußte, daß viele Hunderte Millionen, ja Milliarden in einer Hausse-Spekulation engagiert waren, spielte er natürlich auf die Baisse. Er wiederholte immer wieder: Die technische Verfassung des Marktes ist entscheidend; wenn alle Papiere von den »schwachen Händen« gehalten werden, dann muß der Krach kommen. Und er hat immer recht bekommen. Victor Lyon pflegte zu sagen: »An einem Baisse-Tag mache ich mehr Geld als in dreißig Tagen des Kursanstiegs.«

Er beherrschte aber auch andere Varianten der Börsenmanipulation wie das Abladen von hochgetriebenen Aktienwerten beim Publikum.

Vor dem Krieg fiel Frankreich diese Rolle eines Mülleimers zu. Alle verdächtigen Aktien, abgebaute Minen und ausgetrocknete Ölquellen, minderwertige Staatsanleihen konnte man dem französischen Sparer andrehen. Dutzende rücksichtsloser Finanziers haben sich daran bereichert. »La Pieuvre«, der Blutsauger, war einer von ihnen.

Die Methode à la Pieuvre funktionierte folgendermaßen: Sagen wir zum Beispiel, irgendeine Londoner Finanzgesellschaft wollte eine Minenaktie in Paris abladen. La Pieuvre kaufte 300 000 Aktien zu einem niedrigen Preis, etwa 20 Shilling, und erhielt eine Option für weitere 100 000 Aktien zu 22, eine weitere zu 24 Shilling und so fort, um je 2 Shilling mehr pro 100 000 Stück. Dann kaufte er an der Londoner Börse dieselben Aktien in kleinen Mengen, aber mit viel Getöse. Vereinbart, daß die Finanzgesellschaft in der Zwischenzeit keine neue Ware auf den Markt brachte und dadurch sein Treiben störte, manipulierte er so den Kurs in die Höhe.

Waren die Aktien bis zu etwa 50 Shilling gestiegen, erfolgte ihre Einführung an der Pariser Börse. La Pieuvre konnte sein ganzes Quantum, auch mit Hilfe der Banken, unterstützt von Flüsterpropaganda und von der Presse, in französische Depots hineinpumpen.

Es ist überflüssig zu sagen, daß die Kurse nach getaner Arbeit vertikal in die Tiefe stürzten, manchmal bis auf Null. Das Publikum erlitt die schwersten Verluste. La Pieuvre aber hinterließ, als er vor einiger Zeit, als Ritter der Ehrenlegion ausgezeichnet, starb, bei Schweizer Banken gut versteckt, nicht weniger als 150 Millionen Dollar, damals eine gewaltige Summe.

Erst vor einigen Jahren habe ich eine kleine pikante Geschichte über »La Pieuvre« gehört. Monsieur Pelletier, ehemaliger Innenminister General de Gaulles, erzählte mir, daß in der Zeit, als er Präfekt von Paris und Umgebung war, »La Pieuvre« ihn aufsuchte und ihm einen Vorschlag machte. Er wolle seine wunderbare Bildersammlung der Stadt Paris vermachen, unter der Bedingung, daß noch zu seinen Lebzeiten eine Straße von Paris nach ihm benannt würde. (Natürlich wäre es nicht die »Blutsauger«-Straße gewesen, sie hätte seinen bürgerlichen Namen getragen.)

Man kann sich vorstellen, daß Monsieur Pelletier den Vorschlag höflich, aber bestimmt ablehnte, aus dem einfachen Grunde, weil in Paris noch nie eine Straße nach irgend jemandem (nicht einmal nach General de Gaulle) zu dessen Lebzeiten benannt wurde. Wie man sieht, haben Finanziers, wenn sie erfolgreich sind, nicht die mindesten Komplexe. Selbst wenn sie Blutsauger oder Halsabschneider genannt werden.

Erinnert das nicht an die Ruhmsucht der Fondsmanager, die in prächtigen Schlössern lebten, mit Privatflugzeugen herumsausten, aber zur gleichen Zeit Millionen von kleinen Leuten ruinierten?

Diese Art von Finanziers war immer clever genug, um Gerichten und Polizei zu entgehen.

Neben den »Intellektuellen«, die ihre Spekulation auf Überlegungen stützen, gibt es auch psychologische Baissiers. Dieser Typus hat keine Ahnung, ob die Papiere überbewertet oder unterbewertet sind, er kümmert sich auch nicht recht darum. Seine Entscheidung, Baissier zu werden, hat rein (individual-) psychologische Gründe: etwa die Überbewertung des Geldes, das man »cash« in der Tasche hat. Und jemand, der am Magen leidet und deshalb immer schlecht gelaunt ist, wird niemals ein Haussier sein.

Mein erster Kunde überhaupt, den ich an der Börse hatte, war solch ein »psychosomatischer« Baissier. Börsenrat Gustav Hoffmann, ein guter Freund meines Vaters, nannte sich zwar Bankier, aber sein einziger Kunde war er wohl selbst. Hoffmann spielte grundsätzlich auf Baisse. Eines Tages kam er nach Paris zu Besuch, ich nahm ihn mit zur Börse, um ihm einiges zu erklären. Die Kurse waren stabil, und er fragte mich, wie die Aktie der »Paris-Bas« stünde. Ich nannte ihm den Kurs, und seine spontane Antwort war: »Zu hoch! Das ist ein frivoler Kurs.«

Über Gustav Hoffmann handelt auch jene Episode: Der Budapester Aktienmarkt erlebte mal wieder eine fulminante Haussebewegung. Ein Börsenkollege sah Hoffmann in einem abgelegenen Winkel des Börsensaals stehen und fragte ihn wohl etwas schadenfroh (denn jedermann wußte, daß er stark à la baisse engagiert war): »Was schätzen Sie, verdienen diese jungen Leute (wobei er auf die vergnügten Haussiers deutete) jeden Tag mit der Hausse?«

Gustav Hoffmann schaute nur kurz auf das für ihn so kostspielige Treiben und gab dann diese königliche Antwort: »Das spielt überhaupt keine Rolle! Dieses Geld kommt alles zu mir zurück. Nur das, was die jungen Leute in der Zwischenzeit für Champagner und Frauen ausgeben, ist für mich verloren.«

In ihren materiellen Interessen stehen sich Bullen und Bären ebenfalls entgegen. Der Ausgang des Kampfes hängt dennoch nicht von der Stärke der beiden ab, sondern, wie beschrieben, von vielen politischen, wirtschaftlichen und psychologischen Faktoren, von Imponderabilien verschiedenster Art.

Die Bulls können sich nicht einmal vorstellen, daß Kurse auch zurückgehen können. Kurssteigerungen erscheinen ihnen normal und selbstverständlich. Einen Kurssturz halten sie für unmöglich. Jedoch verträgt der Haussetrottel eher Verluste, wenn die Börse zurückgeht, als versäumte Gewinne, wenn sie steigt und er nicht dabei ist. Der Bär dagegen sucht in einer fast perversen Sehnsucht nach dem Schmerz, aber nach dem Schmerz anderer. Das stimmt auch, denn er kann nur dann Geld machen, wenn die anderen durch den Kurssturz ihrer Aktien Verluste erleiden, während der Haussier dank des Wachstums eines Unternehmens von höheren Kursen profitiert, ohne dadurch anderen Schaden zu verursachen. Der Baissier triumphiert, wenn die anderen klagen, denn erfahrungsgemäß sind unter hundert Börsenprofis nur fünf Baissiers.

Die Käuze wiederum kümmern sich nicht darum, was Bullen und Bären tun. Sie haben ihre eigene Welt, so etwa die theoretischen Spieler. Diese Spezies kauft und verkauft, aber nur in Gedanken. Sie verbucht Gewinne und Verluste nur im Kopf, die Brieftasche spürt nichts davon. Aber diese Spieler fühlen sich glücklich, wenn sie einen theoretischen Gewinn einstreichen.

Dann gibt es Wochenendspieler, die nur freitags Papiere kaufen, wenn an diesem Tag die Börse fest ist, da sie sicher sind, daß das Publikum nach einem optimistischen Wochenende am Montag sich zum Kauf entschließt. Ich habe noch keine Millionäre unter ihnen gefunden. Dann gibt es wieder andere, die sich nur mit Aktien von Pleitegesellschaften befassen, die man im Börsenjargon »feuchte Füße« nennt. Sie meinen, es könnte doch ein Wunder geschehen. Es geschah hier und da. Immerhin kann man solche Aktien noch als Dekoration verkaufen.

Möchtegerne

»J'accuse!« Ich klage an die Berufsvolkswirte wegen ihrer totalen Verdummung der Sparer und der totalen Verwirrung, die sie in den Köpfen des Publikums, der Geschäftsleute und Unternehmer anrichten. Ihre Volkswirtschaft ist eine Wissenschaft, die vergebens sucht, was Wissen schafft.

Fast alle ihre trüben, verstaubten Theorien kann man nur mit scharfer Logik und viel Arbeit widerlegen, aber hierzu sind nur wenige bereit. Für mich galt schon immer: »Eine halbe Wahrheit ist eine ganze Lüge.« Und das gilt ganz besonders für Wirtschaft und Finanzen. Die Experten zitieren nur die Hälfte der statistischen Zahlen, die man zitieren müßte (US-Haushalts- und Handelsbilanzdefizit, Sparquoten und so weiter).

Die Volkswirte sind also trotz ihrer Diplome Gladiatoren, die mit verbundenen Augen kämpfen. Ihre Statistik ist nicht nur falsch, sie merken zudem nicht, was hinter ihr steckt. Sie rechnen nur und denken nicht. Sie wissen alles, was man aus Büchern büffeln kann, aber die Zusammenhänge entgehen ihnen. Jeder frischgebackene Volkswirt bildet sich ein, unfehlbare Wirtschaftsprognosen machen zu können.

In den Medien der ganzen Welt wird wiederholt festgestellt, daß die Berufsvolkswirte samt ihren Professoren mit den Prognosen völlig auf die Nase gefallen sind. Nach dem berühmten 1987er Crash trafen sich 33 Professoren aus aller Welt in Washington zu einem Symposium und äußerten die düstersten, fast dramatischen Voraussagen für die Weltwirtschaft. Prompt schrieb ich darauf: »33 Professoren, o schöne Welt, du bist verloren!« Und was geschah? Genau das Gegenteil ihrer blauäugigen Prophezeiungen. Heute müssen die Notenbanken den wirtschaftlichen Aufschwung bremsen, damit er nicht die Inflation anheizt. Einen solchen monumentalen Fehlschlag kann man nicht leicht verzeihen.

Ich habe nichts gegen Professoren, ich bin ihnen sogar dankbar, daß sie mir das Alphabet, das Einmaleins und fremde Sprachen beibrachten – aber für Prognosen in der Wirtschaft oder an der Börse taugen sie nicht. Da höre ich mir lieber Astrologen oder Wahrsager an. Vor allem beherzige ich die Worte des Michel de Montaigne (1533 bis 1592), des vielleicht klügsten Mannes der französischen Literatur. Der sagte: »Ich ziehe anstelle eines verschrobenen Palavers ex cathedra vor, daß mein Sohn in einer Kneipe sprechen lernt.«

Warum gibt es also, besonders in der Bundesrepublik, so viele junge Leute, die Volkswirtschaft studieren? Ganz einfach: Sie brauchen auf ihrer Visitenkarte in fetten Buchstaben das Wort Diplom-Volkswirt. Große Unternehmen und Banken ziehen bei einer Anstellung seit einigen Jahren solche Kandidaten vor, bei denen sie den Beweis haben, daß sie keine Analphabeten sind. Unter den Diplomen ist das der Volkswirtschaft das einfachste, bestimmt leichter als das eines Doktoringenieurs. Man muß nur einige Bücher auswendig lernen, viel Kopfzerbrechen braucht man dazu nicht. Und so werden unzählige Diplom-Volkswirte gezüchtet. Ich bedaure sie dafür, daß sie vier Jahre ihrer wertvollen Zeit verplempern müssen, und behaupte, daß Volkswirtschaft eine Pseudo-Wissenschaft ist. Das wenige, das man daraus lernt, veraltet von einem Jahr zum anderen.

Ich bin nicht der einzige, der diese Ansicht vertritt. Die zweitgrößte Maklerfirma an der Pariser Börse (400 Angestellte) schiebt die Bewerber, die sich mit einem Wirtschaftsdiplom melden, sofort zur Seite mit der Begründung, daß diese mit Scheuklappen leben, nicht global denken und zudem noch Besserwisser sind.

Unterhalte ich mich mit einem Börsenkollegen, so brillant er auch sein mag, merke ich nach zwei Sätzen, daß er Volkswirtschaft studiert hat. Seine Argumente und Analysen sind in ein Korsett eingezwängt, aus dem er nicht herausfindet.

Wie aufrichtig und vielsagend war mit seinem Eingeständnis Al Smith, Gouverneur vom Staat New York, ein berühmter, sehr populärer amerikanischer Staatsmann, der beinahe Präsident geworden wäre. Bei einer Volksversammlung rief ihm jemand zu: »Hi, Herr Gouverneur, an welcher Universität haben Sie graduiert?« – »Ich? An dem Fischmarkt von New York City!« Auch Albert Hahn, Professor der Volkswirtschaft, der ein Vermögen von rund 100 Millionen Dollar hinterließ, beschrieb seine Börsenspekulationen kurz, aber ehrlich: »Ich gebe doch nichts auf meine eigenen Dummheiten, die ich als Professor verkünde!«

Leider war der Jury für die Verleihung des Nobelpreises 1990 dieser Spruch nicht zu Ohren gekommen. Im Gegenteil – sie gaben sehr viel auf akademische Dummheiten und vergaben den Preis an drei Professoren der Wirtschaftswissenschaften. Begründung der Schwedischen Akademie der Wissenschaften: »Für ihre bahnbrechende Arbeit« unter anderem »auf dem Gebiet der Portfolio-Analyse«.

Wollen Sie wissen, lieber Leser, was so bahnbrechend an den Thesen der Professoren ist? Eine der Thesen besagt, »daß für die Anlageentscheidung eines einzelnen Investors zwei wichtige Faktoren existieren: die erwartete Rendite und das Risiko«. Nein, wirklich?

Eine andere heißt: Wenn »Anleger Investments mit hohem Risiko akzeptieren, müssen sie auch mit einer höheren Rendite entlohnt werden«. Nicht minder bahnbrechend ist die Erkenntnis, die erwartete Portfolio-Rendite müsse ». . . dem gewichteten Durchschnitt der erwarteten Renditen der einzelnen Investments« entsprechen. Beispiel: Bringe Akte A zehn Prozent und Aktie B 20 Prozent, so betrage die erwartete Portfolio-Rendite 15 Prozent. Eine reife Rechenleistung!

Eine echte Binsenwahrheit ist auch die folgende Empfehlung: Wer das Gesamtrisiko eines Anlageportfolios senken will und die

Aktien eines Unternehmens besitzt, das unter steigenden Ölpreisen leidet, muß Aktien eines solchen Unternehmens dazukaufen, das von den steigenden Ölpreisen profitiert. Ach, nein!

Solche bahnbrechenden Wahrheiten kennt jeder Laufbursche an der Börse. Sie sind bestenfalls eines Wirtschaftskindergartens würdig. Den Nobelpreis dafür zu vergeben, halte ich für eine Beleidigung des Homo sapiens.

Wahrscheinlich haben die Herren Akademiker keine großen Erfahrungen mit Wertpapieren oder Börsen. Sonst würden sie nämlich nicht solche Gemeinplätze verkünden und sich damit lächerlich machen.

Ich weiß, daß ich jetzt manchem Leser mit meiner scharfen Philippika frech und unverfroren vorkommen werde. Aber da ich in meinem Alter keine Ambitionen mehr habe, irgendeinen Preis zu bekommen, erlaube ich mir den Luxus, die Wahrheit zu sagen.

Wissen die Herren Akademiker nicht, daß seit 100 Jahren Hunderte von Büchern über optimale Portfolio- und Wertpapier-Analysen erschienen sind? Ein Klassiker darunter, noch vor der Jahrhundertwende, stammt von dem Engländer Major Angas und erreichte Dutzende von Auflagen. Alle diese Autoren verdienten den Nobelpreis mit gleichem Recht (im äußersten Notfall sogar ich!). Mit diesen preisgekrönten Theorien wollen die Schüler und Adepten der drei »nobilierten« Professoren erfolgreich sein? Da sehe ich schon größere Chancen in den Voraussagen eines Sterngückers.

Auch die Analyse eines alten Börsianers erscheint mir nützlicher. Der gab mir vor 65 Jahren in Paris folgenden guten Rat mit auf den Weg: »Alles hängt davon ab, ob mehr Dummköpfe als Papiere da sind.« Das war übrigens auch das Motto des Herrn Abs, des großen alten Mannes der Deutschen Bank.

Und wieder fällt mir eine Anekdote ein, die mir eine Dame erzählte, deren Vater Zeuge des Vorgangs war: Einstein hält einen Vortrag vor Studenten. Einer fragt ihn, ob er nicht seine Relativitätstheorie kurz und für Laien verständlich erklären könne.

»Nehmen wir an«, sagt Einstein, »ich sitze auf einem heißen

Ofen, drei Minuten lang – es wird mir vorkommen, als seien es 30 Minuten. Aber habe ich auf meinem Schoß eine hübsche junge Dame, 30 Minuten lang, kämen die mir wie drei Minuten vor.« Die jungen Leute lachen, aber man hört, wie einer der Studenten seinem Nachbarn ins Ohr flüstert: »Und dafür hat er den Nobelpreis bekommen . . .?«

Gurus ohne Garantie

Ich amüsiere mich oft über den Nonsens in den Börsenberichten der Tagespresse, wie zum Beispiel: »Die Börse blieb heute durch Verkäufe schwächer, weil die Pessimisten für die weitere Entwicklung keine große Hoffnung haben. Die Käufer waren zurückhaltend, weil sie auf eine schwächere Börse warten. So mußten die Kurse unter dem Druck der schlechten Stimmung und der Abgaben nachgeben.«

Von diesen vielen Zeilen ist nur die erste interessant, und aus der kommt es auf vier Worte an: »Die Börse blieb schwächer.« Alles andere ist selbstverständlich, denn das Wort »schwächer« sagt schon alles. Es gibt natürlich auch Nuancen: schwach, schwächer, sehr schwach.

So manch einfältiger Kommentar stammt sogar von großen Gurus, über die ich nur laut lachen kann. Zum Beispiel: Mr. Robert Farrell, Analyst von Merrill Lynch und populärster Hellseher der Wall Street. In einem technischen Börsenkommentar gab er mal dies zum besten: »Es kann sein, daß die Börse im Begriff ist, einen zyklischen Gipfel zu bilden, um dann auf eine Talfahrt zu gehen. Es kann aber auch sein, daß sich die Aufwärtsbewegung fortsetzt und auf ein unerwartet hohes Niveau führt.« Das ist ein niedriges Niveau wie das »Wenn der Hahn kräht auf dem Mist, ändert sich's Wetter, oder's bleibt, wie es ist.«

Das erinnert mich an die Worte von John Pierpont Morgan. Als ein Journalist ihn während des Wall-Street-Krachs 1907 fragte, wie er die weitere Entwicklung einschätze, antwortete er lakonisch, aber vielsagend: »Die Börse wird fluktuieren.« Dies sagte er aber aus Spaß. Ich hätte noch die Worte aus dem Pariser Stadtwappen hinzugefügt: »Fluctuat nec mergitur« (Es schwankt, aber es geht nicht unter). Auch der Wunderrabiner von Fürth gab telegrafisch und ohne Punkt und Komma eine ähnliche Antwort, als Frankfurter Juden ihn nach der zu erwartenden Börsenentwicklung fragten: »Kaufet nicht verkaufet.«

Noch viel ärger aber steht es mit den Prophezeiungen des berühmtesten Börsengurus der Welt, des jungen Robert Prechter. Er verkauft die Elliott-Wellen-Theorie, die er durch Börsenbriefe und sein Buch verbreitet. In meinen Augen gleicht diese Theorie dem Kaffeesatzlesen. Er empfiehlt, Aktien leerzuverkaufen. Die Kurse freilich steigen. Und so müssen sich die Jünger, weil der Kurs um ein paar Punkte klettert, sofort eindekken. Derartige Empfehlungen wiederholt er nun seit Jahren Woche für Woche. Seine Leser können folglich Woche für Woche ihr ganzes Geld verlieren.

Und wie könnte ich den großen Joe Granville vergessen (der für kurze Zeit Tausende von Anhängern in der Bundesrepublik hatte). Vor zirka zehn Jahren befahl er bei einem Dow Jones von 700 auch Großmüttern, auf den Sturz bis 400 zu spekulieren, der aufgrund seiner Analysen unvermeidlich sei. Doch der Dow Jones fiel nicht auf 400, sondern stieg bis über 3000. Der gute Joe hatte sogar die Unverfrorenheit zu behaupten, für seine Voraussagen werde er den Nobelpreis erhalten. Kennt denn die menschliche Dummheit so gar keine Grenzen?

Ebenfalls nicht in Stockholm, sondern im Grabe landete ein gewisser Kurt Oligmüller. Er erfand die Theorie des goldenen Schnitts, mit der er die kommenden Kurse mit höchster Präzision errechnen wollte. Zur selben Zeit aber hörte er auf Granville, verlor sein ganzes Geld und das seiner Kunden – und beging mit seiner Frau Selbstmord.

Ich muß auch Henry Kaufmann, den Zinsguru, erwähnen, der seine Zinsprophezeiungen immer nach den Entscheidungen der Federal Reserve Bank hinausposaunte. Das hätte auch jeder

Laufjunge tun können. Die bekannte Firma Salomon Brothers hatte ihn mit viel Geld und Public-Relations-Reisen aufgebaut, um dann Prognosen zu machen, die den Anleihemarkt in die eine oder in die andere Richtung ziehen konnten. Glücklicherweise ist er heute längst vergessen, aber wahrscheinlich nicht von denjenigen, die durch seine Voraussagen ihr Geld verloren haben. Seine Popularität und sein Prestige waren vor einigen Jahren unbegrenzt, sogar die Bundesbank konsultierte ihn.

Jede Prophezeiung hat 50 Prozent Chancen, ein Treffer zu sein, denn in dem Rennen an der Börse gibt es nur zwei Teilnehmer: Hausse und Baisse, rauf oder runter. Was die Einflußfaktoren anbelangt, aufgrund deren die Gurus mit Hilfe ihrer Computer die Entwicklung berechnen, denke ich immer daran, daß mir einmal folgende Frage gestellt wurde: »Wenn ein Schiff 20 Meter lang, fünf Meter breit und vier Meter tief ist, wie alt ist dann der Kapitän?«

Ich habe es mit meinem PC genau ausgerechnet, aber ich darf es nicht veröffentlichen – der Kapitän wäre möglicherweise beleidigt.

Drei alte Dokumente aus meiner Karriere

Vor ein paar Monaten habe ich in meinem Keller Ordnung gemacht und dabei unter anderem 12 Flaschen Piper-Heidsieck-Champagner aus dem Jahre 1938 gefunden; leider enthalten sie keinen Champagner mehr, sondern Madeira, aber sie sind noch immer genießbar. Und unter vielen Büchern und persönlichen Sachen fand sich auch ein Umschlag mit alten Papieren. Ich habe sie alle durchgeschaut und darin drei Dokumente gefunden, die für meinen Lebenslauf ganz interessant sind.

Diese drei Dokumente sind Illustrationen für die Karriere eines Börsenprofis. Das erste Dokument datiert von 1929, damals war ich 23 Jahre alt, Börsenprofi, sehr erfolgreich, und machte schon sehr viel Geld. Es handelt sich um eine Lebensversicherungspolice, die belegt, daß ich damals eine Lebensversicherung mit einer Laufzeit von dreißig Jahren abgeschlossen habe, die Versicherungssumme betrug 10 000 Dollar, je zur Hälfte in französischen Francs und Dollars.

10 000 Dollar im Jahre 1929 entsprechen heute einer Kaufkraft von 400 000 Dollar. Das zeigt zum einen, wie meine Spekulationen prosperierten. Zum anderen wollte ich etwas sparen; und diese Lebensversicherung hatte, da ich doch Junggeselle war und meine Eltern wohlhabende Leute, nur den einen Zweck, mich zum Sparen zu zwingen. Ich mußte monatlich etwas einzahlen, um dann, wenn ich es erleben sollte, nach dreißig Jahren die Versicherungssumme ausbezahlt zu bekommen. Ich war mit 23 Jahren schon so vorsichtig, auch ans Sparen zu denken. An der Börse geht nicht alles so einfach.

Noch interessanter aber ist der Begleitbrief der Versicherungsgesellschaft (siehe S. 255), in dem sie bestätigt: Ihrem besonderen Wunsch entsprechend, sind wir bereit, ausnahmsweise anzuerkennen, daß die Versicherungssumme für einen Zeitraum von zehn Jahren auch im Falle eines Selbstmords fällig wird. Es erstaunt mich heute selbst, daß ich mit 23 Jahren eine Lebensversicherung abgeschlossen – und sogar daran gedacht habe, mich auch für den Fall eines Selbstmordes zu versichern. Wenn man total am Ende und mit seinen finanziellen Engagements gescheitert ist, kann einem das ja als letzter Ausweg erscheinen.

Fünf Jahre später hatte ich dann tatsächlich Selbstmordgedanken. Warum, belegt das zweite Dokument (siehe S. 256). Ich bekam Anfang 1934 vom Pariser Gerichtshof eine Verfügung zugeschickt: Das Mobiliar meiner Wohnung im Auktionshaus auf der Rue Rossini wird versteigert, wenn ich nicht bis zum 26. Februar des Jahres meine Schulden – übrigens bei einer Firma in Bingen am Rhein – bezahle. An meiner Wohnungstür klebte der Kuckuck und die Ankündigung der Versteigerung. Ich war also nach vier Jahren der Prosperität schlicht pleite. Der Grund war einfach: schlechte Spekulation. Es ging mir schon ab 1932/33 sehr schlecht, denn ich war stark à la baisse engagiert – und die Börse stieg und stieg. Ich verlor mein ganzes Geld und stürzte mich in Schulden. Nur meine Möbel habe ich dann doch nicht verloren; ein Kollege – wir Börsianer sind ja sehr solidarisch – half mir, meine Verpflichtungen rechtzeitig zu begleichen.

Was macht der Börsianer, wenn er pleite ist? Er muß eben ein bißchen arbeiten. Und so habe ich gearbeitet, und zwar als Makler. Ich gab mein selbständiges Spekulantenleben auf und arbeitete auf Provision. Bald hatte ich mich total erholt – und sogar so gut erholt, daß ich 1936, also schon drei Jahre später, ein Einkommen von über 150 000 Franc hatte, wie Dokument 3 beweist (siehe Seite 257). Das entsprach etwa 12 000 US-Dollar – nach heutiger Kaufkraft sicher das Zwanzigfache, in Dollar also etwa eine Viertelmillion.

B.I.

Les Lettres doivent être adressées
à Mr R. de SAINT-PÈRE
DIRECTEUR GÉNÉRAL
Rue de Richelieu N° 87

ADRESSE TÉLÉGRAPHIQUE DE LA COMPAGNIE
ASSURANCES GÉNÉRALES VIE PARIS 98

NUMÉRO DU COMPTE DE CHÈQUES POSTAUX : 219.66

3147

Compagnie d'Assurances Générales

SUR LA VIE

Entreprise privée assujettie au Contrôle de l'Etat

PRIMITIVEMENT AUTORISÉE PAR ORDONNANCE DU 22 DÉCEMBRE 1819

N° D'IMMATRICULATION AU REGISTRE DU COMMERCE SEINE 39.802

Les Chèques, Mandats et Envois de Valeurs doivent être faits au nom de : "La Compagnie d'Assurances Générales sur la Vie."

Paris, le 21 SEPTEMBRE 1929.

Monsieur André KOSTOLANGI,
50, rue de Monceau à P A R I S .

Monsieur,

En réponse à la demande que vous nous avez adressée par l'intermédiaire de Monsieur HOUSSAY, notre représentant à Versailles, relative au contrat d'assurance mixte que vous avez souscrit, sous le N° 584.453, nous avons l'honneur de vous informer, qu'à titre tout à fait exceptionnel, nous consentirons à couvrir le risque de suicide, conscient ou non, après deux ans de durée du contrat .

Veuillez agréer, Monsieur, l'assurance de notre considération distinguée .

Pour la Compagnie :
Le Directeur Général,

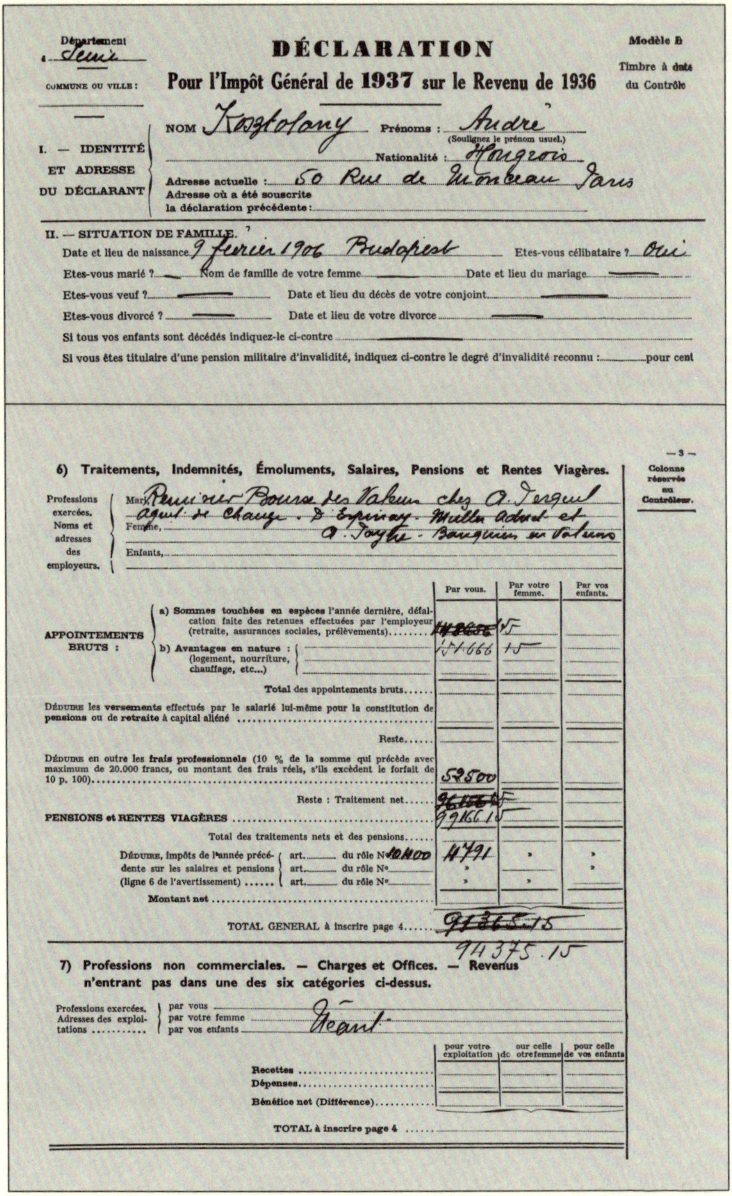

Département : Seine

COMMUNE OU VILLE :

DÉCLARATION

Pour l'Impôt Général de 1937 sur le Revenu de 1936

Modèle B

Timbre à date du Contrôle

I. — IDENTITÉ ET ADRESSE DU DÉCLARANT

NOM Kosztolany Prénoms : André
(Soulignez le prénom usuel.)
Nationalité : Hongrois
Adresse actuelle : 50 Rue de Monceau Paris
Adresse où a été souscrite la déclaration précédente :

II. — SITUATION DE FAMILLE.

Date et lieu de naissance 9 février 1906 Budapest Etes-vous célibataire ? Oui
Etes-vous marié ? — Nom de famille de votre femme — Date et lieu du mariage —
Etes-vous veuf ? — Date et lieu du décès de votre conjoint —
Etes-vous divorcé ? — Date et lieu de votre divorce —
Si tous vos enfants sont décédés indiquez-le ci-contre —
Si vous êtes titulaire d'une pension militaire d'invalidité, indiquez ci-contre le degré d'invalidité reconnu : ...pour cent

— 3 —

6) Traitements, Indemnités, Émoluments, Salaires, Pensions et Rentes Viagères.

Colonne réservée au Contrôleur.

Professions exercées. Noms et adresses des employeurs.
Mari, Remisier Bourse des Valeurs chez A. Pergut agent de change. D'Epinay. Muller Adret et A. Joyhe - Banquiers en Valeurs
Femme,
Enfants,

	Par vous.	Par votre femme.	Par vos enfants.
APPOINTEMENTS BRUTS : a) Sommes touchées en espèces l'année dernière, défalcation faite des retenues effectuées par l'employeur (retraite, assurances sociales, prélèvements)	~~[illegible]~~ 15		
b) Avantages en nature : (logement, nourriture, chauffage, etc...)	151 666 15		
Total des appointements bruts			
Déduire les versements effectués par le salarié lui-même pour la constitution de pensions ou de retraite à capital aliéné			
Reste			
Déduire en outre les frais professionnels (10 % de la somme qui précède avec maximum de 20.000 francs, ou montant des frais réels, s'ils excèdent le forfait de 10 p. 100)	52500		
Reste : Traitement net	~~96 166 15~~		
PENSIONS et RENTES VIAGÈRES	99166 15		
Total des traitements nets et des pensions			
Déduire, impôts de l'année précédente sur les salaires et pensions (ligne 6 de l'avertissement) art. du rôle N° 10400	4791	»	»
art. du rôle N°	»	»	»
art. du rôle N°	»		
Montant net			
TOTAL GENERAL à inscrire page 4	~~91365.15~~ 94375.15		

7) Professions non commerciales. — Charges et Offices. — Revenus n'entrant pas dans une des six catégories ci-dessus.

Professions exercées, Adresses des exploitations : par vous, par votre femme, par vos enfants — Néant

	pour votre exploitation	pour celle de votre femme	pour celle de vos enfants
Recettes			
Dépenses			
Bénéfice net (Différence)			

TOTAL à inscrire page 4

SIGNIFICATION DE VENTE

L'An mil neuf cent trente quatre LE SEPT Mars

A la requête de la Maison V. FROMMUN BINGEN RHEIN SAARKELLERENEN G.M.B.A. Société à responsabilité limitée dont le siège est à BINGEN/RHEIN (Allemagne) poursuites et diligences de ses Gérants demeurant audit siège

Élisant domicile en mon Étude

René DUQUENNE
HUISSIER
40, Rue des Jeûneurs, 40
PARIS

J'ai, René DUQUENNE, Huissier près le Tribunal Civil de la Seine, Audiencier à la Cour d'appel, demeurant à Paris, 40, Rue des Jeûneurs, soussigné

Signifié et déclaré à Monsieur KOSTOLANY

demeurant à PARIS 50 Rue de Monceau

Que le dix neuf Mars 1934, à toutes heures du jour il sera procédé au récolement des meubles et effets saisis sur lui par procès-verbal de moi Huissier, à PARIS en date du vingt six Février 1934, enregistré et ensuite à la vente d'iceux aux enchères publiques PARIS Rue Rossini Hôtel des Ventes à toutes heures du jour

Sommant le susnommé de s'y trouver si bon lui semble avec déclaration qu'il y sera procédé tant en absence que présence

Le présent acte a été notifié au sus nommé en parlant à une personne à son service ainsi déclaré

sous enveloppe fermée ne portant d'autre indication, d'un côté, que les nom et demeure de la partie, et de l'autre, que le cachet de mon Étude apposé sur la fermeture du pli, par clerc assermenté dont les mentions seront visées par moi sur l'original le tout conformément à la loi.

Coût : quarante francs cent

y compris 1 feuille de papier spécial dont le montant est de 4,50

Das ist die typische Geschichte eines Börsenprofis in der Nußschale. Und die Moral von der Geschicht': Er muß ein Stehaufmännchen sein. Wenn man seine Reserven verloren hat, muß man eben auch mal arbeiten.

Übrigens hatte ich es dann bald nicht mehr nötig, als Makler tätig zu sein – und bin bis heute ein selbständiger, unabhängiger Spekulant geblieben. Aber das Arbeiten hatte ich mir so angewöhnt, daß ich es nie mehr aufgeben konnte. Ich unterrichte, ich rede und schreibe, ich debattiere, und das werde ich tun, solange ich noch atmen kann. Ob das nun Arbeit ist oder nicht, das soll der Leser entscheiden.

Da fällt mir eine hübsche Anekdote von Franz Molnár ein, dem großen Schriftsteller. Seine Frau, Lili Darvas, die bei Max Reinhardt spielte, instruierte das neue Zimmermädchen: »Bitte stören Sie den Herrn nicht, wenn Sie saubermachen. Sie dürfen sein Arbeitszimmer nicht betreten; er arbeitet.« Am nächsten Tag kommt das Zimmermädchen zu Lili Darvas und sagt entrüstet: »Aber gnädige Frau, zufällig konnte ich einen Blick in das Arbeitszimmer des gnädigen Herrn werfen. Er arbeitet doch nicht – er schreibt!«

Der Stahlhändler mit den weichen Nerven

Auch die Börse kann süchtig machen: denn dort herrscht eine ganz besondere Atmosphäre. Die Luft, die man im Innern dieser tumultreichen Kampfstätte atmet, wirkt wie eine Droge. Ich kannte viele, die nur durch Zufall an die Börse kamen und sich nicht mehr losreißen konnten. Am besten illustriert dies die folgende Anekdote: Nach dem Börsenkrach 1929 in New York waren Tausende von Börsenprofis total pleite und mußten andere Beschäftigungen finden, sogar minderwertige Jobs. Zwei ehemalige Kollegen von der Börse treffen sich, und der eine fragt: »Was machst du jetzt?« »Ich verkaufe Zahnbürsten fur eine Firma. Und du?« – »Ganz im Vertrauen sage ich es dir« ist die Antwort, »ich bin noch immer bei der Börse. Aber meine Frau glaubt, ich spiele Klavier in einem öffentlichen Haus.« (Das war noch immer besser, als Börsianer zu sein.)

Ein Freund von mir, Fréderic A., war börsensüchtig. Er arbeitete in der Stahl- und Eisenbranche und wickelte während des Koreakrieges Millionengeschäfte ab. Er tat sich groß damit, sein Geld mit Fleiß und Schweiß zu verdienen. In seinen Augen waren wir Börsianer Nichtstuer, Faulenzer und Parasiten der Wirtschaft. Eigentlich hatte er recht, obwohl ich mich bestimmt nicht schäme, niemals gearbeitet zu haben und trotzdem ein sehr angenehmes und bequemes Leben zu führen. Und so witzelten wir in unserem Freundeskreis ein wenig über unseren Freund Fréderic, als den Mann, der den eisernen Vorhang verkaufte. Ich warnte meinen Freund: Auch der Koreakrieg dauere nicht ewig, und eines Tages würde er glücklich sein, sein »ehrlich verdientes«

Geld in guten Aktien anlegen zu können; und da das bald einzutreffen drohe, solle er sich schon vorher mit dem Kursblatt vertraut machen.

Am nächsten Tag kam er zu mir. Er hatte über meine Bemerkung nachgedacht, gab mir Papier und Feder, und ich sollte ihm eine Liste von Börsenwerten aufstellen, die er zur Probe einkaufen wollte. Er dachte nicht an Spekulation, wollte nur ein wenig mitmischen. An erster Stelle schrieb ich ihm deutsche Young-Anleihen, französische Serie, an zweiter Stelle die südafrikanischen De-Beers-Aktien und dann noch einige amerikanische Blue Chips auf. Die Liste erwies sich als wunderbar. Die Youngs stiegen bald auf das Hundertfache, die De Beers auf das Zehnfache, alle anderen ebenfalls mächtig. Als sich nun gleich nach den ersten Ankäufen die Kurse so günstig entwickelten, legte sich mein Freund mehr und mehr Aktien zu, in New York, in Europa und sogar in Australien. Zuerst kaufte er mit seinem Bargeld, dann machte er immer mehr flüssig, zum Schluß kaufte er auf Kredit. Auf dem Höhepunkt seines Engagements fing er an zu rechnen und entdeckte, daß seine Börsendifferenzen von einem Tag auf den anderen das Fünffache seines Familienbudgets ausmachten. Außerdem entdeckte er, daß Kurse auch fallen können. Und die Börse wurde immer hektischer, die Differenzen immer größer, so daß die Nerven meines Freundes diese Aufregungen nicht mehr aushielten. Eines schönen Tages, während der Börsensitzung (vielleicht fielen gerade die De Beers vorübergehend um einige Punkte), erlitt er einen Nervenzusammenbruch und wurde in ein Krankenhaus eingeliefert.

Seine Familie hielt in großer Aufregung Kriegsrat. Sie beschlossen, das ganze Börsenengagement abzuwickeln. Man verkaufte alle Papiere, und sein ganzes Vermögen lag nun nicht mehr in schwankenden Aktien, sondern in feinem Bargeld bei der Bank. Und was geschah dann? Während der langen Monate, in denen mein Freund sich einer Heilschlafkur unterzog, krachte die Börse. Es war der heftige Kursverfall aller Weltbörsen im Frühjahr 1962. Als mein Freund völlig geheilt aus dem Krankenhaus entlassen wurde, waren die Kurse auf dem tiefsten Stand. Er aber war ruhig und lächelte wie neugeboren. Die Schlafkur hatte sein Vermögen gerettet. Mit seinen auf Kredit gekauften Papieren wäre er ohne den Verkauf zugrunde gegangen. Auch mein Gewissen war rein; ich hatte ihn zwar zum Börsenspiel verleitet, aber: Ende gut, alles gut . . .

Aber so einfach ist es nicht, wenn man einmal vom Börsenfieber angesteckt ist. Hat man Papiere, so zittert man, sie könnten fallen; hat man keine, so zittert man, sie könnten steigen. Mein genesener Freund zitterte auch. Als sich die Kurse vom Tiefstand erholten, wurde er nervös. Als die Aktien weiter in die Höhe kletterten, ergriff ihn Panik, die Hausse könnte vor den Toren stehen und er sei nicht dabei. Vergebens warnte ich ihn: Er fing wieder an zu kaufen . . .

Ich verachte zwar die Parasiten der Börse, die Spieler, die jeden Tag kaufen und verkaufen, aber ich gebe zu, daß ohne sie die Börse keine Börse wäre und daß ohne Börse das kapitalistische System nicht existieren könnte. Denn je mehr Parasiten im Spiel sind, desto größer die Umsätze und die Liquidität. Und je größer die Liquidität, desto höher ist die Garantie auch für den Sui-generis-Anleger, seine Aktien in einem liquiden Markt mit hohen Umsätzen immer verkaufen zu können.

Wenn ich in einem Satz die Geschichte der Spekulation zusammenfassen wollte, müßte ich sagen: Der »Homo ludens« wurde geboren, er hat gespielt, gewonnen oder verloren und wird nie sterben.

Darum bin ich auch der Überzeugung, daß nach jeder Börsendepression, in der die Menschen ein wahrer Ekel vor Aktien und vor der Börse befällt, wieder Zeiten folgen, wo alle Wunden der Vergangenheit vergessen sind und die Menschen sich wieder von der Börse anlocken lassen wie die Motten vom Licht. Und wenn sie es nicht aus eigenem Antrieb tun, dann sorgt schon die hochentwickelte Börsenindustrie dafür, und an erster Stelle der Köder Geld.

Ich könnte den »Homo ludens« und den Spezialfall des Börsianers mit einem Alkoholiker vergleichen, der nach einem schweren Rausch am nächsten Tag in seinem Katzenjammer beschließt, nie wieder ein Glas Alkohol in die Hand zu nehmen. Aber am Nachmittag trinkt er doch wieder einen Cocktail und dann noch einen und noch einen, und um Mitternacht ist er wieder genauso betrunken wie am Abend zuvor.

Also alles Besessene oder Narren? Vielleicht ist es gut so, denn was wäre die Welt ohne Narren und was erst die Börse? Woher kämen die Börsengewinne ohne Narren?

Gedanken über Geld und Börse II

Spiel ist eine Leidenschaft, die Vergnügen und auch Leiden schafft. Das größte Vergnügen eines Spielers: Gewinnen. Das zweitgrößte: Verlieren. Denn die große Lust des Spielers ist die Spannung zwischen Gewinn und Verlust. Gäbe es keine Verluste, gäbe es keine Spannung und daher auch kein Vergnügen.

Molière schrieb: Ein Dummkopf, der zuviel weiß, ist zweimal so dumm als ein Unwissender. Diese Erkenntnis ist für die Börse äußerst zutreffend.

Der ehrliche Schuldner ist einer, der seine Erben enttäuscht, nie jedoch seine Gläubiger.

Man darf der Tendenz nicht nachlaufen, man muß ihr entgegengehen.

Von einem Fünftel der Börse leben die Spekulanten, von vier Fünfteln die Broker.

Es gibt keine absolut gebildeten Menschen, sondern nur halb gebildete. Und alles hängt davon ab, was ein Mensch aus dieser halben Bildung macht.

Es gibt bestimmte Menschen, die froh darüber sind, nicht ihre eigenen Gläubiger zu sein.

Würde die Wirtschaftspresse nicht existieren, brauchte man sie nicht zu erfinden.

Ein alter Börsianer kann alles verlieren, nur nicht seine Erfahrung.

Georges Clemenceau sagte einmal: Der Krieg ist eine zu ernste Angelegenheit, als daß man ihn den Militärs anvertrauen könnte. Genauso kann man heute sagen: Die Wirtschaft ist eine zu ernste Sache, um sie den Professoren und Volkswirten zu überlassen.

Das Gefährlichste an der Börse ist die Überraschung. Dabei können nur die wenigsten Börsianer ihre Ruhe und Objektivität bewahren. Meistens ist die Ursache eines Börsenkrachs nicht objektive Überlegung, sondern ein massenpsychologisches Phänomen. Einer entdeckt irgendein Problem, so klein es auch sein mag, und das verbreitet sich wie ein Lauffeuer.

Die massenpsychologischen Reaktionen sind an der Börse wie im Theater: Einer gähnt, und in kürzester Zeit gähnt jeder. Einer hustet, sofort hustet der ganze Saal.

Nicht Kapital, Taschengeld muß man haben. Manche ziehen sogar Taschengeld dem Vermögen vor.

Wenn die Investmentfonds ganz große Geldeinnahmen haben, ist das ein Zeichen, daß die dritte Phase einer Aufwärtsbewegung nahe am Ende ist.

Viele Kapitalisten verbringen ein Drittel ihres Lebens damit, Kapital zu schaffen, ein Drittel mit der Zeit, ihr Geld zu bewahren, und das letzte Drittel mit der Überlegung, wie sie es vererben sollen.

Journalisten und Börsenspekulanten haben für ihre Arbeit denselben Rohstoff: Nachrichten und Ereignisse. Die Journalisten beschreiben sie, und die Spekulanten setzen darauf.

Jeder Laufbursche an der Börse trägt viel Geld versteckt in seinem Notizbuch. Er muß es nur finden.

Die Börsianer sind oft Mitspieler großer Zeiten. Hauptsächlich mit ihrer Brieftasche.

Die Inflation ist der Preis der Demokratie oder, besser gesagt, der Demagogie. Denn kein Parlament wagt es, die strengen Maßnahmen durchzusetzen, die man gegen eine Inflation unternehmen müßte.

Jeder Börsenmakler leidet unter einer Deformation seines Intellekts, denn sogar der intelligenteste, ehrlichste und verantwortungsvollste Broker ist durch seine Gedanken an weitere Aufträge und Provisionen verdorben.

Staatsbankrott? Bankkrisen? Darauf gibt es nur eine Antwort: »Viel Lärm um nichts!«

Ob man die Börsentendenz als fest oder schwach bezeichnen soll, hängt ganz von der Einstellung des Börsianers ab. Dieselben Kurse wird einer als fest, ein anderer als flau bezeichnen – je nach seinen Engagements.

Wenn ich die Entwicklung der Börse für ein Jahr voraussehe, halten mich die anderen während des ganzen Jahres für einen Spinner.

Der Haussetrottel verträgt eher Verluste, wenn die Börse zurückgeht, als versäumte Gewinne, wenn sie steigt und er nicht dabei ist.

Wer nicht fähig ist, selber eine Meinung zu bilden und eine Entscheidung zu treffen, darf nicht zur Börse.

Ein Börsenspieler ohne Überlegung, Argumente oder Motivation gleicht dem Roulettespieler. Er ist ein Hasardeur.

Man soll nicht glauben, daß die anderen, nur weil sie massiv eine Aktie kaufen, mehr wissen oder besser informiert sind. Ihre Gründe können so unterschiedlich sein, daß es unmöglich ist, daraus Folgen zu ziehen.

Die Wirtschaft kann man nicht lehren, man muß sie selber erleben – und überleben.

Bargeld in der Tasche und gleichzeitig die Absicht zu haben, bei niedrigen Kursen in die Börse einzusteigen, ist dasselbe Vergnügen, wie hungrig zu sein und sich auf dem Weg in ein Restaurant zu befinden.

Eine schlechte, aber wahre Nachricht ist mir lieber als eine gute, aber falsche. Bei der ersten weiß ich, woran ich bin, die zweite kann mich irreführen.

Bei den unentschiedenen Börsianern sind die Kurse entweder zu hoch oder noch zu hoch; um einzusteigen, ist es entweder schon zu spät oder noch zu früh.

Die Meinung eines Börsianers ist nie konstant. Dasselbe Papier wird er beim selben Kurs einmal zu hoch und einmal zu tief einschätzen, aber niemals aus objektiven Überlegungen. Oft hängt es davon ab, ob er gut geschlafen hat, ob er unter einem akuten Schmerz oder unter Nervosität leidet – also von Gründen, die nichts mit der Börse zu tun haben. Die meisten Börsianer können deshalb nicht objektiv sein.

Beim Kaufen muß man Phantasie haben, beim Verkaufen weise sein.

Abends muß man die Idee haben, morgens die kritische Haltung und mittags den Entschluß treffen.

Die Börse, das heißt der Finanzmarkt, ist eigentlich Theater, in dem immer dasselbe Stück gespielt wird, aber immer unter verschiedenen Titeln.

Damit eine Regierung ohne Gewalt regieren und die Finanzen in Ordnung halten kann, muß sie sehr hinterlistig sein.

Die Wirtschaftsexperten sind Gladiatoren, die mit verbundenen Augen kämpfen.

Es nützt nichts, in der Wirtschaft die Wahrheit zu verkündigen oder sogar nützliche Dinge zu empfehlen. Das ist die beste Art, sich Feinde zu machen.

Voltaire sagte: Jede schlechte Sache kann auch gute Folgen haben. Für die Börse ist dies außerordentlich zutreffend.

Für die Kursentwicklung ist es nicht wichtig, was heute geschieht, sondern was sich morgen und übermorgen ereignen wird. Denn was heute geschieht, ist in den Kursen bereits enthalten.

Der Börsianer ist nicht ein Mann der Systeme, sondern der Einfälle.

Mir imponieren nur die Millionäre, die mir auch imponieren würden, wenn sie keinen Knopf in der Tasche hätten.

Die Massenmedien, die zuschauen, wie man das Publikum prellt, sind an dem Schaden mitschuldig.

Die meisten Menschen, die die Eigenschaft besitzen, viel Geld zu machen, haben selten auch die Eigenschaft, es zu genießen.

Haben wir an der Börse vor einem schlechten Ereignis zu große Angst, sind wir nach seinem Eintreffen schon einige Stunden später erleichtert. Das ist das berühmte Phänomen des fait accompli.

An der Börse sagt uns oft das Gefühl, was wir machen, und der Verstand, was wir vermeiden sollen.

Manchmal ist an der Börse ein zweideutiger Rat besser als ein eindeutiger und klarer.

Man versteht wirklich erst nach einer gewissen Zeit, was man gelernt hat (ich denke an meine Seminare).

Die Reaktionen der Spieler werden immer dieselben sein, egal, ob an einer großen oder kleinen Börse; denn die menschlichen Reaktionen der kleinen Sparer und der großen Manager unterscheiden sich kaum.

Beim Kauf soll man romantisch, beim Verkauf realistisch sein (und zwischendurch soll man schlafen).

Optionen kaufen? Genau wie bei einem Wechsel: Unterschreiben Sie, und Sie werden sehen, wie schnell die Zeit vergeht!

An der Börse ist es nicht der neue Besen, sondern der alte, der gut kehrt.

Wer an der Börse das Kleine zuviel ehrt, ist des Großen nicht wert.

Vor dem Boom und nach dem Krach herrscht große Stille. Was

sich dazwischen abspielt, ist nur hysterischer Lärm ohne viel Verstand.

Bei jeder guten bürgerlichen französischen Familie hat man den dümmsten Sohn zur Börse geschickt. Bestimmt hatte das seine Gründe.

Die Baissespekulation (Leerverkauf) ist nur für einen intelligenten Börsianer verständlich. Ein Dummkopf wird nicht verstehen, wie man etwas verkaufen kann, was man noch nicht besitzt.

Für einen Börsenprofi wie für einen Finanzpublizisten ist es sehr gefährlich, zu oft recht zu bekommen. Die Kollegen werden neidisch und warten ungeduldig darauf, einen bei einem Fehlschlag zu ertappen.

Ein Börsianer darf, wenn es sich um Börsengerüchte handelt, nicht einmal seinem eigenen Vater trauen!

Jacques Ibert, der große französische Komponist, sagte einmal, Kunst bestehe zu 10 Prozent aus Inspiration und 90 Prozent Transpiration. An der Börse ist die Transpiration natürlich die Erfahrung.

Was an der Börse jeder weiß, macht mich nicht mehr heiß.

Die Inflation ist die Hölle der Gläubiger und das Paradies der Schuldner.

Rothschild sagte einmal: »Wer sich an der Börse nach mir richtet, wird schlechte Erfahrungen machen.«

90 Prozent der Börsenspieler haben keine Ideen, geschweige denn Überlegungen. Sogar Renn- und Totospieler haben Ideen

und Motivationen. Die Börsenspieler gehen meist nur blind mit der Masse.

Das große Geld, auch in der Tasche eines Dummkopfes, will zur Geltung kommen und Anerkennung haben. Und die Macht des Geldes ist groß.

Der Präsident einer Wiener Großbank in der großen Inflationszeit sagte: »Wir sind nicht klug, wir sind nicht tüchtig, wir sind nur fein!« Ich glaube, er würde heute nicht sehr weit kommen.

Die sicherste Bremse gegen eine wilde Spekulationswut ist der Verlust.

Der Analytiker denkt, die Börse lenkt.

An der Börse muß man nicht alles wissen, nur alles verstehen. Und auch wenn man alles versteht, muß man nicht alles mitmachen.

Auch der leidenschaftlichste Börsenspekulant darf einmal Pause machen und eine Zeitlang zuschauen.

Ich frage mich oft, ob es nützlicher ist, während der Börsenzeit zu der Börse oder zum Angeln zu gehen. An der Börse kann man zwar Tips erfahren und dann das Gegenteil davon machen, beim Fischen kann man aber eher überlegen, was man nicht machen sollte.

Der Bankier, der mit dem Geld der Kunden spekuliert und Pech hat, wird oft zum Schwindler. Derjenige, der Glück hat, wird zum Genie.

Von vielen Börsianern kann man sagen, daß sie in der Jugend ausgeben, was sie im Alter verdienen.

Mein Herz liegt links, mein Kopf rechts, meine Brieftasche weder rechts noch links, sondern schon längst in Amerika.

Eine kluge Frau sollte einen Baissespekulanten in Reserve haben. Dann ist ihr Wohlergehen für alle Zeiten gesichert.

An der Börse ist eine halbe Wahrheit eine ganze Lüge.

Man sollte wissen, daß hinter den Fassaden großer Finanzinstitute keine Musterknaben sitzen.

Der Teufel hat die Börse erfunden, um die Menschen dafür zu bestrafen, daß sie glauben, wie Gott aus dem Nichts etwas schöpfen zu können.

Die einzige Fabrik, die Washington Tag und Nacht arbeiten läßt, ist die Geldfabrik, das heißt die staatliche Notenpresse.

Die Börse diskontiert nicht nur die Ereignisse des nächsten Jahres, sondern das, was das Publikum dann für das darauffolgende Jahr erwartet. Also eine Vorwegnahme der Vorwegnahme.

Oft gehen die Kurse zurück, und doch kann man sagen, daß der Markt fest ist, und auch umgekehrt: Die Kurse steigen, trotzdem muß man feststellen, daß die technische Verfassung des Marktes schwach ist.

Betriebswirte, Wirtschaftsingenieure, Volkswirte und andere Experten sollten der Börse fernbleiben. Sie ist für die eine gefährliche Falle, die sich ihr mit wissenschaftlichen Methoden annähern wollen. Ich kann für sie nur Dante zitieren: »Laßt, die ihr eingeht, alle Hoffnung schwinden!«

Wenn's um Geld geht, gibt es nur ein Schlagwort: »Mehr!«

Man darf sich in eine Aktie nie verlieben und muß sich von ihr leicht trennen können, wenn SOS gerufen wird!

Einer Straßenbahn und einer Aktie darf man nie nachlaufen. Nur Geduld: Die nächste kommt mit Sicherheit.

Die beiden schwersten Sachen an der Börse sind, einen Verlust hinzunehmen und einen kleinen Profit nicht zu realisieren. Am schwersten aber ist es, eine selbständige Meinung zu haben, das Gegenteil von dem zu machen, was die Mehrheit tut.

Wenn irgendein Ereignis auf dem Markt eine psychologische Wirkung haben sollte, muß sie sofort kommen, denn am nächsten Tag ist das Ereignis vergessen.

Je mehr eine Regierung eine eventuelle Maßnahme dementiert, um so sicherer wird sie später beschlossen.

In den Augen der alten Millionäre sind die neuen Erfolgsmänner immer Emporkömmlinge. Sie können es nicht verstehen, daß im Laufe der Zeit auch neue Vermögen entstehen können, und vermuten oft hinter dem Erfolg etwas Verdächtiges und Anrüchiges.

Nicht das Geld stinkt bei den Börsianern, sondern nur das verlorene Geld!

Wenn die Börsenspekulation so leicht wäre, gäbe es keine Bergarbeiter, Holzfäller und andere Schwerarbeiter. Jeder wäre Spekulant.

Wirklich souverän ist der, der eine Einladung ohne Begründung absagen kann.

Die Greuelnachrichten aus Wirtschaft und Finanzen der letzten

Zeit konnten nur die erfinden, die auf diesen Gebieten keine Erfahrung haben.

Der Tag, an dem der sonst hartnäckige Optimist zum Pessimisten wird, ist höchstwahrscheinlich der Wendepunkt in der Kurstendenz. Und natürlich auch umgekehrt. Wenn der eingefleischte Pessimist zum Optimisten wird, muß man so schnell wie möglich aus der Börse aussteigen.

Die nervösen Spekulanten sind am nervösesten, wenn sie keine Papiere haben und die Börse anfängt zu steigen.

Um beim Establishment Erfolg zu haben, muß man sich sehr naiv zeigen, aber sehr nüchtern denken.

Wenn man an der Börse Geld macht mit den Ratschlägen eines Profis, ist es ein Erfolg; ohne die Ratschläge ist es ein großer Erfolg, und wenn man justament gegen die Ratschläge der Experten Geld macht, so ist es ein Riesenerfolg.

Ich saß einmal bei einem Vortrag eines berühmten Börsengurus (ich ziehe vor, den Namen nicht zu nennen). Ich konnte seine albernen Erörterungen nicht weiter anhören und stand auf. Mein Nachbar fragte mich: »Sie wollen uns schon verlassen?« »Verlassen?« antwortete ich. »Nein, ich gehe.«

Furtwängler oder US-Steel?

Musik und Finanzen waren in meinem Leben immer miteinander verstrickt. Ereignisse in der Musikwelt beeinflußten oft mein Tun und Lassen an der Börse. Auch die »Meistersinger« haben einmal eine wichtige Rolle bei meinen Spekulationen gespielt.

Es war Frühling 1937 in Paris. Ich freute mich ganz besonders auf den Abend, denn ich hatte Karten für die Galavorstellung der »Meistersinger« in deutscher Besetzung unter Leitung von Wilhelm Furtwängler. Für Millionen Musikfreunde ist das die schönste Oper. Sooft sie im Umkreis von hundert Kilometern gespielt wurde, habe ich seit meiner Kindheit keine Vorstellung versäumt. Das ist auch die Musik, die ich – auf eine Insel verbannt – auf Schallplatten mitnehmen würde.

Aber meine Vorfreude war damals von den Sorgen eines Börsenengagements überschattet. In der Mandschurei war Krieg. An der New Yorker Börse wackelten die Kurse, es zeichnete sich eine bedenkliche Abwärtstendenz ab. Der Kurs von US-Steel bröckelte von 250 auf 180 ab, der kritische Punkt 180 war zwar an diesem Tag einige Male sehr nah, aber noch nicht unterschritten. Nach der Dow-Jones-Theorie müßten nämlich die Kurse, wenn die letzte Verteidigungslinie bei 180 durchbrochen ist, in die Tiefe stürzen; so behaupten jedenfalls die Chartleser. Und das war mit dem Ausbruch des Japanisch-Chinesischen Krieges zu befürchten, eine anhaltende Baissetendenz begann sich abzuzeichnen. Deshalb meine Sorgen. Ich besaß ein ganzes Sortiment amerikanischer Aktien, und sie drohten meinen Genuß an den »Meistersingern« zu verderben. Wie sollte ich mich mit US-Steel- und General-Motors-Kursen im Kopf den Melodien der »Meistersinger« hingeben? (Damals waren US-Steel und GM die Primadonnen der Börse.) Während ich mich umzog, dachte ich hin und her: Wozu die Börse, die Kurse, das ganze Treiben um Geld und Gewinn, wenn sie mich daran hindern, völlig in Kunst und Musik aufzugehen? Die einzige Lösung schien mir, meine Aktien zu verkaufen, auch auf das Risiko hin, daß die Kurse wieder hochschnellen sollten.

Bevor ich zur Oper fuhr, rief ich meinen Broker in Paris, *J. S. Bache & Co.,* an und stieß, einige Minuten vor Börsenschluß, alle meine Werte ab. Es war eine Angelegenheit von wenigen Minuten, aber ich fuhr als ein anderer Mensch in die Oper. Ohne Börsenengagement in einer gefährdeten Zeit konnte ich den Opernabend voll genießen. US-Steel und General Motors schienen mir auf einen anderen Planeten entrückt.

In den nächsten Tagen war die Börse beständig. Am vierten Tag aber stürzte der US-Steel von 180 auf 120 steil ab. Die Verluste der Börsianer und des Publikums waren erschreckend. Ich aber hatte meine Schäfchen im trockenen. Meine Musikbegeisterung hatte mich vor dem Schlimmsten bewahrt. Hans Sachs war ein Schuhmacher und ein Poet dazu. Von mir könnte man sagen: »Ein Börsianer und ein Musikus dazu.«

Wie man sich die wichtigen Informationen besorgt

Der Börsentip des Kommunisten

Man hat mich oft gefragt, wie ich spekuliere, welche Technik wohl die beste sei. Eine Antwort darauf ist schwer. Denn Tips sind immer faul und oft irreführend, Informationen sind fast immer falsch. Was bleibt, ist die Inspiration, und die kommt aus fast vierzig Jahren Erfahrung im Börsenspiel in der ganzen Welt und auf allen Gebieten, die sich zur Spekulation nur eignen.

Am besten ist es, ich erzähle Ihnen die Geschichte einer gelungenen Spekulation. Im Frühjahr 1967 kaufte ich Aktien von Control Data an der New Yorker Börse. Wie aber war ich auf Control Data verfallen? Schon seit einiger Zeit war ich der Meinung, daß die Computer die industrielle Revolution unseres Jahrhunderts darstellen. Alpha und Omega in der Computer-Branche ist natürlich IBM. Es liegt mir fern, die Qualitäten der IBM-Aktien für einen braven Sparer zu unterschätzen. Für einen unsoliden Spekulanten sind sie aber nicht mehr interessant. Control Data dagegen hat die Anfangsschwierigkeiten längst hinter sich und ist in der Hierarchie der Börsenpapiere auf der höchsten Stufe, bei den Aristokraten, den Blue chips, angelangt. Wenn das Erstklassige noch besser wird, dann kann der Spekulant daraus weniger profitieren als von der Aktie einer Gesellschaft, die aus den Anfangsschwierigkeiten gerade herauskommt und vielleicht eine brillante Karriere macht. Die größten Börsenprofite stammen aus Situationen, die gefährlich waren. Ich mußte also aus den Gesellschaften der Computer-Industrie diejenige herausfinden, die die größten Chancen hatte. Wie man sie herausfindet, das kommt auf die Methoden jedes Spekulanten an.

Meine sind manchmal recht ungewöhnlich, aber ich bleibe bei ihnen.

Wie Sie wissen, reise ich viel in der Welt herum. Einen Tag bin ich in New York, am nächsten vielleicht schon in Moskau oder Buenos Aires. So geschah es einmal, daß ich in Paris mit einem guten Freund über Computer redete. Die Ungarn haben zwar auf dem Gebiet der Computer nichts zu bieten, mein Freund aber war Spezialist für die westliche Computer-Industrie. Mein Freund, Baron v. Hatvany, stammte aus einer reichen Familie, die heute im Westen lebt; er selbst war überzeugter Kommunist und ein brillanter Forscher. Er las alle Fachblätter, reiste viel im Westen herum und wußte mehr über Computer als irgend jemand sonst. Von Aktien aber hatte er keine blasse Ahnung.

Und das war das Gute bei der Geschichte. In Amerika wäre ein solcher Mann vom Dollar- und Cent-Aspekt der Angelegenheit nie frei geworden, abgesehen davon, daß eine solche Kapazität mir nie soviel Aufmerksamkeit geschenkt hätte. Mein Freund sah die Maschine nur mit den Augen des Technikers, und die Börse war ohne Interesse für ihn. Aber ein um so größeres Interesse hatte für mich alles das, was er mir über Computer erzählen konnte.

Aus unserem Gespräch lernte ich, daß die Control Data eine einmalige Maschine sei, in gewisser Hinsicht sogar der IBM überlegen. Wieder im Westen, schaute ich mir die Aktie der Control Data etwas näher an. Von 70 Dollar im Jahre 1963 war sie bis 1966 auf 25 Dollar gefallen. Die Maschine war vielleicht ausgezeichnet, die Gesellschaft aber prosperierte nicht.

Dann las ich eines Tages in der Zeitung, daß die Chase Manhattan Bank dem Unternehmen einen Kredit von 130 Millionen Dollar gegeben hatte. Das war das grüne Licht für mich. Eine vom technischen Standpunkt hervorragende Gesellschaft war in finanzielle Schwierigkeiten geraten, und jetzt wollte man ihr wieder auf die Beine helfen.

Wenn ich also in der Computer-Industrie Aktien kaufen wollte, dann stand die Control Data ohne Zweifel an erster

Stelle. Trotz all meiner Broker, die mir davon abrieten, weil der ehemalige Kurs von 28 Dollar zu hoch wäre gegenüber den Gewinnchancen der Gesellschaft! Ein Jahr später empfahlen mir dieselben Broker den Kurs von 130 Dollar als zum Kauf interessant, nämlich im Hinblick auf die Gewinnchancen der darauffolgenden Jahre.

Die 3¾ Mendelssohn

Wie schon beschrieben, war ich nach dem Zweiten Weltkrieg von einem unerschütterlichen Optimismus über die weitere Entwicklung Europas durchdrungen und warf mich auf die Spekulation mit europäischen Staatsanleihen, die als Folge des Krieges sehr tief gesunken waren. Neben belgischen, norwegischen, dänischen und deutschen Obligationen hatte ich auch gewisse französische Anleihen, da ich der Überzeugung war, daß nach dem Chaos auf diesem Markt sich alles wieder normalisieren würde. Es gab Schuldner unter den Staaten und Regierungen, die ihren Verpflichtungen schnell nachkamen oder sie jedenfalls ordneten, andere dagegen ließen sich lange an den Ohren ziehen, bis sie sich endlich zur Zahlung ihrer Verpflichtungen entschlossen. Die Ereignisse rechtfertigten meinen Optimismus. Auf der ganzen Linie erfolgte eine brillante Aufwertung bei all diesen Papieren. Nur mit einer bestimmten Kategorie französischer Anleihen erlebte ich eine Panne.

Es war eine kurz vor dem Krieg im Jahre 1939 vom Bankhaus Mendelssohn und Co., Amsterdam, aufgelegte Anleihe zu einem Zinssatz von 3¾ Prozent. Die genauen Emissionsbedingungen waren ganz genau im vollen Wortlaut auf der Rückseite der Papiere angegeben: Die französische Regierung verpflichtet sich zur Zahlung der Zinsen und des Kapitals an den jeweiligen Inhaber, selbst im Falle eines Krieges, einer Revolution, von Umstürzen aller Art in Schweizer Franken, holländischen Gulden oder Dollars nach Wahl des Inhabers. Kurz, und wenn die Erde bebte, der Himmel donnerte oder es Überschwemmungen geben sollte: Die französische Regierung würde zahlen, in Genf, Amsterdam oder bei der Bank für Internationalen Zahlungsausgleich in Basel (BIZ).

Kaum aber war der Waffenstillstand unterzeichnet, da widerrief die französische Regierung alle Klauseln, alle schwarz auf weiß vorher festgelegten Versprechungen und war nur bereit, in französischen Francs zu zahlen und zu einem mit Gewalt festgelegten Kurs, der durch die Zwangswirtschaft nur zu 10 Prozent des tatsächlichen internationalen Kurses festgelegt wurde.

So sanken die Obligationen (in Genf und Amsterdam) auf einen jammervollen Kurs von 10 bis 20 Prozent. Ich war der Überzeugung, daß die eine Unterschrift der französischen Regierung tragende Anleihe ihr Gewicht in Gold wert sei. Niemals zuvor hatte Frankreich versucht, sich seiner Schuld zu entledigen. War es nicht das einzige Land der Welt gewesen, das sogar die Goldklausel einhielt, während alle anderen Staaten einschließlich der USA und Großbritannien sich nicht gescheut hatten, sie aufzuheben? Infolgedessen kaufte ich eine größere Anzahl dieser Anleihen. Es gab für mich keinen Zweifel, daß die französische Regierung, sobald die Situation wieder normal wäre, nicht würde umhinkönnen, ihren formellen Verpflichtungen nachzukommen, die Zinsen und das Kapital (das schon fällig war) in Schweizer Franken, Gulden oder Dollars zu zahlen.

Ich beschloß daher, mich an die kompetenteste Stelle, das Finanzministerium, zu wenden. Vor dem hohen Beamten, der mich liebenswürdig empfing, hielt ich folgende Rede: »Sehr verehrter Herr Fiskus, ich bin ein Börsenprofi von Wall Street. Meine Spezialität sind europäische Staatsanleihen, die ich während des Krieges und auch nachher angekauft habe, weil ich ganz einfach zu den Schuldnern Vertrauen hatte. Mein unerschütterlicher Optimismus sagte mir, daß Frankreich, sobald es in der Lage sein würde, sich als Dame von Welt erweise, die ihre Schulden bezahlt.

Alle diese Obligationen wurden eine nach der anderen auf Heller und Pfennig bezahlt. Selbst die Anleihen der kommunistischen Länder wurden zu einem vernünftigen Satz reguliert. Nur einen Mißklang mußte ich erleben: Ihre dreidreiviertelprozentige Mendelssohn-Anleihe, auf der ich sitzengeblieben bin. Sie kennen ja alle Klauseln: überall zahlbar in Schweizer Franken, Gulden oder Dollars.« Ich merkte, daß mein Gesprächspartner den Eindruck eines anständigen Menschen machte, der auf frischer Tat ertappt worden war: »Zweifellos, aber Sie kennen die Lage. Die Zeiten sind hart, es fehlt uns nicht an gutem Willen, sondern ganz einfach an Devisen.«

»Das weiß ich wohl, doch habe ich eine Möglichkeit im Auge, und vielleicht können Sie mir behilflich sein.«

»Bitte sehr, ich höre.«

»Der Fiskus zahlt mir den gesamten Gegenwert der Anleihen in Sperrfrancs aus, das heißt, daß diese Francs nur in Frankreich und für gewisse Transaktionen verwendbar sind (solche Sperrfrancs existierten im Devisenhandel und wurden auf dem freien Markt zirka 5 bis 10 Prozent unter dem normalen amtlichen Preis gehandelt).«

Ich wußte also, daß ich für diese Franc in Wall Street Abnehmer finden würde. Die Transaktion blieb für mich noch immer interessant: Der Fiskus brauchte keine Devisen auszugeben, während ich 90 Prozent des Nominalwertes kassierte.

»Ich bin einverstanden«, antwortete die Behörde, »denn der Vorschlag scheint mir recht. Wie viele dieser Obligationen besitzen Sie?«

Ich nannte ihm die Zahl, noch viel mehr, als ich hatte, und er war einverstanden.

Mir blieb, als ich das Ministerium verließ, nur noch eins zu tun: zum Postamt gehen, meinen guten Freund Ernst Gall bei der Firma Julius Bär in Zürich anzurufen und ihm den Auftrag zu geben, soviel Dreidreiviertelprozentige zu kaufen, wie ich mir leisten konnte, wenn ich meine letzten drei Pfennige zusammenkratzte. Die Motivation war klar: Alles, was dem französischen Fiskus bei seinen Anleihen 90 Prozent wert ist, ist für den Spekulanten gewiß 10 bis 30 Prozent oder sogar viel mehr wert.

Die Sache ist zu schön, um wahr zu sein, werden Sie sagen.

Ich konnte aber wieder einmal die Richtigkeit meiner eigenen Maxime feststellen: An der Börse ist alles möglich, selbst wenn es logisch ist. Denn der Epilog der Geschichte ist, daß ein Jahr später die Regierung die Auszahlung der Papiere je nach Wunsch in Schweizer Franken, Gulden oder Dollars bekanntgab.

Ein Hauch von Metaphysik

Mein Börsenbarometer

Oft habe ich über Börsenbesucher und Tagesspekulanten geschrieben und sie auch scharf kritisiert.

Auf der ganzen Welt haben sie einen gemeinsamen Charakterzug. Sie sehen jedes Ereignis durch die Brille ihrer eigenen Börsenengagements. Dies führt manchmal sogar zu einer Entartung des Denkens. Regierungsverordnungen und offzielle Entscheidungen, die für sie ungünstig sind, erklären sie schnell für willkürlich, unmoralisch oder gegen die nationalen Interessen gerichtet. Wenn diese Entscheidungen aber in ihren Kram passen, erklären sie diese für gescheit, moralisch und den nationalen Interessen dienend.

Spreche ich mit einem Börsianer über die Weltereignisse, kann ich seiner Interpretation sofort entnehmen, welche Börsenengagements er eingegangen ist. Die Spekulanten sehen in jedem Börsenkurs nur das Spiegelbild internationaler, politischer oder finanzieller Ereignisse. Sie lassen es sich nicht nehmen, politische und wirtschaftliche Prognosen zu stellen, indem sie sich ausschließlich auf die Börsentendenz stützen. Für sie ist die Börse nicht etwa ein Thermometer, wie es viele Volkswirte behaupten, sondern sogar ein Barometer, das die zukünftige Wettertendenz in Wirtschaft und Politik voraussagt.

Auch ich habe ein Börsenbarometer, aber von ganz anderer Art . . .

Die anderen betrachten die Börse als Barometer, ich aber besitze ein Barometer für die Börse. Und das kam so.

Die persönlichen Gebrauchsgegenstände von John Pierpont

Morgan, dem Letzten der Bankier-Dynastie der Wall Street, wurden nach seinem Tode auf einer Auktion in New York versteigert. Unter den vielen kostbaren Stücken, den Opalen, Büchsen aus ziseliertem Gold, Nippes, mit Diamanten besetzt, und auch Jade und Kristall, fiel mir ein kleiner Gegenstand aus Stahl auf.

Ich war noch Anfänger in der Wall Street und sehr beeindruckt vom Ruhm der Morgans. Ich brannte darauf, einen kleinen Glücksbringer zu erstehen. Das kleine Stück Stahl war das einzige, was ich mir leisten konnte. Es war das Barometer von J. P. Morgan, das er immer auf seinem Arbeitstisch in dem kleinen Palais in der Wall Street Nr. 23 stehen hatte, dem Palais, das noch die Spuren der Bombe zeigt, die ein rachsüchtiger Spekulant geworfen hat.

Für dreißig Dollar wurde ich glücklicher Eigentümer des Barometers. Ich legte es vor mich auf meinen Schreibtisch, wie J. P. Morgan. Nach einigen Tagen mußte ich feststellen, daß es falsch reagierte. Es zeigte auf »Schön« – und das Wetter verschlechterte sich. Wenn es in Strömen goß, stand es beharrlich auf »Beständig«. Es reagierte wirklich falsch.

Sobald ich diese eigentümlichen Abweichungen bemerkt hatte, versuchte ich, sie zu ergründen. Ich stellte dabei etwas sehr Merkwürdiges und Verwunderliches fest: Das Barometer zeigte wohl das Wetter an, aber das Wetter der Wall Street. Es war ein Börsenbarometer. Wer weiß, vielleicht lag in ihm das Geheimnis des Bankhauses Morgan begründet?

Fasziniert von meiner Entdeckung, erzählte ich die Geschichte eiligst meinen Freunden, die es sich nicht nehmen ließen, das Wunder schnellstens weiter zu kolportieren. Ein Kolumnist, der berühmteste Kommentator der »New York Post«, berichtete über die Geschichte. Einige Tage lang – Ruhm ist vergänglich – war ich eine Berühmtheit. Kiloweise trafen Telegramme und Briefe ein, die mich fragten: »Wie steht das Zauberbarometer?«

Seither habe ich es wie einen Schatz in Ehren gehalten. Und es funktioniert noch immer gut . . .

Erst kürzlich schrieb mir wieder jemand, er könne sich die Ursachen für das kapriziöse Verhalten meines Zauberbarometers einfach nicht erklären. Nun, da bleibt mir nur zu hoffen, daß er bald des Rätsels Lösung finden möge.

Die Pythia von Ungarn

Ich besaß also ein Zauberbarometer. Viele meiner Kollegen aber hatten noch weit »sicherere« Informationsquellen – was ich vor einigen Jahren entdeckte.

Damals verlebte ich einige Ferientage in meinem geliebten Budapest. Die Aussicht, einmal nicht über Börsengeschäfte diskutieren zu müssen, machte mich sehr glücklich. Denn wer sollte in einem kommunistischen Land schon Interesse an der Börse haben?

Meine Enttäuschung war deshalb groß, als mich kurz nach meiner Ankunft ein guter Freund bat, mit ihm zu einer Bekannten zu gehen, die von mir als Vollblutbörsianer gehört hatte und mich deshalb unbedingt kennenlernen wollte. Auch ich kannte ihren Namen. Sie hieß Barbara Silbiger, eine fromme alte Jüdin. In meiner Jugend war sie eine berühmte Wahrsagerin in Budapest gewesen. Reichsverweser Horthy, Ministerpräsident Graf Bethlen und viele andere gehörten zu ihren treuen Kunden oder Patienten. Zu Neujahr berichtete die Presse spaltenlang von ihren Prophezeiungen für die kommenden zwölf Monate. Sie galt offiziell als die *Pythia von Ungarn.*

Ihre Einladung war mir nicht besonders angenehm. Auf keinen Fall will ich etwas über meine Zukunft wissen, und die Überraschung eines jeden neuen Börsentages ist für mich eine süße Sensation. Aber mein Freund versicherte mir, daß von Wahrsagerei keine Rede sein werde. Im Gegenteil, Barbara wolle von mir Verschiedenes erfahren. Also machten wir uns auf den Weg nach dem ungarischen Delphi, das heißt in die Berge hinter Buda, beinahe am Ende der Welt.

In einer Rumpelkammer empfing uns eine fürchterlich aufgemachte alte Frau. Der schäbige Fauteuil stöhnte unter ihren hundert Kilo, in dem ungelüfteten Raum herrschte ein unbeschreibliches Durcheinander. Aber das ganze Bild veränderte sich augenblicklich, als sie zu sprechen begann. Ihre Ausdrucksweise war vornehm, äußerst gebildet, und sie beherrschte eine Menge Sprachen perfekt.

»Sie sind es also, mein liebes Kind, der aus Börsenspekulationen eine Tugend gemacht hat. Sie kennen anscheinend alle Techtelmechtel des Börsenspiels. Ich wäre glücklich, von Ihnen manches zu hören und zu lernen.«

Ich wollte meinen Ohren nicht trauen. Was konnte diese alte, allem Anschein nach vollkommen mittellose Frau – noch dazu in einem kommunistischen Land – schon von Dow-Jones-Index, Kurs-Gewinn-Verhältnis, Investmenttrusts oder Wandelanleihen wissen? Aber so komisch es auch klingen mag, es war für mich ein Vergnügen, ihr Börsenwahrheiten einzuimpfen. Ich blieb fast zwei Stunden bei ihr, und es war angenehm, in ihr eine so intelligente und interessierte Schülerin zu finden. Beim Abschied nahm sie mir das Versprechen ab, mit ihr in Kontakt zu bleiben und ihr von Zeit zu Zeit meine Meinung über die verschiedenen Börsenmärkte der Welt brieflich anzuvertrauen.

Als ich einige Wochen später wieder im Westen war, erzählte ich meinen Bekannten von dieser Begegnung. Wie groß war mein Erstaunen, als ich erfuhr, daß drei Auslandsungarn, einer in Zürich, einer in London und einer in New York – alles ausgekochte, internationale Börsenspieler –, mit meiner neuen Freundin seit Jahren in Verbindung standen. Sie schickten ihr regelmäßig Geschenke und Pakete, und dafür bekamen sie von Barbara Voraussagen über alle Börsen der Welt. Manchmal kategorisch wie »in Wall Street im Herbst alles verkaufen«; ein anderes Mal mystisch wie »in Paris sämtliche Aktien, die mit P anfangen, aufkaufen«; oder sogar malerisch, »in Zürich in Aktien von gelber Farbe einsteigen«.

Warum auch nicht, sagte ich mir. Sie folgt ihren Intuitionen, die sich bestimmt auf irgend etwas gründen. Vielleicht zieht sie ihre Schlüsse aus Ereignissen, die einem zu nüchternen Menschen, einem Makler oder Bankier, nicht auffallen. Tatsächlich aber nahm sie von ihrer Rumpelkammer auf kommunistischem Boden aus auf die Börsenoperationen von drei internationalen Berufsspekulanten Einfluß.

Seit meinem Besuch verfügte ich über ein neues Arbeitssystem, einen direkten Draht. Und zwar sandte ich ihr von Paris aus meine Weisheiten in die fernen Budapester Berge, und von dort wurden sie umgehend, unter der Etikette ihrer Prophezeiungen, in die genannten drei Ecken der Welt weitergeleitet. Mit Hilfe dieser neuen Einrichtung waren Barbaras Ratschläge in technischen Fragen sicherlich fachgerechter geworden. Ob sich aber ihre Prophezeiungen bewahrheitet haben, das vermag ich heute nicht mehr zu sagen.

Börse, Liebe, Leidenschaft

Liebe im Vorübergehen . . .

Ich hatte also, wie in der Kreuger-Episode beschrieben, schon ziemlich früh in meinem Leben den Götzen Geld von seinem Postament heruntergeholt. Das gleiche konnte ich aber nicht von meinen Kollegen, den Spekulanten, Maklern und so weiter, sagen.

Es gab da einen, an den ich mich immer erinnern werde: In seiner Art war er ein ziemlich ungewöhnlicher Mensch, der sich ganz mit der Börse identifizierte. Er schien mir eine bessere Verkörperung der Spekulation als jede allegorische Figur. Er wohnte in Wien, aber er hätte auch in jeder anderen Stadt der Welt leben können, vorausgesetzt, daß es dort eine Börse, Telex und Telefone gibt. Sein Einsiedlerdasein war ausgefüllt mit Fernschreibern, allen möglichen Jahrbüchern, sämtlichen Kurszetteln der Welt und Finanzzeitschriften, die sich in seinem Büro häuften. Dieses wurde nur dann von einem Lächeln erhellt, wenn er gewonnen hatte. Für ihn gab es nur die Charts an den Wänden, seine Zahlen im Kopf – alles andere war für ihn belanglos. Selbst seine Zeiteinteilung war von der Börse bestimmt. Mit abwesendem Blick und großen Schritten ging er durch die Straßen, ohne das Geringste wahrzunehmen. Er sah nicht die Pelzmäntel in den Schaufenstern, nicht die Diamantenkolliers bei den Juwelieren oder die hübschen Mädchen auf den Plakaten, welche das Publikum zu wundervollen Urlaubsreisen aufforderten. Er trug Scheuklappen wie ein Rennpferd. Nur eines sah er immer direkt vor sich: die Börse. Es konnte regnen, donnern, die Sonne scheinen, ihm war nur ein Klima wichtig, das der Börse. Er rannte, um vor dem ersten Klingelzeichen dort zu sein. Das zweite Klingeln bei Börsenschluß erschien ihm wie ein Totenglöckchen.

Glücklicherweise konnte er sein Vergnügen verlängern, wenn er wieder nach Hause zurückkehrte. Von seinem Büro aus setzte er sich mit Fernschreibern und Telefonen mit Auslandsplätzen in Verbindung. Aktien, Obligationen, Devisen, Rohstoffe – das war die Welt, in der er lebte und in der er sich glücklich glaubte.

Er war, wie man so sagt, von der Spekulationswut besessen. Alles hing damit zusammen, und alles lief darauf hinaus. Wenn er sich rasierte, dachte er »Gillette«, wenn er Maschine schrieb, »Remington«, wenn er eine Erfrischung bestellte, »Coca-Cola«. Jeder Artikel des täglichen Lebens war für ihn zugleich ein Börsenwert: die Baumwolle seines Hemdes, die Seide seiner Krawatte, der Zucker in seinem Kaffee, alles Rohstoffe, mit denen man spekulieren kann. Vom Frühling wußte er nichts als die Kurse des Pariser Warenhauses gleichen Namens (Au Printemps), von Monte Carlo kannte er nur die Aktien der »Seebäder-Gesellschaft Monaco«.

Eines Morgens eilte er mit noch mehr Eifer als gewöhnlich zur Börse. Das Radio hatte eine ungünstige Nachricht über eine Gesellschaft durchgegeben, bei der er auf Baisse spekuliert hatte. Für ihn war dies also eine gute Nachricht. Er freute sich schon, nicht so sehr über den Gewinn als vielmehr über die Genugtuung. Immer vier Stufen auf einmal nehmend, eilte er die Börsentreppe hinauf und vernahm bereits die Musik der Baisse. Seine Ohren waren nicht geschult für Mozart oder Bach, aber sie konnten unfehlbar das Dur der Hausse vom Moll der Baisse unterscheiden.

»Was macht denn die Leiter da auf dem Flur? Ich will lieber das Schicksal nicht herausfordern und darunter durchgehen. Ich könnte meinen großen Auftritt verpatzen!«

Plötzlich durchfuhr ihn ein Schreck, als hätte er einen Faustschlag vor die Brust bekommen. Von der Höhe der Leiter lächelt ihm ein blondes Mädchen zu, und er steht da und schaut sie an, mustert sie von Kopf bis Fuß. »Das ist ja Unfug, ich werde verrückt«, denkt er, »sie lächelt doch nicht etwa mich an?« Dann verschwindet er im Börsensaal. Aber das Lächeln verfolgt ihn. Er nimmt kaum die für ihn so ausgezeichneten Kurse wahr, seine Hand zittert ein wenig. Er hört nicht die Glückwünsche seiner Kollegen, das merkwürdige Lächeln ist immer noch da. Er glaubt es links, rechts, überall, beharrlich und fragend zu sehen. Schließlich läutet die Glocke zum zweitenmal. An diesem Tag nahmen die Börsenstunden kein Ende. Ob er sie beim Hinausgehen noch einmal sehen würde? Nein, sie war nicht da, nicht einmal die Leiter war mehr da . . . als ob er alles geträumt hätte. Und auf der Straße geht er etwas weniger schnell. Jedes Ding bekommt seinen Sinn. In den Modepuppen der Schaufenster erkennt er das blonde Mädchen. Diamanten tanzen um ein Lächeln: das junge Mädchen. Und von den Plakaten herab lädt ihn dasselbe Lächeln zur Reise ein.

Zu Hause klingelt das Telefon, aber er nimmt den Hörer nicht ab. Der Fernschreiber klappert, aber er rührt sich nicht, um nachzusehen. An diesem Abend gingen weniger Telegramme von seinem Büro hinaus – und die eintreffenden öffnete er erst gar nicht. Er kümmerte sich nicht um die Schlußkurse der Auslandsbörsen. New York, Chicago, Buenos Aires existierten für ihn nicht mehr. Als die Nacht kam, konnte er nicht schlafen. Sein Leben zog vor seinen Augen vorbei, leere Jahre ohne Lächeln, reich an Abenteuern, aber nur an Spekulationsabenteuern, ohne menschliche Gegenwart. Bis zum Morgen machte er Bilanz, gab sich der unsinnigen Idee hin, daß er sie wiedersehen würde und sich alles ändern könnte. Die Zeit schien stillzustehen. Mit doppelter Ungeduld wartete er auf die Stunde, um zur Börse zu gehen.

Das junge Mädchen war jedoch nicht da. Er war enttäuscht. Seinen Kollegen fiel auf, daß er zum erstenmal in seiner Laufbahn als Börsianer mit etwas anderem als den Kursen beschäftigt schien. Nervös, zerstreut verschwand er, sobald die Schlußglocke läutete . . .

Da war sie, in der Aufseherloge ihres Vaters! Durch das offene

Fenster sah er, wie sie sich vor einem Spiegel ihre langen blonden Haare kämmte. In einem plötzlichen Aufleuchten trafen sich ihre Blicke – ein Funken, als hätte er zu ihr gesagt: »Warte auf mich!« und ihre Antwort wäre gewesen: »Ja!«

Auf dem Nachhauseweg durchlebte er ein echtes Drama. Als er zu Hause ankam, war die Entscheidung getroffen. Er machte sich unverzüglich an die Arbeit. Da war das Leben, zum Greifen nahe, und er wollte endlich zufassen. Mehrere Tage lang sandte er Telegramme ab, gab Aufträge, aber diesmal nicht, um neue Spekulationen einzuleiten. Im Gegenteil, er löste all seine Verpflichtungen, er deckte seine Baisse-Positionen, verkaufte seine Hausse-Engagements. In einer Woche liquidierte er alle seine Geschäfte. Dann reiste er ins Ausland, besuchte seine Geschäftsfreunde, saldierte seine Konten, kassierte, löste auf und schloß endlich ab.

Am letzten Abend seiner Reise saldierte er endgültig sein Konto, packte seinen Koffer und nahm sein Rückreisebillet. Jetzt würde das wirkliche Leben beginnen. Er würde sein Geld auf die Sparkasse legen und nie mehr an die Börse denken. Er würde noch einmal zur Börse gehen, aber nur, um beim Aufseher stehenzubleiben. Er würde das Mädchen an der Hand nehmen und mit ihm fortgehen, und wie im Märchen würden sie lange Zeit glücklich miteinander leben. Er träumte . . . »Endlich finde ich Sie! Seit einer Woche habe ich Sie überall telefonisch gesucht!«

Es war einer seiner alten Freunde, ein Makler und Spekulant, der zufällig im gleichen Zug saß.

»Stellen Sie sich vor«, fuhr jener fort, »ich habe die Spekulation des Jahrhunderts entdeckt, eine ganz außerordentliche Sache.«

»Das interessiert mich nicht mehr, ich ziehe mich von der Börse zurück.«

»Sind Sie verrückt? Das ist wohl ein schlechter Witz. Man darf keine Zeit verlieren. Hören Sie, es handelt sich um . . .«

»Es ist zwecklos. Ich sagte doch eben, ich gebe alles auf. Ich habe genug vom Spekulieren.«

»Aber hören Sie doch. Sie werden gleich sehen . . .«

Er versuchte zu protestieren, aber der andere war schon in voller Fahrt.

»Man muß Häute kaufen, Rohhäute an der New Yorker Börse. Das ist ein todsicherer Tip. Die Kurse sind zwar schon gestiegen, aber sie steigen, und sie werden noch viel mehr steigen. Die Russen kaufen, soviel sie nur bekommen können, sie raffen alles an sich. Auf allen Märkten der Welt, in Argentinien, in Kanada stößt man auf ihre Agenten. Sie verursachen eine Warenknappheit, die Schuhfabriken in Deutschland müssen wegen Ledermangel schon die Arbeit einstellen.« Der Makler hatte sich in seinen Enthusiasmus hineingeredet. Er gehörte zu jenen Leuten, die sich für eine Idee begeistern können, sie bis auf den Grund ausschöpfen und anderen ihre Begeisterung übermitteln.

»Verstehen Sie mich richtig«, fuhr er fort, »die Preisentwicklung bei Häuten hat nichts mit anderen Produkten zu tun. Leder ist ein Nebenprodukt, man schlachtet keine Ochsen wegen des Leders, sondern wegen des Fleisches. Gewöhnlich wird die Produktion angeregt, wenn der Preis eines Rohstoffes steigt. Dies war zum Beispiel so beim Kupfer. Als vor einigen Jahren die Preise stiegen, hat man die lange stillgelegten Kupferminen wieder in Betrieb genommen. Ebenso war es beim Kautschuk und kürzlich auch beim Whisky, und wer weiß, ob sich nicht gerade jetzt eine ähnliche Entwicklung beim Nickel anbahnt.

Aber beim Leder ist es absolut nicht das gleiche. Die Preise können in den Himmel steigen – denn die Metzger werden nicht mehr Tiere schlachten, solange der Fleischverbrauch gleichbleibt. Der aber nimmt sogar ab. Es wird mehr Kalbfleisch gegessen, und in Amerika mehr und mehr Schweinefleisch, Fisch und Geflügel, ganz zu schweigen von der steigenden Zahl von Vegetariern. Sie werden also einsehen, daß wenig Aussicht für eine erhebliche Produktionssteigerung für Leder besteht.

Und was findet man auf der anderen Seite? Einen ins Unermeßliche gesteigerten Verbrauch. Was machen die Russen mit den Devisen, die sie für ihren tonnenweise exportierten Kaviar und ihre Krebse aus Kamtschatka bekommen? Sie kaufen damit so viel Häute, wie sie nur kriegen können.

Nehmen Sie zum Beispiel einen Soldaten. Seine Stiefel, seine Sohlen, sein Koppel, seine Patronentaschen, alles ist aus Leder. Es gibt Stiefel für den Winter, Stiefel für den Sommer – und wie viele Soldaten gibt es auf der Welt? Wie viele Armeen, die von Kopf bis Fuß ausgerüstet werden müssen? Wie viele unterentwickelte Länder, wo es noch keine Schuhe gibt? Und die 850 Millionen Chinesen?

Nun werden Sie doch nicht mehr behaupten wollen, daß ich unrecht habe!«

Es regnete Argumente, die Geographie marschierte auf, die Politik mußte herhalten, alles diente zur Begründung einer einzigen These: Man muß Häute kaufen.

»Bei der heutigen internationalen Spannung, lieber Freund, muß man auf Häute spekulieren. Sobald es irgendwo in der Welt nach Pulver riecht, werden Häute gebraucht.«

»Ich bestreite das gar nicht, Sie haben recht, aber ich wiederhole nochmals, ich ziehe mich vom Geschäft zurück.«

»Gut, ich will nicht drängen, aber wenn Sie es sich anders überlegen, hier ist meine Telefonnummer . . .«

Und mit diesen Worten trennte man sich. Unser Freund verbrachte eine schreckliche Nacht in seinem Schlafcoupé. Bis zum Morgengrauen wälzte er sich von einer Seite auf die andere, er träumte von Stiefeln, chinesischen Ochsen, unterentwickelten Vegetariern, von Patronen, Metzgern, die Hähnchen schlachteten, russischen Stiefelsohlen, und dann sah er wieder das Mädchen mit blonden Haaren oben auf der Leiter.

Als er von seiner Reise zurückkam, eilte er sofort nach Hause. Seine Wohnung sah völlig anders aus als sonst. Es gab keine Statistiken mehr an den Wänden, keine Kurszettel, keinen Fernschreiber, alles war vor seiner Reise abgeholt worden. Als er sich rasierte, dachte er nicht an »Gillette«-Aktien. Beim Anziehen sann er nicht über die Wollkurse nach, und er band seine Krawatte, ohne die Seidennotierungen zu überdenken. Ein neues Leben sollte beginnen. Zum erstenmal sah er sich wirklich im Spiegel. Einige Falten, viel Müdigkeit. Er begann zu überlegen und mit seinem Spiegelbild zu sprechen.

»Du bist verrückt, du kannst nicht alles von heute auf morgen hinwerfen. So leicht kann man nicht aus seiner Haut, man streift sie nicht ab wie ein Hemd.«

Ohne daß es ihm ganz klar zum Bewußtsein kam, ging er aus alter Gewohnheit zum Telefon und wählte die Nummer seines Maklers. »Kaufen Sie für mich x Häute-Kontrakte an der New Yorker Börse zu allen Terminen.«

Der Auftrag war riesig und reichte an die äußerste Grenze seiner Mittel. Er mußte als Sicherheit die gesamte für die Sparkasse bestimmte Summe hinterlegen.

Ruhig setzte er sich an seinen Schreibtisch und nahm seine Geschäfte wieder auf. Telegramme gingen hinaus, der Fernschreiber wurde wieder installiert und tuckte eifrig. Dann nahm er mit seinen Häute-Kontrakten wieder den täglichen Weg zur Börse auf. Er war glücklich, diese Gelegenheit nicht verpaßt zu haben, und rechnete schon seine künftigen Gewinne aus. In die Richtung der Aufseherloge sah er nie wieder. Er hatte Angst vor sich selbst. Wieder war er der erste, der morgens kam, und der letzte, der abends ging, immer war er an seinem gewohnten Platz in einer Ecke des großen Börsensaals.

Und was wurde aus den Häuten?

Präsident Dwight Eisenhower lud den sowjetischen Vorsitzenden Nikita Chruschtschow zu einer Reise durch die Vereinigten Staaten ein. Das war der Auftakt zu einer großen Entspannung. Koexistenz und Abrüstung waren an der Tagesordnung. Man versuchte, Stiefel und Patronentaschen zu vergessen. Und die Preise für Leder stürzten.

Mein Freund verlor seinen Einsatz, sein ganzes Vermögen. So kam es, daß freundliche Weltereignisse den Helden dieser unvollendeten Romanze bestraften.

Auch ich verlor einige Federn dabei. Ich konnte ebenfalls der »makellosen« Beweisführung, den Verlockungen des Erfolges nicht widerstehen. Aber ich verdiente keine Strafe mehr, ich hatte meine schon viel früher bezogen. So endeten auch andere Spekulationen des Jahrhunderts mit einem Fiasko.

Es bleibt nur abzuwarten, was die nächste Spekulation des Jahrhunderts sein wird, dachte ich.

Nachdem ich diese authentische Geschichte schon geschrieben hatte, traf ich mich mit einem Freund, der mir dafür als Modell gedient hatte, im Café Mozart in Wien und las ihm die Geschichte vor. Aufmerksam vernahm er meine Worte, stimmte kopfnickend zu, verzog keine Miene und sagte am Ende vielsagend: »Sehr interessant, André. Aber ich werde Ihnen etwas sagen: Jetzt muß man Schweinebäuche kaufen!«

Ein Duell ganz besonderer Art

Auch Budapest hat seinen Krach gehabt . . . Das war vor vielen Jahren, aber es ist eine für die Budapester Börse bezeichnende Geschichte, vielleicht wegen der malerischen Umstände, unter denen sie sich abspielte, und auch, weil Spekulation und Humor manchmal Hand in Hand gehen!

Die »Aktiengesellschaft der ungarischen Salami« stellte die berühmten Würste her, Konkurrenzprodukt der Mailänder Salami, die noch heute einen Ehrenplatz im Export Ungarns einnehmen. Das Geschäft blühte, und man begann mit den Aktien dieser Gesellschaft eifrig an der Börse zu spekulieren. Das ging so lange, bis die Kurse von 50 Kronen auf 300 gestiegen waren. Eine Gruppe von Spekulanten, die den Kurs »lächerlich« hoch fanden, beschloß, ein Baisse-Syndikat zu bilden. Sie waren überzeugt, die steigende Kurve würde sich bald wenden und die Salami rechtfertigte trotz ihrer guten Qualität, an der zu zweifeln geschmacklos gewesen wäre, einen so hohen Aktienkurs nicht. Das war eine sehr logische Überlegung. Aber an der Börse ist ja zwei mal zwei nicht vier!

Kurz, die Baisse kam aus Gründen, die mit Logik überhaupt nichts zu tun haben, aber viel später: weil nämlich die geistigen Väter dieser klugen Spekulation in eine veritable Boulevardkomödie verwickelt wurden.

Sie war bezaubernd und kokett.

Er, ihr Mann, war ein bekannter Budapester Bankier und ein erfahrener Börsenspieler.

Der Dritte, ihr Liebhaber, ebenfalls ein leidenschaftlicher

Spekulant, war zufällig der Chef des Syndikats, das auf die Baisse der Salami wartete.

Sie wollte schrecklich gern das herrliche Kollier haben, das sie schon seit Monaten in den Auslagen eines großen Juweliers in der elegantesten Geschäftsstraße Budapests bewunderte. Der Dritte wollte es ihr gern schenken, aber wie konnte sie ihrem Mann eine solche Erwerbung erklären? Sie beschlossen beide, sich eines Tricks zu bedienen, der, seit die Welt besteht, leichtgläubigen Ehemännern gegenüber angewandt wird.

Bevor sie ihren Mann bat, ihr das begehrte Kollier zu schenken, ging sie heimlich zu dem Juwelier, um den genialen Plan vorzubereiten.

Der Dritte, ihr Liebhaber, wollte drei Viertel des Preises für das Kollier bezahlen, was schon ein großer Betrag war, und dann sollte der Schmuck wieder in die Vitrine zurückkehren. Dann sollte ein zweiter Käufer kommen, der Ehemann, und für ihn ein anderer Preis gelten: das letzte Viertel des ursprünglichen Preises, eine relativ unbedeutende Summe. Bei einem solchen Gelegenheitskauf würde er bestimmt nicht zögern, das Kollier für seine Frau zu erstehen.

Sie machte Andeutungen auf ihren kommenden Geburtstag und auf die Gelegenheit beim Juwelier.

Der Ehemann fand das alles ein wenig komisch.

»Ein so billiges Kollier, ich mag keine Ladenhüter. Es ist nicht meine Art, deine Geburtstagsgeschenke zu herabgesetzten Preisen zu kaufen!«

Trotzdem ging er zu dem Juwelier und fand sowohl das Kollier als auch den Preis sehr nach seinem Geschmack. Er bezahlte bar und ging vergnügt von dannen, das Schmuckstück in der Tasche. »Alles verlief nach Wunsch«, meldete der Juwelier sofort seiner Kundin telefonisch.

Die Tage vergingen. Der Ehemann summte fröhlich vor sich hin. Sie wartete auf das Kollier, das einfach nicht kam. Schließlich konnte sie sich nicht länger beherrschen und begann auf eigene Faust eine kleine Nachforschung. Das Kollier hatte die

Stadt nicht verlassen, nur schimmerte es am Hals einer anderen: der hübschesten Primadonna von Budapest, die zarte Bande zu dem liebenswürdigen Ehemann unterhielt.

Die Geschichte kam heraus, und die ganze Stadt machte sich darüber lustig. Zu dieser Qual kam noch, daß der Ehemann beschloß, seine ungetreue Frau zu bestrafen, die vor Ärger und Zorn unleidlich geworden war. Er mußte seine Ehre rächen und seinen Nebenbuhler töten! Zu diesem Behufe wählte er eine viel sicherere Waffe als den Duelldegen oder die Pistole. Er wollte sich mit Börsen-Manipulationen schlagen . . . Die Achillesferse seines Gegners war nämlich die »Salami«, bei der letzterer groß auf Baisse spekuliert hatte. Die in einem solchen Fall gegen Baissespekulanten an der Börse häufig angewandte Strategie heißt »Corner«.

Bei Termingeschäften kaufen die Haussiers, ohne die Lieferung sofort abzunehmen. Die Baissiers verkaufen, ohne sofort zu liefern. Wenn es den Haussiers gelingt, mehr Aktien auf Termin zu kaufen, als tatsächlich vorhanden sind, dann geht den Baissiers die Luft aus, weil sie nicht rechtzeitig begriffen haben, daß sie mehr Papiere verkauft haben, als es gibt. Am Termintag können sie also nicht liefern und müssen die ihnen fehlenden Papiere bei den halsabschneiderischen Haussiers kaufen.

Der betrogene Ehemann raffte alle verfügbaren »Salami« zusammen. Die Kurse stiegen von 300 auf 1000, dann auf 2000 und schließlich auf 3000 und mehr. Als keine Aktien mehr zu finden waren, fuhr er zu seinen Geldgebern nach Deutschland, um neues Kapital aufzunehmen und seine Käufe fortzusetzen.

Am Termintag mußten sich die Baissiers den Bedingungen des Gegners beugen, die sehr kostspielig waren.

Der Triumph des Ehemannes dauerte nur kurz. Er und seine Bank verloren um so mehr, weil sie die Unvorsichtigkeit begangen hatten, bei einer simplen »Strafexpedition« unmäßige Summen für ein Papier zu bezahlen, das nicht ein Zehntel dieses Preises wert war. Und als es ihnen nicht gelang, dieses enorme Paket von »Salami«-Aktien wieder abzustoßen, das niemand wollte, mußten sie ihre Schalter schließen. Der Dritte geriet natürlich durch seine immensen Verluste auch in Schwierigkeiten.

Diese Geschichte ist ein Beispiel dafür, daß bei ein und derselben Transaktion Haussier und Baissier das gleiche Schicksal erleiden können: den Ruin!

Die Ereignisse der vergangenen Jahrzehnte haben die Helden unserer Geschichte in alle Winde verstreut. Der Juwelier verkaufte noch jahrelang in New York in seinem Laden auf der Madison Avenue wieder Kolliers. Dem großzügigen Liebhaber bin ich vor rund 20 Jahren in São Paulo begegnet, und damals spekulierte er immer noch. Der durch eigene Schuld ruinierte Bankier hat in Paris Selbstmord begangen, und seine Frau ist in Italien gestorben. Die Primadonna lebt vielleicht noch in Hollywood; sie hat ihre Stimme verloren. Und das Kollier? Vom Winde verweht!

Frauen und die Börse

Was Frauen von der Börse wissen müssen, wurde ich oft von Damen gefragt. Eigentlich nicht viel. Die Börse ist ein Kampffeld für Männer. Um so mehr aber sollten die Frauen über die Männer wissen, die an der Börse spielen. Die Männer profitieren von der Börse, und die Frauen profitieren von diesem Profit.

Die Börsianer geben das Geld leicht und leichtsinnig aus, denn das Geldverdienen an der Börse ist manchmal leicht, so leicht, daß man Lust hat, sich die Zigarre mit einer Banknote anzuzünden. Wenn einem das Glück gewogen ist, dann denkt man nicht einmal daran, daß die so mühelos eingestrichenen Geldsummen oft nur geliehenes Geld sind. Denn beim nächsten Umschwung muß man oft das Ganze wieder zurückzahlen.

Dieses leicht erworbene (aber nicht verdiente) Geld werden wir Börsianer zum Großteil – da wir ja auch Kavaliere sind – für Frauen ausgeben.

Wenn alles gutgeht, wenn die Kurse steigen und wir von der allgemeinen Hausse profitieren, dann geht es den Freundinnen überaus gut. Wenn sich aber das Glücksrad dreht, wenn die Baisse einsetzt und die Kurse fallen, dann leiden zuerst die Ehefrauen darunter.

Was sind eigentlich Hausse und Baisse? Die beste Antwort darauf gab ein alter Freund von mir, als sein kleiner Sohn ihm diese Frage stellte. »Die Hausse, mein Söhnchen, das ist Champagner, Kaviar, Autos, schöne Frauen . . . und die Baisse, mein Liebling, das ist ein Glas Bier, ein Paar Würstchen, die Straßenbahn, deine Mama.«

Ich glaube, kein Professor der Volkswirtschaftslehre hat je eine markantere Definition über Hausse und Baisse, über Konjunktur und Wirtschaftskrise gegeben.

Es gibt aber auch einige wenige Börsianer, die auf fallende Kurse, das heißt auf Baisse, spekulieren. Eine kluge Frau sollte also immer einen Baissespekulanten als Liebhaber in Reserve haben. Dann ist ihr Wohlergehen für alle Zeiten gesichert.

Das Börsenglück dreht sich so rasch wie eine Windfahne, und auch der klügste Spekulant weiß nicht immer, wann es sich wendet. Die Frauen tun gut daran, sich dessen bewußt zu sein. Denn die Seelenstimmung entwickelt sich in uns Männern parallel zu den Kursen. In mageren Zeiten müssen die Damen also geduldig zuwarten, die fetten Jahre kommen bestimmt wieder.

Wie die Frauen sich benehmen, ist äußerst wichtig für einen Börsenspieler. Wie viele Spekulanten haben ihre Nerven und damit ihr Geld verloren, nur weil ihre Frauen in einer schwierigen Zeit nicht verständnisvoll waren.

Nein, leicht ist es nicht, die Frau oder die Geliebte eines Spekulanten zu sein. Denn die Börse entscheidet selbst über die Stimmung im Alltag. Die Ferien, das neue Auto und der Pelzmantel sind oft in Rauch und Dunst aufgegangen, nur weil die Kurse nicht so ausfielen, wie man es erhoffte.

Das Leben mit einem Börsianer ist aber auch aus anderen Gründen schwierig. Der echte Spekulant lebt, träumt und spricht nur von der Börse. Wenn Damen mit Interesse zuhören oder zumindest den Eindruck erwecken, als ob sie Interesse zeigten, wenn ihr Partner von Kursen, Dividenden und dem Geschäftstratsch redet, dann dürfen sie sicher sein, einen Mann fürs Leben gewonnen zu haben.

Es gibt zwar Männer, die nach einem anstrengenden Geschäftstag sich gerne mit halbem Ohr das leichte Geplauder ihrer Frauen anhören. Nicht so die Börsianer. Die wollen argumentieren, diskutieren und überzeugen, als hätten sie nicht ihre Frau vor sich, sondern einen Kunden.

Aber selbst ohne dieses »börsentechnische« Grundwissen können Frauen von der Börse profitieren. Als Beispiel mag dabei Vera Kálmán dienen:

Bis heute ist mir ein langes Ferngespräch mit meinem guten Freund Emmerich Kálmán in Erinnerung. Er war nicht nur einer der Größten der Wiener Operette, sondern hat sich auch leidenschaftlich für Börsentransaktionen interessiert.

Bei diesem Ferngespräch zwischen Paris und Wien stellte er mir die Frage, ob es vom Anlagestandpunkt aus richtig wäre, Aktien für hunderttausend Dollar zu verkaufen (nach der Kaufkraft von heute wäre es eine Viertelmillion Dollar), um bei Cartier im Gelegenheitskauf einen Diamanten für seine Frau Vera zu erstehen.

Nolens volens mußte ich *ja* sagen, denn eine Stunde zuvor hatte mich Vera ebenfalls aus Paris angerufen und mich gebeten (mit der Begründung, daß alle ihre Freundinnen schon einen besonders schönen Diamanten besäßen, nur sie nicht), ihrem Mann zu dieser »Anlage« zu raten. Einige Tage später schmückte der Ring die zarten Finger der schönen Vera Kálmán.

Vernunftgemäß wäre es besser gewesen, IBM oder Xerox zu behalten. Aber man kann sich natürlich die Frage stellen, ob das Vergnügen, einen so seltenen Ring zu besitzen, ihn zu tragen und den Freundinnen zu zeigen, nicht mehr bedeutet als ein Börsengewinn.

Ich habe übrigens die Erfahrung gemacht, daß es für einen Mann viel ungefährlicher ist, wenn sich seine Frau oder Freundin in Juwelen, Pelze etc. verliebt als in ein Bankkonto. Denn letzteres hat keine Grenzen . . .

Nach dem Krieg hatte ich das große Glück, in der Schweiz meinem Idol im Reich der Musik, Richard Strauss, zu begegnen und sein Freund zu werden. Oft saßen wir beim Essen beisammen, und ich lauschte begierig, ein Wort des Meisters über Musik zu vernehmen. Aber vergebens. Man sprach nur über Geld, und seine Frau Pauline wollte alles über die Börse wissen.

Das Phänomen Börse reizt nun einmal die Menschen. Folgende Geschichte scheint mir typisch. Mein guter Freund Janos

H. aus Budapest ist noch immer oft unser Gast an der französischen Riviera. Er ist ein Mann von großer Kultur und besonders in der französischen Literatur bewandert. Ich wollte ihm eine besondere Freude machen und lud meinen Freund und Nachbarn, den französischen Schriftsteller und Goncourtpreisträger M. C., ein. Letzterer war zudem Kunstkritiker und Professor der französischen Literatur in Amerika. Ich wollte eigentlich vor dem Franzosen mit meinem ungarischen Freund angeben, wollte ihm zeigen, daß man selbst im kommunistischen Ungarn über die jüngste französische Literaturentwicklung wohlinformiert ist. Mein Freund Janos bereitete sich tagelang auf den literarischen Gedankenaustausch vor. Leider kam es nicht zu dem geplanten belletristischen Gespräch, da mein Ehrengast mich mit Fragen über Elektronik und Ölwerte, Geldpreise und Geldmarkt bombardierte. Mein armer Freund Janos H. konnte kein Wort anbringen. Traurig saß er bei Tisch. Das geplante literarische Mittagessen war ein Fiasko geworden.

Ich habe mich mit meinem Nimbus abgefunden. Deshalb warne ich auch alle gastfreundlichen Damen davor, mich einzuladen, wenn sie Künstler, Schriftsteller oder andere Schöngeister empfangen. Schon meine Anwesenheit verpestet die Atmosphäre.

Coronation Syndicate oder Die plaudernde Mutter

Gegen Ende des 19. Jahrhunderts, jenes Jahrhunderts, in dem so viel geschehen war, glaubte man, der Traum der goldsuchenden Menschheit habe sich erfüllt. Man weiß nicht, wer als erster die Goldminen in Transvaal entdeckt hat, aber man bildete sich ein, die Schatzkammer der Königin von Saba gefunden zu haben.

Die Illusionen waren groß und die Schwierigkeiten zu Anfang zahlreich: Mangel an gelernten Arbeitern, hohe Materialpreise, besonders für das im Bergbau unerläßliche Dynamit, Transportschwierigkeiten, Golddiebstähle durch die Arbeiter etc. Aus dem Lager der Golddiggers wurde bald eine prunkvolle Stadt, Johannesburg, das Cecil Rhodes zum Gibraltar der Finanzen machen wollte.

Das Gold war kein Hirngespinst, es war wirklich da, es brauchte nur gefördert zu werden, und seine Existenz bewirkte einen neuen Boom. Wieder floß Kapital der englischen Börse zu, obwohl es noch nicht so lange her war, daß die Enttäuschungen mit den südamerikanischen Wertpapieren die Atmosphäre merklich abgekühlt hatten. Eine Reihe neuer Gesellschaften wurde gegründet, wieder begann der Reigen der Spekulation. Man war vom Gold hypnotisiert wie früher die Alchimisten. Vermögen wurden im Handumdrehen erworben. Ein ehemaliger Zirkusclown, Barney Barnato, war der Dirigent dieses allgemeinen Aufruhrs. Ohne Unterschied wurden alle auf den Markt geworfenen Aktien vom Publikum aufgenommen.

Kaum war eine Gesellschaft gegründet, erhöhte sie schon ihr Kapital, und die neuen Anteilscheine waren noch nicht vollständig gezeichnet, da bereitete man schon wieder neue Kapitalerhöhungen vor.

Die 1867 gegründete Limpopo Mining Company fand bald Hunderte von Nachahmern. Die Deutschen hatten sich in das Spiel eingeschaltet, und das Kapital des Reiches ergoß sich auf den Markt, einen Markt, der dieses Kapitals eigentlich gar nicht bedurfte. Auch die Franzosen wurden von der Goldleidenschaft ergriffen und steckten Millionen in die Spekulation.

Die französischen Sparer haben ihr Geld immer gern für die Erschließung von Bodenschätzen zur Verfügung gestellt, ob es nun die Goldminen von Witwatersrand in Transvaal, die Kupferbergwerke in Rhodesien und Spanien, die Erdölvorkommen in der ganzen Welt oder auch Uranbergwerke waren.

Damals handelte es sich um Gold, das in Frankreich seit eh und je fast wie ein geheiligter Fetisch behandelt wird.

Man erzählte sich die verschiedensten Anekdoten. Der Londoner Bankier Beit von der Firma Beit & Co. schickte seiner in Hamburg wohnenden Mutter ein kleines versiegeltes Paket, das Aktien enthielt. Im Begleitbrief erklärte er ihr – unter dem Siegel der Verschwiegenheit –, daß die Aktien bald um das Zehnfache steigen würden. Aber sie dürfe unter keinen Umständen das Paket öffnen, bevor nicht auch ihr Sohn sich für eigene Rechnung Aktien gekauft habe.

Der Bankier rechnete mit der weiblichen Neugier und der Gutmütigkeit seiner Mutter. Sie konnte sich natürlich nicht zurückhalten, öffnete das Paket, und bei einer Tasse Tee erzählte sie die Geschichte ihren besten Freundinnen, die wieder nichts Eiligeres zu tun hatten, als sie ihren besten Freundinnen weiterzugeben . . .

In Windeseile durchlief der Tip die ganze Stadt, natürlich immer unter dem Siegel der Verschwiegenheit. Und ein paar Tage später kaufte ganz Hamburg in London alle Aktien auf, die der Bankier Beit nicht losgeworden war.

Im Sommer 1895 erreichte diese Spekulationswut ihren Zenit. Die Kurse gerieten außer Rand und Band. Die Aktien des

»Coronation Syndicate« stiegen innerhalb weniger Wochen von 10 auf 2000 Pfund. Es handelte sich dabei nicht einmal um eine Bergwerksgesellschaft. Die Tätigkeit der »Coronation Syndicate« bestand lediglich darin, andere Firmen auf die Beine zu stellen.

Die Finanzierungsgesellschaften, die diesen ganzen Wirbel ausgelöst hatten, waren nun nicht mehr im mindesten daran interessiert, den Markt aufrechtzuerhalten. Ihre Papiere waren plaziert.

Das Gebäude war so baufällig, daß der kleinste Windhauch genügte, um es zum Einsturz zu bringen. Der Anlaß war unauffällig, man wußte kaum, wie es eigentlich geschah.

Was war der wirkliche Grund? Vielleicht waren es die enttäuschenden Schürfungsergebnisse einer Gesellschaft oder die Arbeitsunterbrechungen einer anderen oder vielleicht auch politische Schwierigkeiten. Im Grunde ist dies gleichgültig. Irgendein Ereignis von ganz untergeordneter Bedeutung konnte den Todesstoß versetzen.

Die Aktien verloren neun Zehntel ihres Wertes, und ungezählte Firmen, von denen man heute nicht einmal mehr den Namen weiß, verschwanden.

Knapp hundert Jahre später war die Quelle wieder London und das Coronation Syndicate nichts anderes als die nobelste deutsche Geschäftsbank. Daraufhin prangerte ich in meiner Capital-Kolumne vom April 1987 den Emissionsschwindel an und schrieb:

Meine Überzeugung ist, daß die deutschen Banken in ihrer Börsenpolitik ganz unverantwortlich vorgegangen sind. Sie haben die ältesten Tricks angewandt (die jeder ausgefuchste Börsianer kennt), um das Publikum mit Aktien – guten und schlechten – vollzustopfen.

Erst wurden alle ausländischen Institutionen aggressiv aufgefordert, in deutsche Aktien einzusteigen, obwohl die Fachleute hätten wissen müssen, daß der deutsche Markt zu eng ist und es beim Kauf wie auch beim Verkauf zu einer Flaschenhalssituation kommen würde. Die Ausländer (besonders aus den USA und England) sind ja gar nicht so schlecht dran, da sie wegen der teuren Mark vielleicht noch einen Gewinn buchen können. Aber die inländischen Mitläufer können heute bereuen, den Schalterangestellten des Geldgewerbes gefolgt zu sein.

Die deutschen Sparer, die genügend Geld und Nerven haben, um bessere Zeiten abzuwarten, werden vielleicht ihre Verluste begrenzen können, viele aber werden dauerhaft Federn lassen müssen. Die deutsche Börse ist aufgrund ihrer Kurs-Gewinn-Verhältnisse eigentlich relativ billig, aber es ist nicht garantiert, daß die Gewinne des vorigen Jahres wiederkehren.

Schlimm aber geht es insbesondere denen, die auf die Manipulation der Neuemissionen hereingefallen sind. Wie konnte man sich überhaupt nur vorstellen, daß sich Geldinstitute, die größten und vornehmsten der Welt, dazu hergegeben haben, Aktien etwa einer Schuhfabrik dem Publikum aufzudrängen, die – was sie schon wußten – in Amerika große Verluste einfuhr.

Man machte Riesenwerbung für die Emission – mit der nicht unerwarteten Folge, daß bei einem Emissionspreis von 310 Mark die Zeichner ähnlich wie bei Porsche oder Feldmühle gerade ganze drei Aktien bekamen. Vor allem auch viele kleine Sparer wollten damals dabeisein.

Bei der ersten Börsennotierung, sie lag um 500 Mark, kamen dann die Aktien aus einer Londoner Quelle in die deutsche Börse und wurden vom begierigen deutschen Publikum in einem Maße geschluckt, daß die Bewertung sogar bis über 1500 Mark hochgetrieben wurde. Ich weiß zwar nicht, ob dabei Manipulation im Spiel war. Es bleibt jedenfalls ein schwarzer Punkt nicht nur in der Geschichte des verantwortlichen Instituts, sondern auch des ganzen deutschen Finanzmarktes.

So kann man das heikle Börsengeschäft nicht glaubwürdig machen. Die Verantwortlichen sollten sich lieber nicht auf Manipulationen einlassen und sich mehr auf die Verteidigung der deutschen Blue chips verlegen. Die Sparer sollten eher letztere kaufen anstatt jene Ladenhüter, die das Dreifache ihres wirklichen Werts kosten.

So schrieb ich vor mehr als vier Jahren, und das Börsenpublikum kann sich heute leicht die traurige Verfassung vieler der damals hochgejubelten Emissionswerte vor Augen führen. Und auch für die Zukunft gilt: Buyer beware oder Käufer gib acht! Denn die nächsten faulen Emissionen kommen bestimmt.

Ecu-Cocktail oder Nationalgetränke?

Seit einigen Jahren wird immer wieder von der eventuellen europäischen Währung »Ecu« gesprochen. Diese Bezeichnung für eine europäische Währung ist besonders glücklich gewählt worden, denn die drei Buchstaben bedeuten ja »European currency unit« (europäische Währungseinheit). Gleichzeitig ist dies aber auch die Wiedergeburt einer alten französischen Münze, die zwischen 1266 und 1653 verschiedenwertig geprägt wurde.

Der europäische Ecu ist eigentlich ein Cocktail, gemixt aus belgisch/luxemburgischen Francs, Deutscher Mark, niederländischen Gulden, dänischen Kronen, französischen Francs, italienischen Lire, portugiesischen Escudos, spanischer Pesetas, irischen Pfund und griechischen Drachmen.

Ich könnte ihn auch als Index bezeichnen, wie zum Beispiel den Dow-Jones-Index an der New Yorker Börse, der eine Zusammenstellung der Entwicklung der 30 wichtigsten Industriewerte Amerikas darstellt. Diese theoretische Währung hat natürlich einen Tageskurs, der genauso zusammengestellt wird wie der Dow-Jones-Index. Aber genauso wie der Dow-Jones-Index kein Wertpapier ist, ist der Ecu auch keine Währung. Natürlich kann man mit dieser theoretischen Verrechnungseinheit handeln, sogar Anleihen emittieren, Schulden kontrahieren und so weiter, wie man auch an der New Yorker Börse in Indexen offiziell handeln kann. Aber es bedeutet nicht, daß der Ecu eine Währung ist, da doch die Kurse der verschiedenen Währungen, aus denen er sich zusammensetzt, untereinander größeren Verschiebungen unterworfen sind.

Die Währungsunion ist sicherlich der Wunschtraum aller leidenschaftlichen Europäer, aber sie ist weder die Grundlage noch die Bedingung für ein politisch vereinigtes Europa. Im Gegenteil: Das vereinigte Europa ist die Bedingung für eine gemeinsame europäische Währung, also für den Ecu, falls er dann eingeführt werden sollte. Denn eine Währung ist doch nichts anderes als ein Jeton aus Metall, Papier oder sogar aus Plastik, mit dem man die Produkte des betreffenden Landes erwerben, Löhne, Steuern und anderes zahlen kann. Die Jetons, die Banknoten, die in den europäischen Ländern als Zahlungsmittel benutzt werden würden, müßten daher von einer gemeinsamen europäischen Notenbank ausgegeben werden. Und diese europäische Notenbank ist auch heute nur ein Wunschtraum und weit von der Realität entfernt.

Sogar der erste Schritt in die Richtung einer gemeinsamen europäischen Währung, die Garantie für feste Paritäten aller EG-Währungen untereinander, ist äußerst problematisch. Was nützen feste Paritäten, wenn man sie von Zeit zu Zeit über Nacht um 10 bis 20 Prozent verschieben muß. Für Unternehmer und Kaufleute sind solche abrupten Auf- und Abwertungen noch gefährlicher als ein sauberes Floaten. Fixe Paritäten sind mit einer unbegrenzten Konvertibilität identisch.

Und diese Konvertibilität wird in der Zukunft fast sicher in eine Richtung gehen, nämlich in die der D-Mark. Es muß eine Antwort dafür geben, wie viele Franc oder Lire die Bundesbank wird aufnehmen müssen, wenn aus irgendeinem Grunde das französische oder italienische Volk wieder einmal von einer Panik ergriffen wird, wie wir es in den letzten Jahren schon öfter erleben mußten. Oder auf die Frage, was die Bundesbank etwa tun soll, wenn die französischen Sparer ihr Geld wieder einmal tonnenweise in andere Währungen konvertieren wollen.

Wenn ich von der geplanten europäischen Währung höre, muß ich immer an die ehemalige österreichisch-ungarische Krone denken, die von 1878 (elf Jahre nach der Versöhnung Österreichs und Ungarns und ihrer Vereinigung) bis 1918 (Zerfall der k.u.k.

Monarchie) ihre Rolle wunderbar erfüllte, solange beide Länder nicht nur gemeinsames Zollgebiet waren, sondern auch eine gemeinsame Armee und Diplomatie besaßen, also von einer supranationalen Macht regiert wurden. Derselbe Souverän, der Kaiser und König, sanktionierte die Gesetze der unabhängigen Parlamente beider Länder. Die Gesetze der beiden Länder mußten von demselben Staatschef (der zugleich auch König von Ungarn war) paraphiert werden. Die Kohäsion war in allen Staatsproblemen so fest, daß die österreichisch-ungarische Notenbank gemeinsame Banknoten ausgeben konnte, auf der einen Seite in deutscher, auf der anderen in ungarischer Sprache. (In kleinen Buchstaben war jedoch die Bezeichnung der Währung in den acht Sprachen der verschiedenen Nationalitäten der Monarchie aufgedruckt.)

Diese österreichisch-ungarische Krone war dann dank eines streng eingehaltenen Goldkernsystems bis zum Ausbruch des Ersten Weltkrieges jeden Moment in Gold einlösbar. Die Zins- und Kreditpolitik war daher dieselbe für die österreichischen sowie die ungarischen Unternehmer, Kaufleute, Landwirte, Rentner und Steuerzahler. Und die Personalunion vermochte es, trotz des Ressentiments der Ungarn gegen Österreich und die habsburgische Dynastie, diese komplizierte Struktur aufrechtzuerhalten. – Ein berühmter Spruch der ungarischen Nationalisten lautete: »Ungarn glaubt doch Österreich nicht, ganz egal, was es verspricht.«

Die Notenbank eines jeden EG-Landes betreibt aber heute eine souveräne Zins- und Kreditpolitik. Sie ist dabei der jeweiligen Sozial-, Steuer- und Wirtschaftspolitik wie auch den unterschiedlichen innenpolitischen Entwicklungen unterworfen. Diese wiederum werden von anderen Faktoren beeinflußt, wie Nationalcharakter, Lebensführung und auch etwa der Einstellung der Gewerkschaften, und sogar diese Phänomene ändern sich von Zeit zu Zeit, einmal friedlich, ein anderes Mal in aggressiver Form. In einem Land kann die Inflationsrate über 20 Prozent betragen, im anderen unter 2 Prozent.

Eine gemeinsame europäische Notenbank müßte aber allen europäischen Unternehmen zu denselben Bedingungen Kredite geben. Die Unternehmer hätten ihren Arbeitern überall dieselben Tarife zu zahlen, die von den Gewerkschaften der betreffenden Länder akzeptiert werden müßten. Die EG-Länder müßten sich auf eine gemeinsame Steuerpolitik einigen und natürlich – Conditio sine qua non – dieselbe Inflationsrate und dieselbe innenpolitische Entwicklung aufweisen. Das ist in absehbarer Zeit kaum möglich. Bisher konnte man ja nicht einmal in der Katalysator-Frage eine Einigung finden. Und sogar bei der Einführung der Sommerzeit, wirklich nur eine Bagatelle, hat es jahrelang gedauert, um auf europäischer Ebene eine Übereinkunft zu erzielen.

Die EG-Länder sind voneinander so verschieden, daß sie zum Beispiel als Grundlage für einen gemeinsamen Lebenshaltungsindex nicht dieselben Artikel nehmen können. Denn gewisse Dinge sind für die Verbraucher eines Landes wichtiger als für die des Nachbarlandes. Warten wir also ab, bis die Notenbank der Bundesrepublik Europa gegründet ist und die Banknoten in zehn oder zwölf Sprachen gedruckt werden.

Mein Faible für Amerika und den Dollar

Prima l'economia

Aufgrund meiner Erfahrungen, Erkenntnise und Ideen muß ich zu folgendem Fazit kommen: Das Schicksal einer Währung ist unmittelbar mit dem Schicksal des Landes verbunden. Wie gesagt: Sie kann nur in ihrem eigenen Bett sterben und muß auch im eigenen Bett genesen. Ihre Qualität und ihre Zukunft hängt von den Tugenden und Lastern des Landes, das heißt seiner Sparer, seiner Unternehmer, Manager, Politiker, mit einem Wort von seiner Wirtschaftspotenz ab.

Entscheidend ist vor allem die psychologische Einstellung, die in einem Land vorherrscht: Besteht ein grundsätzliches Vertrauen in die eigenen Möglichkeiten und in die Zukunft? Wenn Vertrauen vorhanden ist, ist fast alles erlaubt. Haushalts- und Handelsbilanzdefizite (besonders wenn sie gegenüber dem Bruttosozialprodukt unbedeutend sind) spielen dann letztlich keine Rolle. Wenn kein Vertrauen da ist, dann helfen alle wirtschafts- und finanzpolitischen Maßnahmen nichts.

Aufgrund meines Optimismus für Amerika habe ich natürlich auch in den Dollar Vertrauen. Dieser leidenschaftliche Optimismus stammt noch aus einer Schule, in der ich einen Teil meiner Jugend verbracht habe: Amerika während seiner schwierigsten Jahre während des Zweiten Weltkrieges. Ich bin herumgereist vom Atlantik bis zum Stillen Ozean, vom Norden in den tiefen Süden. Meine einzige Beschäftigung und mein einziger Zeitvertreib waren, alles zu sehen und zu hören, die Ereignisse – natürlich auch Wall Street – zu verfolgen und dann jeden Abend aus den Erfahrungen Bilanz zu ziehen. All das, was ich in dieser

Schule gelernt habe, bildet die Grundlage des wenigen, was ich heute von Wirtschaft, Politik und Finanzen verstehe.

Ich war zu dieser Zeit natürlich auch Spekulant und ununterbrochen in Wall Street aktiv, und so habe ich auch viel mehr Schulgeld gezahlt, als ich in der Harvard Business School hätte zahlen müssen. Daher auch mein Credo: Man soll weniger addieren, subtrahieren, multiplizieren, dafür um so mehr denken und überlegen. Die Zahlen sind nur Erscheinungen an der Oberfläche. Oft sogar nur Illusionen, die wie Seifenblasen zerplatzen. Viel wichtiger ist, was dahintersteckt und was die Ursachen dafür sind.

Da ich nicht nur Börsianer, sondern auch ein Musikus bin, kommt mein Beispiel wie so oft aus dem Bereich der Noten: In den literarischen Salons des 18. Jahrhunderts wurde über die Oper leidenschaftlich debattiert: »Prima la musica – poi le parole?« Oder »Prima la parole – poi la musica?« Was kommt zuerst, und was ist wichtiger bei der Oper, die Musik oder der Text? Seit Jahrzehnten stellt sich uns immer wieder die Frage: »Prima l'economia – poi le finanze?« Oder umgekehrt? Meine Entscheidung ist unwiderruflich: Erst kommt die Wirtschaft. Ich gebe zu, daß so wie bei der Oper der Text in unserem politischen System die Finanzen auch ihre Bedeutung haben. Aber sie spielen nicht die entscheidende Rolle.

Für uns Börsenspekulanten spielen, speziell mittelfristig, die Finanzen natürlich eine große Rolle, weil die finanzielle Situation eines Landes zu verschiedenen Regierungsmaßnahmen führt, die für mittelfristige Kursschwankungen maßgebend sind. Nicht für langfristige Überlegungen; da sind die vorher zitierten Einflußfaktoren entscheidend.

Erst die Wirtschaft und dann die Finanzen. Eine Fabrik zum Beispiel mit ihren hervorragenden Maschinen und Produkten kann durch ein unverantwortliches Finanzkunststück Pleite machen. Es ist möglich, daß die Aktionäre ihr Geld verlieren. Aber die neuen Besitzer, die das Unternehmen günstig aufkaufen, können die Fabrik – dank ihrer Infrastruktur – wieder hochbringen und ein Bombengeschäft machen.

Oder wenn ich zum Beispiel den menschlichen Körper, den Organismus, mit der Wirtschaft gleichsetze und die Finanzpolitik mit der Lebensweise eines Menschen, dann wird das Bild noch deutlicher: Einen gesunden, zähen Körper können Vergehen und Sünden in der Lebensweise nicht ruinieren. Sie können ihm zwar schaden und viele Miseren verursachen, sie müssen jedoch nicht tödlich sein. Aber ein zerbrechlicher, von Geburt an geschwächter Körper wird auch durch die vorsichtigste und strengste Lebensart nicht wieder gesund.

Auch eine leichtsinnige politische Führung kann eine robuste, potente Wirtschaft nicht vernichten, höchstens vorübergehend in Schwierigkeiten bringen. Ebenso kann die strengste orthodoxe Finanzverwaltung mit den besten Buchhaltern aus einer maroden Wirtschaft keine Erfolge herauszaubern.

Darum behaupte ich, daß Präsident Reagan kein Zauberer war. Was er vollbracht hat, wäre auch anderen politischen Führern gelungen. Der Aufschwung ohne Inflation war in Amerika nicht Reagans Erfolg, sondern der Erfolg von Uncle Sam.

»Wer nicht an Wunder glaubt, ist kein Realist«, sagte einmal David Ben Gurion. Reagan, ein Realist und Pragmatiker, glaubte an Wunder, als er die Inflation und die Arbeitslosigkeit zu gleicher Zeit bekämpfen wollte. »Da lachen doch die Hühner«, sagten ironisch manche Experten, Volkswirte und geschulten Oberbuchhalter, als die Pläne Reagans bekannt wurden. Sie hatten völlig vergessen, daß die Normen und Thesen, die man in Europa aus Büchern lernt, nicht unbedingt etwas mit der Praxis zu tun haben; außerdem gelten die Erfahrungen aus anderen Ländern, was Wirtschaft betrifft, für Amerika noch lange nicht. Erst als sich die Hoffnungen Reagans verwirklichten, mußten sie einsehen, daß die USA mit ihrer Wirtschaftspotenz auch Aufgaben lösen kann, die in ihren Augen bisher unlösbar erschienen. Reagan hatte ganz einfach neue Ideen.

Aber er war nicht unersetzlich. »Auf dem Friedhof liegen Tausende unersetzlicher Männer«, sagte Georges Clemenceau. »Präsidenten kommen und gehen, die USA bleiben«, schrieb ich oft während der unglücklichen Jahre unter Präsident Carter, als die ganze Welt Amerika verhöhnte. Reagan hatte das Vertrauen der Mehrheit des Volkes errungen. Wie gesagt, das war das wichtigste. Denn unser ganzes liberales System ist auf Vertrauen aufgebaut. Ohne Vertrauen gibt es keinen Kredit, und ohne Kredit gibt es keinen wirtschaftlichen Fortschritt.

Ein Schauspieler, sogar ein schlechter, sagten die Intellektuellen verächtlich über Reagan. Aber sind nur Professoren, Staatsbeamte oder Gewerkschaftsführer qualifiziert, etwas von Politik und Wirtschaft zu verstehen? Vor Jahren, während Reagans Wahlkampagne, fragte ich meinen besten Jugendfreund, der in der Film- und Theaterwelt aufgewachsen ist, so wie ich an der Börse, ob ein Filmschauspieler auch ein kluger Mann sein könne. »Und wie!« war die Antwort. »Aber dann bleibt er kein Schauspieler.«

Die Grille und die Ameise

Es gibt heute in der Welt viele gesellschaftliche Gruppen und Länder, die stark antiamerikanisch eingestellt sind. Sie versuchen mit allen Mitteln, die ihnen zur Verfügung stehen, das Image und die Glaubwürdigkeit der USA in Frage zu stellen und sogar deren Potential für die weitere Entwicklung zu schädigen. Eine dieser Waffen ist natürlich die amerikanische Währung: der Dollar.

Um den Dollar zu diskreditieren, werden außer Propaganda statistische Daten benutzt, die zwar nicht immer falsch, jedoch unvollkommen und Tempi passati sind. Jedenfalls werden die Zahlen fast immer falsch interpretiert. Teilweise, weil man sie mit den europäischen Daten nicht vergleichen kann, weil die Buchhaltung, die Berechnungen und so weiter nicht identisch sind mit denen Europas, aber manchmal auch nur, um die öffentliche Meinung irrezuführen. Das heißt, man benutzt die Statistiken, um zu beweisen, daß man mit Statistiken alles beweisen kann.

Man nörgelt zum Beispiel unentwegt am Haushaltsdefizit und der gigantischen Verschuldung der USA herum. Dabei fällt heute das Haushaltsdefizit der USA prozentual nicht höher aus, als es in der Bundesrepublik während der Schmidt-Regierung war.

Man muß auch berücksichtigen, daß der Verteidigungsetat, der im amerikanischen Haushalt der größte Ausgabenposten ist, nicht nur die laufenden normalen Kosten enthält, sondern auch die Riesensummen, die in die High-Tech-Industrie wandern. Da steckt man Milliarden hinein, im Gegensatz zu Europa, wo diese Investitionen nicht über den Verteidigungshaushalt, sondern durch separate Subventionen an die Industrie finanziert werden. Und last but not least: In den Vereinigten Staaten existiert, im Gegensatz zu allen europäischen Staaten, keine Mehrwertsteuer. Eine Mehrwertsteuer von 5 Prozent würde aber mit einem Schlag das gesamte Haushaltsdefizit neutralisieren. Es gibt auch kein Gerücht, wonach in amerikanischen Regierungskreisen überlegt wird, ob man irgendeine indirekte Steuer (etwa auf Ölimporte) einführen sollte – wenn auch keine Mehrwertsteuer.

Auch die Verschuldung des amerikanischen Staates ist relativ nicht größer als die der Bundesrepublik – nämlich genau 50 Prozent des Bruttosozialprodukts. Für die Bundesrepublik muß man sogar noch die Rentenverpflichtungen hinzurechnen (die es in den USA nicht gibt), die ja eigentlich eine versteckte Verschuldung darstellen, aber nicht als solche bezeichnet werden. Dieser Haushaltsposten, dessen genaue Höhe nur schwer festzustellen ist, wird sich aufgrund der demographischen Entwicklung in Zukunft immer belastender auswirken. Ich kenne niemanden, der von Bilanzen mehr versteht als mein Freund Carl Zimmerer. Er schätzt dieses »Rentenloch« auf 8 Billionen Mark! Damit dies nicht verlorengeht: Carl Zimmerer redet von 8000 Milliarden Mark Schulden, die nirgendwo bilanziert sind.

Manche Analytiker behaupten gar, die Verschuldung Amerikas sei größer als die Brasiliens. Das ist natürlich ein guter Witz, zudem eine Beleidigung für die Intelligenz jeden Lesers.

Ich gebe zu, daß die Zahlen, die aus den Vereinigten Staaten kommen, gigantisch aussehen, aber das amerikanische Bruttosozialprodukt ist ja auch gigantisch. Und dafür, daß diese monströsen Zahlen die europäischen Länder manchmal zu erdrücken scheinen, können die USA nun wirklich nichts. Ähnlich ist die monetäre Situation: Eine geringe Erhöhung der Geldmenge in Amerika, und schon ist Europa mit Geld überschwemmt; die kleinste Geldknappheit in den USA verursacht bereits eine gefährliche Deflation in der Alten Welt. Nicht nur, daß die

Zahlen gigantisch sind, oft wird auch die Disproportion für Europa gefährlich, aber daran ist leider nichts zu ändern.

In diesem Zusammenhang muß ich immer an eine Novelle des berühmten schwedischen Schriftstellers August Strindberg denken. Ihr Thema: In einer Auseinandersetzung zwischen dem kleinen zerbrechlichen und dem großen muskulösen Mann schlägt sich die Mehrheit immer auf die Seite des ersten. Er wird gepriesen, der letztere getadelt. Der Große, Starke hat immer unrecht. Vielleicht wird der Große mehr respektiert, aber der Kleine wird geliebt.

Mit all den oben erwähnten verdrehten Zahlen und ihren absonderlichen Interpretationen fördert man einen virulenten Antiamerikanismus. Nichtsdestoweniger lassen sich die Devisenspieler von den Statistiken und Handelsbilanzen hypnotisieren und richten ihre Spekulationen danach, obwohl die Zahlen, die man heute veröffentlicht, morgen revidiert und die revidierten übermorgen korrigiert werden . . .

Wie recht hatte doch Mark Twain, als er sagte: »Es gibt drei Sorten von Lügen: Lügen, gemeine Lügen und Statistiken.«

Interessant ist aber, daß man in der ganzen Welt über das amerikanische Handelsbilanzdefizit meckert, obwohl es jahrelang die »Muttermilch« für die gesamte Weltwirtschaft war. Nicht nur dank des hohen Dollar, sondern auch durch das wachsende Bruttosozialprodukt ist der Konsum in den Vereinigten Staaten ununterbrochen gestiegen. Man warf und wirft den Amerikanern vor, daß sie über ihre Verhältnisse leben und mehr ausgeben, als sie einnehmen. Die Jugend trinke schon Sekt statt Coca-Cola. – Und tatsächlich hat Spanien zur Zeit des Dollarhöhenfluges seinen Sektexport nach Amerika verdoppeln können.

Gewiß ist der Amerikaner kein leidenschaftlicher Sparer, obwohl sich das auch in den letzten zwanzig Jahren verändert hat. Die Amerikaner sparen auch, aber in anderen Sparmedien als die Europäer. Sie haben nicht nur Sparbücher, sondern auch große Lebensversicherungen, riesige Aktienportfolios, worin sie einen großen Teil ihrer Ersparnisse stecken. Außerdem gibt es den sogenannten Sparplan, nach dem steuerbegünstigte Anlagen in Aktien getätigt werden können, und Milliarden und aber Milliarden von Dollar sind in den sogenannten Money Market Fonds angelegt, die von den Brokern verwaltet werden. Diese Fonds sind jede Woche kündbar, und ihre Verzinsung wird ebenfalls jede Woche neu festgelegt. Nichtsdestoweniger muß ich wiederholen, der Amerikaner ist kein geborener Sparer, er ist vielmehr ein geborener Unternehmer. Denn jedes amerikanische Baby denkt schon in der Wiege an seine zukünftigen Investitionen in einem Unternehmen und welche neuen Unternehmen es mit seinen Gewinnen gründen wird, während jeder deutsche Säugling bereits an seine zukünftige Rente denkt.

Ich habe schon einige Male Briefe von jungen Leuten bekommen, die mich um Rat fragten, wie sie ihr Leben einrichten sollen. Kürzlich schrieb mir ein Achtzehnjähriger, daß es sein größtes Ziel sei, so bald wie möglich in den Ruhestand zu treten. (Das war natürlich ein guter Spaß für mich. Denn ich bin ja erst mit 60 Jahren richtig aktiv geworden, nachdem ich mich schon mit 35 Jahren »zur Ruhe« gesetzt hatte. Auch wenn ich mich während meiner »Ruhestandsjahre« immer um meine persönlichen Anlagen gekümmert und die Börse beobachtet hatte, habe ich schließlich schwer unter diesem Rentnerdasein gelitten.)

Der Amerikaner ist sicherlich kein Sparer par excellence, und bestimmt würde er sich nie totsparen, denn er ist auch ein großer Genießer. Ich meinerseits bin auch kein Totsparer, und deswegen habe ich auch Jean de La Fontaines Fabel über die Grille und die Ameise etwas umgeschrieben. Sie kennen wahrscheinlich diese Fabel, in der die Ameise den ganzen Sommer über spart, um sich für den Winter Reserven zu schaffen. Die Grille dagegen singt den ganzen Sommer lang und denkt nicht an das Sparen für den Winter. Als die Grille dann im Winter in Nöten ist, wendet sie sich an die Ameise um Hilfe. Die Ameise aber weist sie grob ab.

Meine Fortsetzung ist folgende: Der Winter vergeht, es wird wieder Frühling, die Ameise kommt aus ihrem Versteck heraus und beginnt sofort damit, Vorräte für den nächsten Winter anzulegen. Auf einmal sieht sie die Grille mit einer dicken Zigarre in einem großen Rolls-Royce heranfahren, wie üblich fröhlich singend. Die Ameise ist höchst erstaunt und fragt die Grille:

»Woher hast du den großen Wagen, und was willst du jetzt tun?«

»Wie ich zu ihm gekommen bin, ist meine Sache, und ich fahre jetzt nach Paris.«

»Mit deinem Rolls-Royce?«

»Jawohl«, sagt die Grille, »mit meinem Rolls-Royce.«

»Dann bitte ich dich um eine große Gefälligkeit«, sagt bescheiden die Ameise. »Bitte suche Monsieur de La Fontaine auf und zitiere ihm Goethes Goetz mit schönen Grüßen von mir.«

Das Comeback des Dollars

Ich frage mich, warum Publikum, Volkswirte und Devisenhändler sich so über den Anstieg des US-Dollars wundern. Kein Zweifel: Die Klettertour innerhalb von nur zehn Wochen ist eine reife Leistung. Aber davor ging der Greenback immerhin bis 1,45 Mark in den Keller. Und niemand kam darüber ins Grübeln. Die meisten Beobachter hielten die Talfahrt der amerikanischen Währung wohl für eine logische und natürliche Entwicklung. Warum? Weil sie nicht denken. Sicherlich, der Dollar machte Schlagzeilen, wenn er wieder einmal um zwei oder drei Pfennig nachgab. Aber wirklich aufgeregt haben sich lediglich die Dollar-Besitzer.

Gerade ihnen müßten die fundamentalen Daten bekannt sein: Alle Experten im internationalen Warenaustausch behaupten seit Jahren, aufgrund seiner Kaufkraft müsse der amerikanische Dollar theoretisch eigentlich bei 2,20 Mark stehen. Uncle Sams Währung ist demnach drastisch unterbewertet. Nach Meinung der größten Industriefachleute in der Bundesrepublik müßte der Dollar sogar glatt drei Mark kosten, wenn in seine Beurteilung auch noch die Rentabilität amerikanischer Unternehmen einbezogen wird.

Aber was nützt die beste Theorie, wenn der Dollar aus psychologischen und technischen Gründen heute nur bei 1,75 Mark notiert? Niemand kann den Wert einer Währung, gemessen an einer anderen Währung, exakt errechnen, auch kein Computer. Da geht es den Devisen wie den Aktien: Wer weiß schon, was eine Daimler oder eine IBM wirklich wert ist?

Es gibt unzählige Einflußfaktoren, die den Devisenkurs bestimmen. Darum existiert die Börse, an der Anleger, Spekulanten und Spieler Aktien und Währungen kaufen oder verkaufen. Das heißt dann Spekulation, und auch der Dollar ist davon betroffen. Die Devisenspekulation nenne ich einen Irrgarten oder, genauer noch, ein Irrenhaus. Täglich, so schätzt zum Beispiel die Bank of England, werden rund um die Erde 600 Milliarden bis 700 Milliarden Dollar hin und her geschoben. Maximal fünf Prozent entfallen auf Transaktionen, die für den Welthandel notwendig sind. Alles andere ist pures Spiel um Zehntelpfennige in Zehntelsekunden. Wie soll man in einem solchen Wirrwarr eine neutrale Meinung formulieren?

Das erinnert mich immer an die beiden Landstreicher, die unter einem Telegrafenmast liegen und das Summen der Drähte hören. »Was ist das?« fragt der eine. »Juden reden miteinander«, antwortet der andere. »Ich geb', ich nehm' – ich nehm', ich geb'.« In diesem Fall natürlich Dollars.

Wenn ich die Erklärungen von Politikern, sogar amtierender Minister, oder von Notenbankoffiziellen verfolge, stelle ich immer wieder fest, wie wenig sie die Macht der Spekulation ins Kalkül ziehen. Die aber kann Entscheidungen der Regierung oder der Notenbank in Frage stellen oder sogar konterkarieren.

Nehmen wir die Talfahrt des Dollars bis 1,45 Mark. Sie geht auf die Bundesbank zurück, die seit Jahren Druck auf ihn ausübt. Denn die Währungshüterin muß die Inflation bekämpfen und verfügt dafür nur über zwei Waffen: einen niedrigen Dollar und hohe Zinsen. Dies um so mehr, als eine dritte Waffe, Steuererhöhungen, politisch nicht mehr funktioniert. Das wissen wir spätestens seit der Landtagswahl in Rheinland-Pfalz. Wenn nun der Devisenhandel mitkriegt, daß die Bundesbank gegen jeden Dollar-Anstieg interveniert, kommt, was kommen muß: Der Devisenhandel verkauft auf Termin und sorgt damit noch für zusätzlichen Kursdruck.

Freilich gibt es auch die andere Seite der Medaille. Seit einigen Jahren baute die Spekulation in der ganzen Welt eine Riesen-

Shortposition in Dollar auf. Geschätzte Größenordnung: 350 Milliarden Dollar. Diese Shortposition besteht aus den auf Termin verkauften Greenbacks der reinen Spekulanten, aber auch japanische Exporteure sind mit im heißen Spiel. Wenn nun der liebe Gott eines Tages allen Dollar-Baissiers befehlen sollte, innerhalb kurzer Zeit einzudecken, würde unter denen eine Panik ausbrechen. Zum Glück für die Spekulanten hat der liebe Gott augenblicklich jedoch andere Sorgen.

Was freilich nicht ausschließt, daß eines fernen Tages aus irgendeinem Grunde die Dollar-Baissiers doch noch in Panik fallen und eindecken. So wie in den achtziger Jahren, in denen der Greenback mit größter Geschwindigkeit auf 3,40 Mark schnellte. Ich behaupte nicht, daß diese Situation wieder so kommen wird. Aber in einer ähnlichen Form könnte sie nochmals passieren.

Die Spekulanten sollten daher aufpassen. Die fundamentalen Daten treiben den Dollar in die Höhe, die Interventionen gegen ihn gehen weiter. Wie lange noch? Ich weiß es nicht. Aber fest steht: Es widerspricht jeder Logik, gegen eine Währung zu intervenieren, die stark unterbewertet ist. Gut möglich daher, daß der Dollar bald noch mehr Fahrt aufnimmt. Vor allem dann, wenn es gelingt, das Handelsbilanzdefizit der USA auszumerzen. Dann käme auch die Antwort einer Wienerin wieder zu Ehren. Befragt, was sie an Amerikas Währung so schätze, sagte sie schlicht: »A' Dollar ist noch immer a' Dollar.«

Broker – gestern, heute

Oft denke ich an einen typischen Vertreter der Makler bereits vergangener Zeiten, wenn ich mit den Brokern zusammen bin und beobachte, wie ihre Provisionsmaschine läuft. Eine einzige Idee führt jeden von ihnen: kaufen, verkaufen, kaufen, verkaufen, das heißt Provisionen einstreichen. Sie haben ja auch große Spesen, die alle durch Provisionen gedeckt werden müssen, nicht aus Kursgewinnen! Sie geben zwar Ratschläge, doch sind ihre Motivationen nicht Sachüberlegungen, sondern Profitstreben. Der richtige Makler spekuliert ja selber nicht. Das ist auch richtig so, denn damit bewahrt er seine Objektivität in jenen Zeiten, wenn die Kunden unter dem Druck der Ereignisse ihre Nerven verlieren.

Eine nette kleine Anekdote erzählt von einem alten Makler und seiner Einstellung zum Börsengeschäft. Vor dem Ersten Weltkrieg war Budapest noch die größte Getreidebörse Europas. Millionenbeträge wurden in den Terminhandel mit Weizen, Hafer, Mais usw. gesteckt. Aus ganz Europa kamen die Aufträge, aber auch ganz Ungarn spielte mit. Die größten Spieler waren die Landwirte, denn wenn sie eine gute Ernte ahnten, verkauften sie auf Termin nicht nur ihre eigene Ernte, sondern das Doppelte. Sahen sie eine schlechte Ernte voraus, kauften sie zu ihrer eigenen auf Termin noch eine riesige Quantität auf.

Die Kurse schwankten also ununterbrochen, und die Spiellust der Zuschauer wurde immer größer. Sie spielten den ganzen Tag in Weizen, Gerste, Mais und Hafer, auch Pflaumenmus war ein beliebter Spielartikel. Und wenn die Budapester Börse geschlossen hatte, warteten sie gespannt auf die Schlußkurse von Chicago, die erst um 22 Uhr eintrafen. Dieses Spiel gehörte zum Tagesgespräch wie das Wetter, die Ernteaussichten, und das heißt natürlich die weitere Kursentwicklung.

Moritz Kobrach stammte aus Deutschland, war aber an der Budapester Warenterminbörse der größte und reichste Makler. Er sprach zwar sehr fehlerhaft Ungarisch, doch verstand er fabelhaft die zwei wichtigsten Worte: kaufen, verkaufen! Trotz seines Reichtums war er ein einfacher puritanischer Mensch, der nur für sein Geschäft und seine Provisionen lebte. Dies reichte auch völlig aus, denn die Aufträge kamen in Massen.

In einem Moment, als der Weizenkurs sich langsam abgeschwächt hatte, kam ein Kunde zu ihm ins Büro, mit trauriger Miene und schwerem Herzen. »Herr Kobrach, mein Hausseengagement im Weizen steht schlecht, und mein Konto ist schon notleidend. Ich bin total fertig. Hier ist meine goldene Uhr, mein goldenes Zigarettenetui und 20 000 Gulden Bargeld. Das ist alles, was ich besitze, obwohl meine Verluste schon größer sind. Entweder begnügen Sie sich damit, oder Sie können mir den Buckel herunterrutschen. Die Börse wird mich nie mehr wiedersehen!«

»Ja, ja, guter Mann«, sagte Kobrach, ohne mit der Wimper zu zucken. »Sie haben sich in Ihrem Hausseengagement etwas übernommen. Aber es ist nicht meine Gewohnheit, jemandem den Buckel herunterzurutschen, und die Börse wird Ihretwegen nicht blind. Stecken Sie jetzt Ihre Uhr wieder ein, sonst wissen Sie nicht, welche Stunde Ihnen geschlagen hat, und auch Ihr Zigarettenetui, sonst gewöhnen Sie sich das Rauchen noch ab und schaden damit dem Monopol. Geben Sie mir die 20 000 Gulden, und die Sache ist erledigt. Nun glaube ich aber, daß der Weizen noch weiter zurückgehen wird. Sollte ich nicht für Ihre Rechnung mit zehn Kontrakten à la baisse gehen?«

Der Mann wußte nicht, was er antworten sollte, schwieg und zeigte damit sein Einverständnis. »Ja«, meinte Kobrach, »das Werkel muß weitergehen. Man gewinnt, man verliert.« Und dachte sich, die Provisionen strömen, auch wenn manchmal ein Kunde nicht zahlen kann. Hauptsache ist, das Rad dreht sich weiter, und ich erhalte meine Provisionen.

Das war *»Die Welt von gestern«.* Die heutigen Broker sind natürlich längst nicht mehr so großzügig wie Kobrach. Sie können es auch gar nicht sein, sonst wären sie ganz schnell pleite. Außerdem sind auch die Verordnungen der heutigen Regierungsbehörden viel zu streng. Doch achten sie genauso darauf, daß die Provisionsmaschine gut weiterläuft. Auch sie haben nur ein Credo: Provisionen. Das Zauberwort ist: Umsatz. Denn soundso viel Aktien Umsatz an einem Börsentag bedeuten soundso viel Provisionen für die Firmen.

Ich bin selbst oft erstaunt, wie sie sich manchmal bloßstellen. Ich rufe den Broker an und frage nach der Tendenz. Die Antwort ist: »Phantastisch, kolossal, Riesenumsatz, hundert Millionen Aktien, der Ticker ist zehn Minuten zu spät . . .«

»Und wie ist der Index?« frage ich. »Fast unverändert«, lautet die Antwort. »Das nennen Sie phantastisch und kolossal?« antwortete ich zornig. »Hundert Millionen Aktienumsatz sind doch phantastisch, oder nicht?« – »Für Sie, aber nicht für mich, denn mich interessieren die Kurse, ob sie steigen und um wieviel, der Umsatz ist wichtig für euch Broker, aber nicht für uns Kunden.«

Kurz und gut, die Maschine funktioniert und wird ununterbrochen geölt, damit sie noch besser funktioniert. Eigentlich habe ich ja nichts dagegen, denn die Broker ziehen Hunderte von Sparern auch an den Kapitalmarkt, und das ist günstig für unser ganzes System. Je mehr Kunden, kleine und große Spieler, Spekulanten oder Anleger, um so liquider wird der Markt. Und je liquider der Markt, um so größer ist die Garantie für den Suigeneris-Anleger, sein Geld, das er in Aktien angelegt hat, wieder liquid zu machen, wenn er es braucht. Auf einem liquiden Markt kann man Tausende von Aktien in einigen Sekunden verkaufen, ohne größere Kursverschiebungen zu verursachen. Nur so kann die Börse ihre tatsächliche Rolle erfüllen, Sparkapital in Unternehmen einzufrieren und auch wieder aufzutauen.

Beobachte ich die vielen, vielen Makler, die ich kenne, wie sie ihre Kunden emsig am Telefon zu Börsengeschäften animieren wollen, denke ich an den alten »Philosophen« Kobrach: »Das Werkel muß weitergehen.«

Er ist jedoch der Börse untreu geworden und wurde dafür auch bestraft. Er wollte Unternehmer werden und kaufte sich für die Millionen, die er an Provisionen verdient hatte, eine große Schuhfabrik, mit der er pleite ging. So verlor er sein ganzes Vermögen und starb in Armut in seiner Heimat Deutschland.

Fiesta in der Wall Street

Alle Börsen funktionieren mehr und mehr nach dem Gesetz der kommunizierenden Röhren. Irgend jemand drückt irgendwo auf einen Knopf – und in fünftausend Kilometer Entfernung kann man die Wirkung spüren.

Der Emir von Kuwait trifft irgendeine Entscheidung, und die Goldminenaktien in Toronto steigen.

Ein Finanzkrach mit Revolverschuß in Paris, und das Pfund Sterling fällt in New York.

Die Ereignisse umspannen die Effekten- und Währungsmärkte, Warenbörsen und Finanzministerien.

Dahinter steht aber immer das Abenteuer des Geldes. Dafür sind alle Mittel recht: Ideen, Erfindungen, Geheiminformationen, auch die Ausnützung der Unwissenheit oder der Bequemlichkeit der anderen.

Manchmal geht es um ein Wort, um einen Gesetzesparagraphen. Diese bunte Börsenwelt steht niemals still, sie dreht sich Tag und Nacht ohne Unterlaß.

Nach Schluß der New Yorker Börse fängt das Spiel in San Francisco an und dann in Honolulu. Wenn in Wall Street die Lichter gelöscht sind, dann drängen sich die Menschenmengen an der Börse von Tokio und Hongkong, an der Pforte des verschlossenen China. Dann folgen Bombay, Beirut, zwei Stunden später Athen, eine Stunde darauf Mailand, dann Frankfurt und London. Und wenn in Paris die Schlußglocke ertönt, sitzen die hunderttausend amerikanischen Broker bereits wieder vor dem Ticker.

Die Vierundzwanzigstundenschicht der Börse ist abgelaufen, in einem Reich, wo die Sonne nie untergeht.

Wie alle Menschen kann man auch die Schar der Börsianer in Optimisten und Pessimisten einteilen. Ihr Charakter spiegelt sich auch in ihrem Börsendenken wider. Wenn ein Optimist die Hälfte seiner Papiere verkauft hat und diese weiter steigen, freut er sich, daß er noch die Hälfte behalten hat. Fallen sie, freut er sich, daß wenigstens die Hälfte verkauft ist. Der Pessimist dagegen wird sich ärgern, wenn er die Hälfte seiner Papiere verkauft hat und sie weiter steigen, und er wird sich auch ärgern, wenn sie fallen und er die Hälfte behalten hat.

Doch trotz seines Müßiggangs oder seiner »sterilen« Aktivität erfüllt der Spekulant und Börsenparasit – zumindest im kapitalistischen Wirtschaftssystem – eine wesentliche Funktion. Er stellt, auch wenn er es zum Zwecke der Spekulation tut, auf dem Weg über die Börse sein Kapital zur Verfügung.

»Gebet dem Spekulanten, was des Spekulanten ist: die Anerkennung seiner Funktion in der freien Marktwirtschaft.« Ich habe die Erfahrung gemacht, daß die Börsianer einer großen internationalen Familie angehören, sozusagen einer über die ganze Welt verstreuten Freimaurerloge. Das konnte ich auf meinen vielen Reisen feststellen, die mich mit Mitspielern oder Zuschauern von fast allen Märkten der Welt zusammenführten. Was reden zwei Börsianer miteinander, wenn sie zusammentreffen? Geschichten von der Börse, und dieses Thema ist beinahe unerschöpflich. Meine Leidenschaft für die Börse kühlte sich im Laufe der Jahre trotz der vielen Gespräche und Debatten natürlich nicht ab. Trotz gelungener Börsencoups waren meine Ambitionen nicht befriedigt. Seit dreißig Jahren suchte ich eine Börsentätigkeit, die sich nicht darauf beschränkte, von Zeit zu Zeit mit meinem Makler zu telefonieren und ihm Kauf- und Verkaufaufträge zu geben. Und so kam es eines Tages zu einem jener Fiaskos, die ich nicht so leicht vergessen werde.

Im Winter 1961/62 herrschte eine wahre Fiesta in der Wall Street, und das Leben war schön für die Börsianer. Das Börsenfieber hatte damals in Amerika einen Höhepunkt erreicht. Viel Verstand brauchte man nicht, um seine Taschen zu füllen, man mußte nur heute kaufen und morgen verkaufen oder morgen kaufen und übermorgen verkaufen. Wenn man das Glück hatte, die Aktie einer neuen heißen Emission zu erwischen, war das schon ein Treffer. Die neuen Emissionen kamen vormittags mit 10 Dollar heraus, und nachmittags waren sie schon 20 oder 30 Dollar wert. Man mußte nur den Friseur der Frau des Managers kennen, um auf der Liste jener Glücklichen zu figurieren, die bei einer neuen Emission ihre Portion Aktien bekamen.

Irgendein genialer Kapellmeister dirigierte das Orchester, bei dessen Tönen immer neue Schichten des gewinnlüsternen Publikums in den Hexentanz hineingerissen wurden. Die Konglomerate, die wunderbare Erfindung der neuen Financiers, florierten. Das gesamte Brokerestablishment arbeitete mit Volldampf, etwa hunderttausend Makler mit hundertprozentiger Kapazität. Die meisten von ihnen rührten sich vom Telefon überhaupt nicht weg. Denn mit einem einzigen Anruf konnten wieder fünfhundert bis tausend Aktien einer neuen Emission verkauft werden. Die Emissionen waren natürlich alle »heiß«, zumal sie auch genügend angeheizt wurden und sogar so sehr angeheizt, daß sich die Kunden dabei die Finger verbrannten.

Aber die Zahl der Makler und Financiers schien noch immer nicht auszureichen. Denn sie suchten in Funk- und Pressewerbung weitere Mitarbeiter. Der Wertpapierumsatz stieg täglich, jeder Tag brachte einen neuen Rekord. Die Brokerfirmen arbeiteten die Nächte durch, ihr Hunger nach neuen Kunden schien unstillbar.

Diese überspannte Atmosphäre, die mich an 1929 erinnerte, war aber auch notwendig, denn nur in einer solchen Euphorie konnte man dem Publikum alles verkaufen, gleichgültig, ob es die Luftschloß AG oder Mondimmobilienaktien waren. Es war der berühmte Boom, der schließlich mit dem Krach von 1962 endete.

Eine der großen Firmen suchte damals täglich in der Funkwerbung neue Mitarbeiter – sagen wir gleich: neue Kundenschlepper. Mit verlockenden Worten forderten sie Stellensuchende auf, ihr Glück in der Börsenbranche zu suchen. Sie würden eine dreißigtägige Ausbildung erhalten und dann an den Schreibtisch gesetzt, um als frischgebackene Makler die Anlagen der Kunden zu verwalten.

Schau, schau, sagte ich mir. Das ist eine auf dich zugeschnittene Arbeit. Nicht, daß ich sie gebraucht hätte, aber sie reizte meine Eitelkeit. Hatte ich nicht eine ungeheure Menge von Erfahrungen gesammelt, die ich nicht für mein Lebendgewicht in Gold eintauschen würde? Hätte ich nicht einen Lehrstuhl für Börsenkunde verdient?

Aber da es dazu nie gekommen ist, blieb in der Tiefe meiner Seele immer eine kleine Wunde, hervorgerufen durch verletzte Eitelkeit, den Mangel an offizieller Anerkennung.

Die Rundfunkwerbung war so verlockend abgefaßt, daß ich auf einmal Lust verspürte, mit mir selber einen Test zu machen. Wenn ich schon keinen Lehrstuhl für Börsenpraxis bekommen konnte (nur einen Kaffeehaustisch), wurde mir hier doch eine bescheidene Stellung angeboten. Endlich würde man mich für meine Erfahrungen mit einem fixen Gehalt honorieren, und außerdem erhielt ich einen Status. Sieht man in Amerika doch jeden mit schiefen Augen an, der keine bürgerliche Stellung oder Beschäftigung nachweisen kann. Wie schön wäre es, in der Wall Street, in einem eleganten, mit Plüsch tapezierten Büro zu arbeiten, umgeben von elektronischen Maschinen, einem Lautsprecher und dem ständig laufenden Fernschreiber. Ein Traum für den, der bislang nur in seiner Privatwohnung oder im Kaffeehaus die Börsenentwicklungen verfolgte. Ich würde das Recht haben, auf meiner Visitenkarte mit Wall-Street-Adresse und Telefonnummer auch den Namen meiner Firma angeben zu können.

Mein Entschluß war gefaßt. Ich war bereit, der annoncierenden Firma mein ganzes Wissen und Können und meine gesamte Erfahrung anzubieten. Mit Genuß malte ich mir bereits aus, wie ich bei meinen zukünftigen Chefs bei der Aufnahmeprüfung brillieren würde. Sie würden nicht nur über mein theoretisches Wissen erstaunt sein, sie würden gleichzeitig auch eine ganze Dissertation über die Philosophie der Börsenspekulation zu hören bekommen.

Von den Chefs habe ich auch nicht den kleinsten Juniorpartner zu Gesicht bekommen. Nicht einmal bis zu einem Prokuristen konnte ich vorstoßen, denn bereits im Vorzimmer hat mich ein besserer Bürodiener mit einem Fragebogen abgespeist. Er würdigte mich nicht einmal eines Blickes und verlangte nur, ich solle den Fragebogen ausfüllen, und in ein paar Tagen würde ich eine Antwort erhalten.

Im Fragebogen standen Schablonenfragen nach meiner Vergangenheit und meinen Qualifikationen. Sie waren so zugeschnitten, als handelte es sich um Stellenangebote für Kindermädchen oder Chauffeure. Etwas bange lieferte ich den Bogen ab. Ich fühlte mich in eine andere Welt versetzt. Wieder war ich achtzehn Jahre alt, suchte eine Stellung, und mein Schicksal für die kommenden Jahre stand auf dem Spiel.

Ich will nicht leugnen, ich hatte auch Angst. In diesem großen Amerika, in der erbarmungslosen Wall Street hatte ich Komplexe, hier, wo jeder danach beurteilt wird, wieviel Dollar er monatlich an Kommissionen einnehmen kann. Bisher hatte ich nur in der Filmindustrie von Producers gehört. Aber in der Wall Street nennt man auch denjenigen »producer«, der Kommissionen produziert. Würde mich Wall Street aufnehmen oder nicht? Der Bürodiener nahm stumm meinen Fragebogen, und benommen ging ich wieder.

Im Strudel der Fifth Avenue fand ich mein Selbstvertrauen wieder. Ich machte schon Pläne, wie ich meine neue Arbeit angehen würde.

Aber es blieb bei den Plänen. Nach einigen Tagen kam die Antwort: Abgewiesen! Es täte ihnen sehr leid, aber wegen mangelnder Erfahrung könne man mich vorläufig nicht gebrauchen. Dies sollte mich aber von meinem Plan nicht abbringen. Vielleicht könnten sie mich später einmal einstellen. Ich sollte mich wieder melden. Ich vermute, daß die Firma an den Tag dachte, wo ich bereits mehr Erfahrung gesammelt hätte – natürlich auf Kosten der Konkurrenz.

Ich sehe den Leser schmunzeln. Aber der Leser hat unrecht, die Firma hatte recht. Für sie war es nicht wichtig, ob ich die wirtschaftliche und finanzielle Situation richtig beurteilen konnte. Was nutzte es ihr, daß ich eine Börsenerfahrung besitze wie wenige Zeitgenossen, daß ich die Zusammenhänge zwischen politischen, wirtschaftlichen und Börsenereignissen verstehe und daß ich einen Spürsinn für die Beurteilung der Börsentendenz habe?

Das alles war für die Firma uninteressant. Sie brauchte Leute, die wußten, wie man alte Damen von ihrer Rommé-Partie ins Börsenbüro lockt – wo sie dann, vor dem Ticker sitzend, emsig Börse spielen und Kommissionen zahlen können –, wie man der Milchfrau, dem Hausarzt und allen alten Bekannten die Flut neuer Aktien andreht.

Täglich kamen neue Papiere zu Phantasiepreisen auf den Markt. Diese mußte man mit der nötigen aggressiven Überredungskunst in die Schubladen der kleinen Sparer bringen, immer mehr und mehr und immer schneller und schneller, damit man so rasch wie möglich melden konnte, daß diese oder jene Emission zehnfach unterschrieben wurde und keine Aktien mehr zu haben seien. Die Verbreitung solcher Nachrichten reizt den Appetit des Publikums, so daß die nächste und die übernächste Emission noch gieriger geschluckt wird. (Genauso, wie wir es einige Jahre später mit den IOS-Emissionen erleben konnten.)

Es ist wahr, auf diesem Sektor besaß und besitze ich keine Erfahrung. Die Firma hatte mich richtig beurteilt, und ich habe es ihr auch bis heute nicht nachgetragen. Wenn ich durch Arbeit in der Wall Street mein Leben verdienen wollte, mußte ich andere Methoden erlernen. In der Zitadelle des Kapitalismus konnte ich mir weder die Anerkennung der Kapitalisten verschaffen noch ein bescheidenes Jahreseinkommen sichern als Frucht meiner langjährigen Erfahrungen.

Trotzdem habe ich von der Börse immer gut gelebt (das aber ist ein anderes Kapitel!) – nicht dank meiner Arbeit, sondern durch List und Wagemut. Nicht die Kapitalisten haben mir die Gelegenheit zum Geldverdienen gegeben, sondern der Kapitalismus. Deshalb bleibe ich auch ein getreuer Soldat der Armada der Börsenprofis, denn sie stehen alle, sei es als »Mitbauer«, sei es als unentbehrliche Parasiten, im Dienste der freien Marktwirtschaft.

Börse und Spekulation bleiben für mich ein Thema, das nie den Reiz der Neuheit verliert. So hielt ich weiter meine Vorträge über Börse, Währung, Politik und Wirtschaft (nur mit kurzen Intermezzi über Musik, Kunst und Frauen) in den vielen Kaffeehäusern der Welt. Ich hatte seit 60 Jahren einen periodischen Lehrstuhl in New York, Paris, Cannes, Rom, Genf, Zürich, München, Wien usw. . . . und sogar in Budapest. Daß mein Katheder früher nur ein Kaffeehaustisch war, änderte nichts an der Aufrichtigkeit und Leidenschaft meiner Vorträge.

Mein Schlußakkord

Seit 72 Jahren habe ich mit dieser bunten Welt der Börse ein wahrhaftes Liebesverhältnis, auch mit harten Auseinandersetzungen. Man kann sich vorstellen, was ich mit der Börse erlebt – aber auch glücklicherweise überlebt – habe; Hunderte Erfolge und Hunderte Mißerfolge.

So habe ich meinem langjährigen Schüler und Freund Hubert Spegel anvertraut, manche dieser Erlebnisse auszuwählen, das heißt, die Rosinen aus dem Kuchen zu picken. Mein Ziel war, nicht eine Lehrstunde in Börsenkunde zu geben, sondern den Leser zu unterhalten. Nichtdestoweniger können von den Erlebnissen auch hundertprozentige Börsenprofis lernen, daß an der Börse alles möglich ist und auch das Gegenteil von allem – wie La Bruyère es sagte.

In den 72 Jahren konnte ich feststellen, daß die Börse immer dasselbe Theaterstück ist, aufgeführt in verschiedenen Theatern und mit immer neuen Akteuren. Doch wer die guten Akteure waren, können nur die Erben feststellen.

Ich hoffe, die Lektüre meiner Histörchen hat Sie nicht gelangweilt, denn ich weiß, daß sie meine Freunde immer amüsiert haben, wenn ich sie an der Börse oder am Kaffeehaustisch erzählte.

An der Börse verlor ich mein Publikum, da sie als Treffpunkt nicht mehr existiert. Allmählich werden die Börsen ganz verschwinden, weil sie keine Präsenz mehr haben. Alles wird durch Telekommunikation ersetzt. Es gibt kein »ich gebe, ich nehme« mehr, denn die lauten Worte – die Essenz des Börsenhandels –

werden durch Tastendruck ersetzt. Der zoologische Garten mit den vielen Typen des Börsensaals ist eine versunkene Welt. An der Londoner und Pariser Börse kann man heute nur Geistern begegnen. Und so wird es bald auch in Frankfurt, Düsseldorf und allen anderen Börsen der Welt sein. Ich aber bleibe präsent, und anstatt in dem Börsensaal erzähle ich über Börse und Spekulanten auf gedrucktem Papier.

Ich schrieb einmal: Das Leben fängt mit 70 Jahren an. In späteren Büchern korrigierte ich es dann auf 75 und sogar 80. Heute ziehe ich alles zurück – für mich Börsianer fängt das Leben erst mit 85 an.

André Kostolany

. . . und was macht der Dollar?

Im Irrgarten der Währungsspekulation

256 Seiten, 11 Abbildungen, gebunden, mit Schutzumschlag

Die Frage, die André Kostolany in diesem Buch stellt und beantwortet, erschüttert die Welt immer wieder, läßt Politiker, Wirtschaftsleute, Banker und Börsianer zittern. Was macht der Dollar? Steigt er weiter, oder fällt er wieder? Welche politischen Auswirkungen haben die Schwankungen des Dollarkurses, und welche Rolle spielt dabei die internationale Devisenspekulation? Wie wirken sich die Kursbewegungen des Dollars auf die Aktienmärkte aus?

André Kostolany, der mit allen Wassern gewaschene Spekulant und Börsenprofi, der seit sieben Jahrzehnten die Bewegungen der Aktien- und Geldkurse beobachtet und analysiert, umreißt in diesem Buch amüsant und geistreich die Geschichte der Währungsspekulationen. Ausführlich und kenntnisreich stellt er die Bedeutung des Dollars für die Weltwirtschaft dar, diskutiert die Rolle der USA im Wirtschaftsgefüge der Welt und hellt die Hintergründe und Gründe von Devisenspekulationen auf. Bei aller Informationsfülle zu einem sehr komplexen Thema ist dieses Buch ein reines Lesevergnügen.

André Kostolany

Kostolanys Börsenseminar

Für Kapitalanleger und Spekulanten

248 Seiten, gebunden, mit Schutzumschlag

Mit diesem Buch legt der wohl erfahrenste Börsenprofi André Kostolany die Summe seiner in mehr als 60 Jahren an den großen Börsenschauplätzen dieser Welt erworbenen Erfahrungen vor. In zahlreichen Seminaren, Vorträgen und Briefen wurden ihm immer wieder die gleichen Fragen gestellt. In diesem Buch werden sie beantwortet.

Neben den drei großen G – Geld, Geduld und Glück – gehören, um an der Börse erfolgreich sein zu können, eine gehörige Portion Erfahrung und Kenntnisse, die bei André Kostolany eher als Kunst zu interpretieren sind. In einem – wie bei einem solchen Autor nicht anders zu erwarten – vor Witz und Ironie sprühenden Dialog wird der Leser nahezu spielend in die große Welt der internationalen Finanzgeschäfte eingeführt. Der Fragenkatalog, dem sich Kostolany stellt, ist schier endlos. Wer über die notwendigen Mittel verfügt, und es gibt ja bekanntlich auch Kleinaktionäre, die bescheiden anfangen, wird von diesem Buch angesprochen.

Auf die Frage: »Ist es eine Kunst, an der Börse immer so zu handeln, daß man verdient?« antwortet André Kostolany: »Immer kann ich nicht so handeln, aber 51mal unter 100 Fällen ja, 49mal nein. Wissen Sie, Voltaire sagte: Es ist viel leichter über Geld zu schreiben, als Geld zu machen. Ich habe das umgekehrt. Ich mußte zuerst Geld machen, und dann konnte ich anfangen, über Geld zu schreiben. Erstens, weil ich dann unabhängig war, und zweitens, weil ich sehr viel gelernt habe, was Geld bedeutet, was Spekulation und Börse ist. Die meisten Leute, die heute über Geld schreiben, wissen doch nicht, was der Markt ist.«